Johanna Bundschuh-van Duikeren,
Lut Missinne, Jan Konst (Hg.)

Grundkurs Literatur
aus Flandern und den Niederlanden
II

Studienbücher zu Sprache,
Literatur und Kultur
in Flandern und den Niederlanden

herausgegeben von

Prof. Dr. Johannes W. H. Konst
(Freie Universität Berlin)
und
Prof. Dr. Lut Missinne
(Universität Münster)

Band 2

LIT

Johanna Bundschuh-van Duikeren, Lut Missinne,
Jan Konst (Hg.)

Grundkurs Literatur aus Flandern und den Niederlanden II

Primärtexte in Auswahl
und deutscher Übersetzung

LIT

Gedruckt mit freundlicher Unterstützung
der Nederlandse Taalunie (Den Haag).

Bibliografische Information der Deutschen Nationalbibliothek
Die Deutsche Nationalbibliothek verzeichnet diese Publikation in der
Deutschen Nationalbibliografie; detaillierte bibliografische Daten sind
im Internet über http://dnb.d-nb.de abrufbar.

ISBN 978-3-643-11656-7

© LIT VERLAG Dr. W. Hopf Berlin 2014
　　Verlagskontakt:
　　Fresnostr. 2　D-48159 Münster
　　Tel. +49 (0) 2 51-62 03 20　Fax +49 (0) 2 51-23 19 72
　　E-Mail: lit@lit-verlag.de　http://www.lit-verlag.de

Auslieferung:
Deutschland: LIT Verlag Fresnostr. 2, D-48159 Münster
Tel. +49 (0) 2 51-620 32 22, Fax +49 (0) 2 51-922 60 99, E-Mail: vertrieb@lit-verlag.de
Österreich: Medienlogistik Pichler-ÖBZ, E-Mail: mlo@medien-logistik.at
E-Books sind erhältlich unter www.litwebshop.de

Inhalt

Einleitung 1
Heinz EICKMANS & Lut MISSINNE

1 *Van den vos Reynaerde* (12./13. Jh.) 32
Anonym

2 *Liederen* (13. Jh.) 64
Hadewijch

3 *Ooghen-troost* (1647) 94
Constantijn Huygens

4 *Lucifer* (1654) 104
Joost van den Vondel

5 *Historie van mejuffrouw Sara Burgerhart* (1782) 122
Elizabeth Wolff-Bekker & Agatha Deken

6 *Max Havelaar* (1860) 146
Multatuli

7 *De stille kracht* (1900) 174
Louis Couperus

8 *Karakter* (1938) 190
Ferdinand Bordewijk

9 *apocrief/de analphabetische naam* (1952) 210
Lucebert

10 *De Kapellekensbaan* (1953) 230
Louis Paul Boon

11 *Het stenen bruidsbed* (1959) 260
Harry Mulisch

12 *Het verdriet van België* (1983) 280
Hugo Claus

Einleitung:
Niederländische Literatur in Original und Übersetzung

Heinz EICKMANS & Lut MISSINNE

Dieser zweite Teil des *Grundkurses Niederländische Literatur* enthält längere Fragmente aus den im ersten Teil besprochenen Werken in der ursprünglichen niederländischen Fassung und in einer deutschen Übersetzung. Diese Übersetzungen sind in erster Linie dazu gedacht, die Texte für deutschsprachige Leser zugänglich zu machen. Für die Benutzer, die beider Sprachen mächtig sind, kann das Nebeneinander von Original und Übersetzung aber auch eine Anregung zum Übersetzungsvergleich sein, durch den die Komplexität der Übersetzung literarischer Texte und die verschiedenen Möglichkeiten, über die Literaturübersetzer verfügen, deutlich werden. Denn Übersetzen ist mehr als eine Eins-zu-Eins-Übertragung von der einen in die andere Sprache. Die Entscheidungen, die beim Übersetzen literarischer – aber auch nichtliterarischer – Texte getroffen werden müssen, sind komplexer als die Wahl zwischen dem bekannten Gegensatz vom „freien" und „wörtlichen" Übersetzen.

Anregung zum Übersetzungsvergleich

Die Strategien und Verfahrensweisen, die beim Übersetzen angewandt werden, aber auch die Modelle und Theorien, mit denen über das Übersetzen nachgedacht wird und mit denen vorliegende Übersetzungen analysiert werden, gehören zum Bereich der Übersetzungswissenschaft. Auch wenn es schon in der Antike viele Übersetzungen gab – die römische Literatur ist undenkbar ohne die griechischen Vorbilder –, so ist die Übersetzungswissenschaft als wissenschaftliche Disziplin kaum mehr als ein halbes Jahrhundert alt. 1814 schrieb Friedrich Schleiermacher noch: „Ueberall sind Theorien bei uns an der Tagesordnung, aber noch ist keine von festen Ursätzen ausgehende, folgegleich und vollständig durchgeführte, Theorie der Uebersetzungen erschienen; nur Fragmente hat man aufgestellt: und doch, so gewiß es eine Alterthumswissenschaft gibt, so gewiß muß es auch eine Uebersetzungswissenschaft geben."

Übersetzungswissenschaft als Disziplin

Obwohl die Übersetzungswissenschaft also noch eine junge Disziplin ist, wurde nicht nur schon Jahrhunderte lang übersetzt, sondern auch über den Prozess und das Ziel des Übersetzens nachgedacht und geschrieben. Schon bei Cicero, Horaz, Quintilian und vielen anderen antiken Autoren sind Betrachtungen über die Rolle, den Charakter und den Nutzen des Übersetzens zu finden. Allerdings können wir hier noch nicht von einer systematischen Reflektion über das Übersetzen sprechen, meistens geht es um kurze oder vereinzelte Kommentare zu konkreten Übersetzungen oder Übersetzungsproblemen.

In dieser Einführung geben wir zunächst einen Überblick über die Vorläufer der Übersetzungswissenschaft und ihre Entwicklung in der zweiten Hälfte des 20. Jahrhunderts. Danach skizzieren wir ausgehend von den in diesem Band versammelten Texten wichtige Aspekte der Übersetzungsgeschichte der niederländischen Literatur in Deutschland. Abschließend möchten wir noch einige konkrete Anregungen geben, das Nebeneinander von Originaltexten und Übersetzungen in diesem Band zur Durchführung eigener Übersetzungsvergleiche zu nutzen.

Frühe Überlegungen über das Übersetzen

Bibelübersetzung

Der Kirchenvater Hieronymus (347–420), Schutzpatron der Übersetzer und vielleicht der bekannteste aller westlichen Übersetzer, schilderte in seiner „De optimo genere interpretandi" („Über die beste Art des Übersetzens"), wie er bei der Übersetzung der Bibel vorgegangen ist. 15 Jahre hatte Hieronymus an dieser Übersetzung gearbeitet, die noch Jahrhunderte nach ihm eine maßgebliche Rolle spielen sollte unter dem Namen *Vulgata*, d.h. die im allgemein verbreiteten Latein gehaltene Bibel. Zum Teil benutzte er dabei bestehende lateinische Übersetzungen, die er revidierte, aber er stützte sich auch auf die ursprünglichen hebräischen und griechischen Texte. Denjenigen, die ihm Fehler in seiner Übersetzung vorwarfen, erklärte er, dass er beim Übersetzen nicht „ein Wort durch das andere, sondern einen Sinn durch den anderen" ausgedrückt habe, was im Übrigen keine einfache Aufgabe sei: „Wenn ich wörtlich übersetze, klingt es sinnlos, wenn ich aber aus Not etwas in der Wortfolge, im Stil ändere, wird es so aussehen, als hätte ich meine Pflicht als Übersetzer verletzt." Die Debatte über den Gegensatz zwischen wörtlichem

und freiem Übersetzen, ein zentrales Problem, das über die Jahrhunderte hinweg in unterschiedlicher Form und mit verschiedenen Metaphern die Diskussion über das Übersetzen prägt, ist in diesem Zitat schon in seinem Kern vorhanden.

wörtliches und freies Übersetzen

In der Diskussion um Hieronymus' Übersetzung war es wichtig, dass es hier einen „sensiblen Text" betraf: es ging immerhin um das Wort Gottes. Auch später, während des Humanismus und der Reformation, spielten die Position der Bibel als ein heiliger Text, aber auch die mächtige Position des Lateinischen eine wichtige Rolle in den Ansichten über das Übersetzen. Übertragungen in die Volkssprache wurden mit Argwohn betrachtet oder sogar schwer bestraft. Der englische Theologe und Übersetzer William Tyndale, der mehr als zehn Sprachen beherrscht haben soll, darunter auch Hebräisch und Griechisch, und der die Bibel ins Englische übersetzte, wurde der Ketzerei bezichtigt und 1563 nahe Brüssel hingerichtet. Eine nicht-lateinische und nicht-wörtliche Übersetzung der Bibel konnte in der Reformationszeit eine mächtige Waffe gegen die Katholische Kirche werden. Die Bibelübersetzung von Martin Luther aus dem Jahre 1534 ist ein gutes Beispiel dafür. Genau wie Hieronymus musste sich auch Luther verteidigen, weil er nicht wörtlich übersetzt hatte. Er tat dies in seinem „Sendbrief vom Dolmetschen" (1530). Ihm wurde vor allem vorgeworfen, dass er in seiner Übersetzung das Wort „allein" (lat. sola) hinzugefügt hatte, so dass es für seine Gegner schien, als ob der Glaube „allein" ausreichend sei, um die Gnade Gottes zu erlangen und „gute Taten" auf Erden überflüssig seien. Luther beteuerte, hiermit keine theologische, sondern eine linguistische Entscheidung getroffen zu haben. So sagt man es im Deutschen, lautete seine Argumentation. Er ging sogar noch einen Schritt weiter als Hieronymus. Luther versuchte die Eigenart der deutschen Sprache zu respektieren und machte dabei in seiner Übersetzung ausdrücklich auch Gebrauch von der Volkssprache, die er als die Sprache des einfachen Volkes verstand. „Denn man muss nicht die Buchstaben in der lateinischen Sprache fragen, wie man soll Deutsch reden [...] sondern man muss die Mutter im Hause, die Kinder auf der Gasse, den gemeinen Mann auf dem Markt drum fragen, und denselbigen auf das Maul sehen, wie sie reden und danach dolmetschen; da verstehen sie es denn und merken, dass man deutsch mit ihnen redet"

Volkssprache

Eigenart der Sprache

Natürlich wurden im 15. und 16. Jahrhundert auch andere

Texte als nur religiöse übersetzt. Für die französischen Gelehrten und Dichter der Renaissance Etienne Dolet und Joachim Du Bellay oder für den Italiener Leonardo Bruni waren die Schönheit der Sprache, ihre ästhetischen Qualitäten, die *suavitas* der Antike und die Harmonie eines Textes von allergrößtem Belang. Diese Renaissancisten betonten vor allem die *elegance* des Stils, „que non seulement l'âme s'en contente, mais aussi les oreilles en sont toutes ravies." Die Renaissance schätzte die Formqualitäten der antiken Literatur in hohem Maße und wollte die Volkssprachen zu neuer Blüte bringen, so dass sie sich mit dem Latein messen lassen konnten. Viele waren wie Dolet in seinem Traktat „La manière de bien traduire d'une langue en aultre" (1540) der Ansicht, dass Übersetzungen zur Bereicherung der französischen Sprache beitragen konnten. Dieser Gedanke führte zu sehr freien Übersetzungen, bei denen das Original weitgehend angepasst wurde. Denn die ästhetische Qualität stand an erster Stelle, Originale wurden ohne Bedenken gekürzt, erweitert oder bearbeitet, Verstöße gegen die *bienséance* wurden einfach gestrichen. Hierdurch entstanden fast völlig neue Texte, die den Namen „les belles infidèles", „die treulosen Schönen", bekamen: Texte, die wir aus unserer heutigen Perspektive eher Bearbeitungen als Übersetzungen nennen würden. Diese Mode wurde im 17. Jahrhundert durch die Vorschriften der Académie Française allgemein verbreitet, die strenge Regeln für den guten Geschmack und moralische Verhaltensnormen vorschrieb. Diese Regeln galten nicht nur für französische Texte, sondern auch für Übersetzungen ins Französische. Im England des 17. Jahrhunderts schloss sich der Dichter und Übersetzer John Dryden mit seinem Plädoyer für eine *naturalisation* bei der Übersetzung diesen französischen Auffassungen an.

Mit der deutschen Romantik ergeben sich wiederum wichtige Verschiebungen in den Sprach- und damit auch in den Übersetzungsauffassungen. Romantische Sprachwissenschaftler und Philosophen zeigten großes Interesse am Exotischen, am Fremden in anderen Sprachen und Kulturen, und dies wirkte sich auf ihre Vorstellung vom Übersetzen aus. Der frühromantische Philosoph Johann Gottfried Herder vertrat die Auffassung, dass die menschliche Sprache eine Emanation der göttlichen Sprache sei und infolgedessen alle menschlichen Sprachen gleichwertig seien. Beim Übersetzen dürfen somit keine Hierarchien gelten, der Überset-

ästhetische Qualität

Interesse am Exotischen

zer muss den Autor „wie er ist" zur Geltung kommen lassen und ihn nicht an den eigenen Geschmack anpassen.

Auch die neue Sichtweise auf das Verstehen und Interpretieren von Texten und auf das Verhältnis von Sprache und Denken, wie es Wilhelm von Humboldt beschrieben hat, beeinflussten die Vorstellungen vom Übersetzen. Wenn in jeder Sprache eine *eigentümliche Weltansicht* zum Ausdruck kommt, wenn unsere Wahrnehmung der Wirklichkeit von unserer Sprache bestimmt wird, dann wird Übersetzen eine schier unmögliche Aufgabe. Um dem ursprünglichen Text einigermaßen gerecht zu werden, muss die Übersetzung eine „gewisse Farbe der Fremdheit" an sich tragen, schrieb Humboldt in der Einleitung zu seiner Übersetzung des Agamemnon.

Der deutsche Philosoph, der den größten Einfluss auf das Denken über das Übersetzen haben sollte, war Friedrich Schleiermacher mit seiner Rede „Über die verschiedenen Methoden des Übersetzens" (1813). Schleiermacher machte die Anforderungen an eine Übersetzung abhängig von der jeweiligen Textsorte: sachliche und juristische Texte sind laut Schleiermacher recht einfach zu übersetzen, vor allem wenn sie bestehende Phänomene und Verhältnisse beschreiben. Philosophische und künstlerische Texte erfordern dagegen eine viel größere Kreativität vom Übersetzer, weil da der Gedanke „mit der Rede Eins ist". Die Bedeutung von Schleiermachers Rede von 1813 liegt vor allem in dem Unterscheid, den er zwischen den zwei möglichen Arten des Übersetzens machte: Entweder bringt der Übersetzer den Text zum Leser, oder er bringt den Leser zum Text. Im ersten Fall bekommt der Leser der Übersetzung den Eindruck, dass der ursprüngliche Autor selbst in der Zielsprache geschrieben hat. Im zweiten Fall wird „das Gefühl des Fremden" viel stärker aufrecht erhalten und muss sich die Sprache zum Original „hinüberbiegen". Schleiermacher ist der Ansicht, dass ein Mittelweg nicht möglich ist und bevorzugt die zweite Lösung, das verfremdende Übersetzen. Seine Ideen werden bis in das 21. Jahrhundert fortwirken wie etwa bei Lawrence Venuti.

verfremdendes Übersetzen

In dieser kurzen Übersicht einiger Vorläufer der Übersetzungswissenschaft fallen zwei Aspekte besonders auf. Zum einen ist die Art der zu übersetzenden Texte offensichtlich von großer Bedeutung. So unterscheiden sich die Auffassungen darüber, wie ein sakraler Text wie die Bibel übersetzt werden muss stark

Textarten

von denen, wie Theatertexte und Poesie übersetzt werden sollten. Und diese wiederum müssen anders übersetzt werden als nicht-literarische Texte. Zum anderen wird aus der Geschichte der Übersetzungsanschauungen deutlich, dass diese nicht gesondert von den Auffassungen über die Sprache im Allgemeinen betrachtet werden können. Sprach- und Übersetzungsauffassungen werden oft durch die Metaphern sichtbar, die benutzt werden, um den Übersetzungsprozess oder das Übersetzungsprodukt zu beschreiben. Wenn der im 17. Jahrhundert wirkende französische Übersetzer Nicolas Perot d'Ablancourt die Übersetzung mit dem Botschafter eines fremden Landes vergleicht, der sich nach der Mode seines Gastlandes kleidet, dann zeugt diese Metapher für eine Sprachauffassung, in der Form und Inhalt voneinander getrennt werden können. In einer solchen Auffassung kann das Übersetzen einfach daraus bestehen, denselben Inhalt in eine andere Form zu gießen, ihn mit einem anderen Sprachmantel zu präsentieren. Mit einer solchen Sicht ist Humboldts Idee der eigentümlichen Weltansicht einer Sprache unvereinbar. Wir begegnen ihr im 20. Jahrhundert wieder im **linguistischen Relativismus** der Anthropologen Sapir und Wolf, demzufolge wir unsere Welt so wahrnehmen, wie wir sie wahrnehmen, weil wir dazu durch unsere Sprache prädisponiert sind. Solche Vorstellungen finden sich auch in der Sprachphilosophie Ludwig Wittgensteins und im *linguistic turn* der Kulturwissenschaften, der vor allem in den sechziger und siebziger Jahren des 20. Jahrhunderts von sich reden macht und uns in verstärkter Form im Poststrukturalismus wieder begegnet: „... alle menschliche Erkenntnis [ist] durch Sprache strukturiert; Wirklichkeit jenseits von Sprache ist nicht existent oder zumindest unerreichbar" (Nünning 2008: 424).

Übersetzungswissenschaft als wissenschaftliche Disziplin

Die Übersetzungswissenschaft hat sich, wie oben erwähnt, als vollwertige Disziplin erst in der zweiten Hälfte des 20. Jahrhunderts entwickelt. Als interdisziplinäres Fach musste sie ihren eigenen Platz zwischen Linguistik, Literaturwissenschaft, Kommunikationswissenschaften, *cultural* und *postcolonial studies* erobern. Noch immer zählt die **Interdisziplinarität** zu den auffallendsten Eigenschaften der Übersetzungswissenschaft.

Die Diskussion um den Namen des Faches spiegelt die Suche nach einem eigenen Platz und einer eigenen Identität wider. Nach einem Versuch, Begriffe wie „Traductologie" oder „Translatologie" einzuführen – letzteres umfasst auch das mündliche Übersetzen, das Dolmetschen – hat sich im Deutschen letztlich die Bezeichnung *Übersetzungswissenschaft* durchgesetzt. Für das englische und niederländische Sprachgebiet sind die gängigen Bezeichnungen *translation studies* bzw. *vertaalwetenschap*.

In den fünfziger Jahren hatte sich die Linguistik zu einer einflussreichen wissenschaftlichen Disziplin entwickelt und übte große Anziehungskraft auf diejenigen aus, die sich mit Übersetzungstheorie beschäftigten. Aus einer linguistischen Perspektive kann man das Übersetzen wie folgt definieren: „the replacement of textual material in one language (SL) by equivalent material in another language (TL)" (Catford 1965: 20). Die Sprachwissenschaft hat der Übersetzungswissenschaft verschiedene Anstöße gegeben wie etwa den Ansatz zum maschinellen Übersetzen, das allerdings schnell an seine Grenzen stieß und erst in jüngerer Zeit mit den aktuellen medialen Entwicklungen neue Möglichkeiten eröffnet. Auch Entwicklungen innerhalb der Linguistik selbst wie die zunehmende Einsicht in die Komplexität der Sprechakte innerhalb der Pragmalinguistik (Austin und Searle) und der Aufschwung der Textlinguistik haben die Übersetzungswissenschaft beeinflusst. In den siebziger Jahren waren vor allem deutsche Übersetzungswissenschaftler tonangebend: Otto Kade und Albrecht Neubert aus der sogenannten Leipziger Schule, die Erkenntnisse aus den Kommunikationstheorien aufnahmen; Katharina Reiss, die vor allem einen Beitrag zu einer systematischen Übersetzungskritik lieferte und dabei je nach Texttyp verschiedene Kriterien unterschied.

Einfluss der Linguistik

Auch der amerikanische Linguist und Anthropologe Eugene Nida der in erster Linie die Bibel durch weitere Übersetzungen verbreiten wollte lieferte Mitte der sechziger Jahre einen wichtigen Beitrag. Sein Übersetzungsprinzip führte weg von einer formellen Vorgehensweise (dem wörtlichen Übersetzen, das die Form bewahrt) und ersetzte diese durch eine pragmatische Perspektive: eine Übersetzung muss beim Zielpublikum denselben Effekt erreichen wie der Quelltext in der Quellkultur. Dazu muss der Text an das Zielpublikum und seine Erwartungen angepasst werden. Das war für Nida wichtiger als das Erhalten der Form.

pragmatische Perspektive

Äquivalenz

Diese Auffassung eröffnete eine Diskussion über den Begriff Äquivalenz, der in vielen Definitionen zum Übersetzen auftaucht: etwa bei Catford, aber auch bei Stolze (2011: 7), die das Übersetzen definiert als „Vermittlung eines Textes durch Wiedergabe in einer anderen Sprache unter Berücksichtigung bestimmter Äquivalenzforderungen". Über den Begriff Äquivalenz und seine Bedeutung ist viel geschrieben worden. Es ist ein schwieriger Begriff, weil er durch seine mathematische Konnotation (äquivalent bedeutet ‚='‚) als auch durch seine verschiedenen, systematisch schwer erfassbaren Aspekte zu den unterschiedlichsten Interpretationen geführt hat. Darum finden die einen es gut, den Begriff Äquivalenz völlig aus der Übersetzungswissenschaft zu verbannen, während die anderen Äquivalenz als das Herzstück der gesamten Übersetzungsproblematik betrachten. Nida unterscheidet zwischen dynamischer und formeller Äquivalenz. Im ersten Fall bleibt die Funktion des Quelltextes erhalten, aber die Form kann sich ändern. Der äquivalente Effekt ist das Wichtigste. Im zweiten Fall möchte man die verschiedenen Elemente des Quelltextes, sowohl inhaltliche als auch formelle, so weit wie möglich bewahren. Später hat Werner Koller die Formen der Äquivalenz noch feiner unterschieden, aber es sind vor allem die zwei Arten von Nida, die formelle und die dynamische Äquivalenz, die im übersetzungswissenschaftlichen und übersetzungskritischen Diskurs präsent geblieben sind.

Cultural turn und neue Perspektiven

Seit Beginn der achtziger Jahre kann man von einem neuen Paradigma in der Übersetzungswissenschaft sprechen: Man folgt weiterhin der pragmatischen Richtung aus dem vorherigen Jahrzehnt, aber vor allem gerät die Übersetzungswissenschaft nun in den Bann des sogenannten *cultural turn*. Die Literatur- und Geisteswissenschaften allgemein sind in dieser Periode durch eine Wendung zu einer dynamischen und funktionalen Perspektive gekennzeichnet. Nicht nur die sprachlichen Eigenschaften der Quell- und Zieltexte an sich, sondern auch und vor allem das Zielpublikum, das Funktionieren des Textes, die kulturelle, kommunikative und soziale Integration, ihre historische Variabilität, etc. sind Aspekte, die die Übersetzungswissenschaft nun erforschen will. Snell-Hornby nannte dies „the move from translation as text to translation as culture and politics" (zit. Munday 2012: 192). Man fokussierte sich mit Nachdruck auf die Zielkultur. Damit wurde endgültig das Prinzip des rein linguistischen Vorge-

hens aufgegeben, das stets die Beziehung Quell- und Zieltext als den Ausgangspunkt der Übersetzungsauffassungen gesehen hatte. Die Übersetzungswissenschaft löste sich damit auch von der reinen Literaturwissenschaft, so dass manche in diesem Paradigmenwechsel den eigentlichen Beginn der Übersetzungswissenschaft als selbstständige Disziplin sehen.

Das Ziel und das Funktionieren der Übersetzungen rückte in den Mittelpunkt des Interesses und führte zur Skopostheorie (gr. Skopos = Ziel), die vor allem von dem deutschen Wissenschaftler Hans Vermeer entwickelt wurde: „Die Dominante aller Translation ist deren Zweck" (Vermeer 1984: 96). In der Skopostheorie wird das Übersetzen als eine bestimmte Form sprachlicher Aktivität, vor allem als intentionale Handlung verstanden. Die Übersetzung muss für ein neues Zielpublikum und in einer neuen kulturellen Umgebung funktionieren und kann nach Vermeers Ansicht demnach deutlich vom Quelltext abweichen. Äquivalenzprinzipien werden in der Skopostheorie zwar nicht vollkommen beiseitegeschoben, man strebt aber, mit Nidas Begriffen ausgedrückt, hauptsächlich eine dynamische Äquivalenz an. Entscheidend ist die Funktion, die die Übersetzung in der Rezeptionssituation erfüllen soll.

Skopostheorie

Auch im angelsächsischen Bereich stellte das Funktionieren der Übersetzung in der Kultur der Zielsprache die zentrale Fragestellung der Übersetzungswissenschaft dar. Das zeigt sich in der Systemtheorie von Itamar Even-Zohar und den *Descriptive Translation Studies* (DTS) von Gideon Toury u. a. Der israelische Literaturwissenschaftler Even-Zohar ging gänzlich von der Zielkultur aus, denn darin sah er den Initiator einer Übersetzung. Literatur wird in der Systemtheorie als ein System (oder eine Ansammlung mehrerer Systeme, ein Polysystem) betrachtet, in dem verschiedene Akteure, Genres, Tendenzen und Strömungen wirken, wobei sowohl Übersetzungen als auch Nicht-Übersetzungen in gegenseitiger Konkurrenz miteinander stehen, um eine dominante Position zu erlangen, und so über Leser, Prestige und Macht zu verfügen. Literatur ist in dieser Anschauung ein dynamisches System, in dem die Elemente fortwährend in Bewegung sind. Die Zielkultur ist das System, das die Übersetzungen gleichsam „provoziert". Diese Übersetzungen können eine dominante Position erlangen, wenn sie innerhalb des Zielsystems innovativ sind oder ein Vakuum im System füllen. Sie gelangen in eine periphere Po-

Priorisierung der Zielkultur

sition, wenn sie sich an die geltenden Normen des Zielsystems anpassen.

Auch die *Descriptive Translation Studies* heben das Funktionieren der Übersetzungen in der Zielkultur im weitesten Sinn hervor. Mit dem Schlüsselbegriff *descriptive* setzt sich diese Richtung ausdrücklich von früheren Richtungen, die oft präskriptiv und normierend waren, ab. Die DTS wollen nicht vorschreiben, wie eine gute Übersetzung aussehen soll, sondern bestehende Übersetzungen analysieren und gewählte Übersetzungsstrategien und -mechanismen entdecken und erklären. Theo Hermans fasste die Prinzipien dieser Forscher treffend zusammen:

deskriptiv vs. normativ

„What they have in common is, briefly, a view of literature as a complex and dynamic system; a conviction that there should be a continual interplay between theoretical models and practical case studies; an approach to literary translation which is descriptive, target-oriented, functional and systemic; and an interest in the norms and constraints that govern the production and reception of translations, in the relation between translation and other types of text processing, and in the place and role of translations both within a given literature and in the interaction between literatures" (Hermans 1985: 10–11).

In den neunziger Jahren werden neue Entwicklungen wie die *postcolonial studies* und die *Genderstudies* für die Übersetzungswissenschaft von Bedeutung. Von den Genderstudies wird sie kritisch in Hinblick auf sexistische Sprachäußerungen und hierarchische Muster betrachtet. Der im 17. Jahrhundert gängige Begriff der „belles infidèles" ist ein schönes Beispiel für solchen sexistischen Sprachgebrauch. Auch die Rolle der Übersetzerinnen, denn meistens handelt es sich bei den Übersetzern um Frauen, wollen die Genderstudies stärker beleuchtet sehen. Die postkoloniale Übersetzungstheorie zielt auf die Bewusstwerdung der Hierarchien und der vielen ‚Einbahnstraßen' im Übersetzungsverkehr. Das dominierende Englisch erfüllt in weltweiten Übersetzungsprozessen oft die Rolle eines Kolonisators. Lawrence Venuti erforscht die globalen Übersetzungsbewegungen in der englischsprachigen Welt mit Blick auf das Gegensatzpaar *domestication* und *foreignization*, zwei Begriffe, die eng an die unterschiedlichen Übersetzungsoptionen anschließen, die wir bei Schleiermacher kennen gelernt haben. Venuti plädiert für die *foreignization* als eine Reaktion gegen die Kolonisierung kleinerer Sprachen durch das Englische.

Aktuelle Entwicklungen in den Kulturwissenschaften wie die neueren Formen der korpusbasierten Forschung, das automatische Übersetzen, das Übersetzen multimedialer Kulturformen u. ä. werden die Übersetzungswissenschaft auch künftig vor neue Herausforderungen stellen.

aktuelle Entwicklungen

Auch die Geschichte der deutschen Übersetzungen niederländischer Literatur und die unterschiedlichen darin zum Ausdruck kommenden Übersetzungsauffassungen bilden ein in großen Teilen noch unerschlossenes Forschungsfeld, dem wir uns im Folgenden unter einigen zentralen Fragestellungen widmen wollen.

Die niederländische Literatur in deutscher Übersetzung

Die in diesem Band aufgenommenen Texte und Übersetzungen könnte man auch als eine Anthologie zu einem – zugegebenermaßen sehr beschränkten – Kanon der niederländischen Literatur betrachten und daraus die Frage ableiten, inwieweit es einem deutschen Leser überhaupt möglich ist, sich allein aufgrund vorhandener Übersetzungen einen repräsentativen Überblick über die niederländische Literatur oder eine andere fremde Literatur zu verschaffen.

Allgemein gilt, dass fremde Literaturen nur im Ausnahmefall außerhalb ihres eigenen Sprachraums von einer nennenswerten Zahl von Lesern in der Originalsprache gelesen werden (können). Solche Ausnahmen sind oder waren im europäischen Kontext zu jeweils unterschiedlichen Epochen die Literaturen in lateinischer, französischer oder englischer Sprache. Die meisten Literaturen werden dagegen außerhalb des eigenen Sprachraums in der vermittelten Form von Übersetzungen aufgenommen und verbreitet. Die Geschichte dieser Literaturen spiegelt sich also *extra muros*, d. h. in anderen Sprach- und Kulturgebieten in ihrer jeweiligen Übersetzungsgeschichte. Neben der ‚originalen' niederländischen Literatur in niederländischer Sprache gibt es also zahlreiche sich voneinander unterscheidende ‚niederländische Literaturen' in deutscher, englischer, französischer, schwedischer oder russischer Übersetzung. Jede dieser niederländischen Literaturen unterscheidet sich von allen übrigen mit Blick auf die Frage, wie viele und welche Werke übersetzt wurden, zu welchen Zeiten es Schwerpunkte der Übersetzung und Rezeption gab und welche spezifischen Wechselwirkungen zwischen der übersetzten nieder-

niederländische Literaturen

ländische Literatur und der jeweiligen heimischen Literatur bestehen. Darüber hinaus ergibt sich auch für einzelne Autoren und für einzelne Werke, insbesondere für die über längere Zeiträume kontinuierlich rezipierten und mehrfach übersetzen Hauptwerke einer Literatur, eine eigene Übersetzungsgeschichte in den jeweiligen Fremdsprachen.

Übersetzungsgeschichte
Voraussetzung für eine Erforschung der Übersetzungsgeschichte ist das Vorhandensein zuverlässiger Bibliographien. Eine solche lag bis vor Kurzem nur für die Zeit von 1830–1990 vor (Van Uffelen 1993), nun sind zwei weitere Epochenbibliographien erschienen, die die Zeit von den Anfängen der Überlieferung bis 1550 (Schlusemann 2011) und das 17. Jahrhundert (Bundschuh-van Duikeren 2011) erschließen. Für die Zeit seit 1990 kann man sich auf die halbjährliche Bibliographie der niederländischen Literatur in deutscher Übersetzung in der Zeitschrift „nachbarsprache niederländisch" sowie die online zugänglichen Übersetzungsdatenbanken der Abteilung für Niederlandistik der Universität Wien (lic.ned.univie.ac.at) und des niederländischen Literaturfonds (www.letterenfonds.nl/nl/vertalingendatabase) in Amsterdam stützen.

Vergleicht man die Gesamtheit der ins Deutsche übersetzten niederländischen Literatur mit der originalen niederländischen Literatur, so fallen deutliche Verschiebungen auf, die sich insbesondere auf die Präsenz und die Wertschätzung von Autoren und Werken beziehen, aber auch auf den zeitlichen Abstand zwischen dem Erscheinen der originalen Werke und ihren Übersetzungen. Nähme man die Zahl der Übersetzungen und die Auflagenhöhe als Gradmesser für das literarische Gewicht und die Bedeutung eines Autors oder Werks, so wären der wichtigste Repräsentant der niederländischsprachigen Literatur in Deutschland etwa für das 19. Jahrhundert mit weitem Abstand Hendrik Conscience, für die erste Hälfte des 20. Jahrhunderts gebührte dieser Rang Felix Timmermans und für die zweite Hälfte Cees Nooteboom. Die wichtigsten Werke wären wohl *Der Löwe von Flandern* (Conscience), *Pallieter* (Timmermans) und *Rituale* (Nooteboom).

Betrachten wir zum Vergleich den Stellenwert der genannten Autoren und Werke im niederländischen Kontext und nehmen als Gradmesser den Literaturkanon der *Maatschappij der Nederlandse Letterkunde* ("De Nederlandse klassieken anno 2002" unter www.dbnl.org), so ergibt sich, dass keines der drei genannten

Werke unter den ersten Hundert genannt wird und auch zwei der drei Autoren (Conscience und Timmermans) keine Erwähnung finden, lediglich Nooteboom schafft es auf Platz 80 (!) der Autorenliste.

Ohne die Aussagekraft derartiger Kanon-Umfragen überstrapazieren zu wollen, wird doch eine beträchtliche Verschiebung in der Bewertung und Wertschätzung der Autoren und Werke deutlich, die letztlich ein Ergebnis der Transferprozesse ist, die aus einer Literaturgeschichte eine Literatur-Übersetzungsgeschichte in einer fremden Sprache werden lassen. Zu den wesentlichen Punkten dieses Transfers gehören die Selektion, das literarisch-kulturelle Umfeld der Zielkultur sowie die Übersetzungschronologie. Diese in einem gegenseitigen Abhängigkeitsverhältnis stehenden Punkte sollen kurz anhand konkreter Beispiele veranschaulicht werden: **Transferprozesse**

– Die Selektion, d. h. die von Übersetzern und Verlegern betriebene, teilweise Gesetzmäßigkeiten des literarischen Feldes, teilweise eher dem Zufall folgende Auswahl von Autoren und Werken, die aus einer anderen Sprache übersetzt werden, kann z. B. zur Folge haben, dass wichtige Autoren ungeachtet ihres Stellenwerts in der Ausgangsliteratur nicht übersetzt werden. Als Beispiel hierfür konnte lange Zeit Willem Frederik Hermans gelten, in der oben genannten Kanon-Enquete nach Multatuli und Vondel drittwichtigster niederländischer Autor aller Zeiten und wichtigster Autor des 20. Jahrhunderts, der zudem mit *De donkere kamer van Damokles* (1958) und *Nooit meer slapen* (1966) als einziger Autor mit zwei Titeln unter den Top 10 der literarischen Werke vertreten ist. Hermans hatte in Deutschland trotz mehrerer Anläufe mit einzelnen Romanübersetzungen zwischen 1968 und 1986 keinen Fuß fassen können. Erst sechs Jahre nach seinem Tod im Jahre 2001 begann die Herausgabe einer mittlerweile auf 5 Bände angewachsenen Ausgabe der Hauptwerke Hermans', deren Erscheinen dem verlegerischen Engagement der ehemaligen Leiterin des inzwischen im Aufbau-Verlag aufgegangenen Gustav-Kiepenheuer Verlags Leipzig zu verdanken ist. **Selektion**

– Das literarisch-kulturelle Umfeld der Zielkultur kann der Aufnahme einer fremden Literatur, eines einzelnen Autors oder eines bestimmten Werkes zu unterschiedlichen Zeiten förderlich oder hinderlich sein. So war der Wegbereiter für das Interesse **Umfeld der Zielkultur**

des Kiepenheuer Verlags an Hermans sicherlich die allgemeine wohlwollende Aufmerksamkeit, der sich die niederländische Literatur in Deutschland seit ihrer Präsentation als Schwerpunktland bei der Frankfurter Buchmesse 1993 erfreuen durfte. Sie hat das literarisch-kulturelle Umfeld in der deutschen Zielkultur nachhaltig aufnahmebereit für niederländische Autoren gemacht und darf als wesentlicher Impuls für den großen Erfolg der niederländischen Literatur in den letzten zwei Jahrzehnten gelten.

Chronologie — Mit dem Stichwort Chronologie verbinden sich zwei unterschiedliche Aspekte. Zum einen geht es um den zeitlichen Abstand zwischen Original und Übersetzung(en). Als Beispiel seien zwei bedeutende niederländische Romane der Nachkriegszeit genannt, die fast zeitgleich erschienen: W.F. Hermans' *De donkere kamer van Damocles* (1958) und H. Mulischs *Het stenen bruidsbed* (1959). Die Übersetzung von Mulischs Roman erschien 1960 mit nur einem Jahr Abstand, Hermans' Buch dagegen wurde erst 2001, also 43 Jahre nach dem Erscheinen des Originals und sechs Jahre nach dem Tod des Autors für den deutschen Leser zugänglich. Dass sich aus dem Faktum einer zeitnahen oder um Jahrzehnte verzögerten Übersetzung für die ‚Gegenwart' eines Autors oder Werks weitreichende Folgen ergeben, dürfte ohne weiteres einleuchten.

Von großer Bedeutung für die Rezeption eines Autors ist aber auch die interne Chronologie, mit der seine Werke in Übersetzung – häufig abweichend von der Reihenfolge der Originale – erscheinen. Dies lässt sich am Vergleich der Übersetzungen von Harry Mulisch und Margriet de Moor verdeutlichen, deren beider Hauptwerke nahezu vollständig auf Deutsch vorliegen. Die Reihenfolge des Erscheinens der Bücher von Mulisch weicht im Deutschen sehr stark von der im Niederländischen ab. Nachdem zwischen 1960 und 1963 vier frühe Bücher Mulischs auf Deutsch erschienen waren, begann eine fast zwei Jahrzehnte währende Periode, in denen seine Bücher in Deutschland kein Interesse und keinen Verleger fanden. Seit dem leicht verzögert einsetzenden Erfolg des Romans *Das Attentat* (dt. 1986; nl. 1982), mit dem Mulisch beim renommierten Münchner Hanser-Verlag unterkam, **kreuzende** ergibt sich dann eine Chronologie sich kreuzender Linien der **Linien** jeweils aktuellen Werke und der nachträglich übersetzten Wer-

ke aus den sechziger und siebziger Jahren. Das deutsche Œuvre Mulischs zeigt damit einen Erscheinensverlauf, der typisch ist für Autoren, die sich nicht von Anfang an und kontinuierlich in Deutschland etablieren konnten. Einen ähnlichen Verlauf weist auch die Übersetzungsgeschichte der in diesem Band vertretenen Flamen Louis Paul Boon und Hugo Claus auf oder die von Maarten 't Hart, der inzwischen zu den erfolgreichsten niederländischen Autoren in Deutschland gehört.

Betrachten wir dagegen die Chronologie des Erscheinens der Bücher von Margriet de Moor, so sehen wir, dass all ihre Bücher seit dem großen Erfolg ihres ersten Romans *Erst grau, dann weiß, dann blau* (nl. 1991; dt. 1993) mit minimalem zeitlichen Abstand in deutscher Übersetzung herausgegeben wurden, so dass sich ein absolut paralleler Verlauf ihres niederländischen und deutschen Œuvres ergibt. Damit ist sie ein Beispiel für eine erfolgreiche zeitgenössische Autorin, deren Werke regelmäßig und mit sehr kurzem zeitlichen Abstand ins Deutsche übersetzt werden. Andere zeitgenössische Autoren, auf die dies in ähnlicher Weise zutrifft, sind etwa Arnon Grünberg, Connie Palmen und Leon de Winter.

Bevor wir uns im Folgenden auf die Übersetzungsgeschichte der in diesem Band vertretenen Werke und Autoren näher eingehen wollen, soll in einem Exkurs kurz auf die Bedeutung der Sprachverwandtschaft zwischen dem Deutschen und dem Niederländischen für die Übersetzungsgeschichte hingewiesen werden.

Exkurs: Übersetzungsgeschichte und Sprachverwandtschaft

Die Übersetzungsgeschichte der niederländischen Literatur in Deutschland kann nicht geschrieben werden, ohne dem besonderen Faktum der engen Sprachverwandtschaft zwischen den beiden Sprachen - unter linguistischer wie ideologischer Perspektive - gebührende Aufmerksamkeit zu schenken. Hierbei wäre auch der Frage nachzugehen, in welchem Umfang und wie lange es eine von manchen Philologen postulierte gegenseitige Verstehbarkeit gegeben haben könnte. Aus sprachhistorischer Perspektive beschränken sich solche Überlegungen vor allem auf das Mittelalter und die frühe Neuzeit, als ideologischer ‚Aufhänger' für nationalistische und imperialistische Gedankenspiele bleibt das Kon-

Sprachverwandtschaft

strukt der germanischen Sprach- und Stammesverwandtschaft bis ins 19. und 20. Jahrhundert virulent.

Obwohl das Deutsche und das Niederländische sich aus einer gemeinsamen historischen Vorstufe heraus zu westgermanischen Schwestersprachen entwickelt haben, die aufs engste miteinander verwandt sind und beide lange Zeit mit demselben Wort *deutsch* bzw. *duytsch* (vgl. engl. *dutch*) bezeichnet wurden, kann doch wohl schon seit dem ausgehenden Mittelalter nicht mehr von einer allgemeinen gegenseitigen Verstehbarkeit ausgegangen werden. Dies bezeugt etwa in der 2. Hälfte des 14. Jahrhunderts der Dichter Bruder Hans vom Niederrhein – in der Terminologie seiner Zeit ein *Niederländer* –, wenn er befürchtet, dass viele ‚Deutsche' seine Gedichte nicht verstehen werden: „Can al man nut miin duutsch verstaen. Da ist geyn groses wunder aen. Eyn nyderlender is geyn swab" („Nicht jeder kann mein ‚Deutsch' verstehen, aber das ist nicht verwunderlich, denn ein Niederländer ist kein Schwabe"). Ungeachtet dieses Nichtverstehen-könnens schon im 14. Jahrhundert sollte es noch bis ins 18. Jahrhundert dauern, ehe der Lexikograph Matthias Kramer das erste deutsch-niederländische Übersetzungswörterbuch herausgab unter dem bemerkenswerten Titel: *Das königliche Nider-Hoch-Teutsch-, und Hoch-Nider-Teutsch-Dictionarium, oder beider Haupt- und Grund-Sprachen Wörter-Buch / Het koninglyk Neder-Hoog-Duitsch en Hoog-Neder-Duitsch dictionnaire, of beider hoofd en grond-taalen woordenboek* (Nürnberg 1719). Das in diesem Titel zum Ausdruck kommende Bewusstsein, dass wir es bei den „beiden Haupt- und Grundsprachen" mit zwei Ästen desselben Baumes zu tun haben, spiegelt sich auch in der Tatsache, dass die Niederländer ihre Sprache über Jahrhunderte *Nederduitsch* nannten, so dass uns auf den Titelblättern von Übersetzungen aus dem Niederländischen ins Deutsche regelmäßig das Begriffspaar *Niederdeutsch/Hochdeutsch* begegnet, wie etwa im *Schatz der Gesundheit* des berühmten niederländischen Arztes Johan von Beverwijk, der 1671 „aus dem Niederdeutschen, dem Hochdeutschen Liebhaber zum besten übergetragen" wurde. Erst im Laufe des 19. Jahrhunderts setzt sich für das Niederländische allmählich auch der Name *Nederlands/Niederländisch* (neben *Hollands/Holländisch* und *Vlaams/Flämisch*) durch, so dass mit dem zuvor gemeinsamen Namensbestandteil *-duits/-deutsch*

erstes Übersetzungswörterbuch

auch das sichtbare Merkmal der unmittelbaren Verwandtschaft in beiden Sprachen entfällt.

Für die Übersetzungsgeschichte des 19. und 20. Jahrhunderts erweisen sich besonders zwei Aspekte, die mit der sprachlichen Verwandtschaft zusammenhängen, als relevant:
- Politisch-ideologisch beeinflusst das Diktum von der Stammes- und Sprachverwandtschaft in den nationalistisch geprägten Jahrzehnten des 19. Jahrhunderts und im Umfeld der beiden Weltkriege des 20. Jahrhunderts die private und staatliche Übersetzungspolitik, was sich insbesondere in einer großen Zahl von Übersetzungen flämischer Literatur niederschlägt.
- Linguistisch ist die enge Sprachverwandtschaft zu allen Zeiten ein Problem für die Übersetzer, die immer wieder vor der Aufgabe stehen, nicht in die Interferenzfallen zu tappen und einen ausreichend großen Abstand zum Niederländischen zu schaffen.

Interferenzfallen

Zur Übersetzungsgeschichte der niederländischen Literatur in Deutschland

Ausgehend von den Übersetzungen der in diesem Band versammelten Auszüge aus Hauptwerken der niederländischen Literatur sollen im Folgenden einige Aspekte der Übersetzungsgeschichte der niederländischen Literatur im deutschen Sprachraum näher beleuchtet werden. Hierzu soll zunächst der Begriff der Übersetzungsgeschichte von dem der Rezeptionsgeschichte und der ‚originalen' Literaturgeschichte abgegrenzt werden. Gegenstand der Übersetzungsgeschichte, wie sie hier verstanden wird, sind die überlieferten Übersetzungen in ihrer Gesamtheit sowie die Personen und Institutionen, die an ihrem Zustandekommen beteiligt sind. Damit ist sie Teil einer umfassenderen Produktions-, Rezeptions- und Transfergeschichte, welche sich ihrerseits mit zahlreichen weiteren Aspekten und Akteuren beschäftigt, die zur Vermittlung und Verbreitung der niederländischen Literatur in Deutschland beitragen.

Gegenstand der Übersetzungsgeschichte

Von der originalen niederländischen Literaturgeschichte unterscheidet sich die Übersetzungsgeschichte der niederländischen Literatur in Deutschland insbesondere dadurch, dass sie nur eine Teilmenge umfasst, die sich zudem in einer ande-

ren Sprache und in einer eigenen Chronologie präsentiert. So sind viele Werke der niederländischen Literatur des Mittelalters oder des 17. Jahrhunderts Teil der Übersetzungsgeschichte des 19. Jahrhunderts, wie etwa im vorliegenden Band Vondels *Lucifer* von 1654, dessen erste gedruckte deutsche Übersetzung aus dem Jahr 1868 stammt.

Eine Besonderheit in der Chronologie der Übersetzungsgeschichten fremder Literaturen stellen die Mehrfachübersetzungen dar, die im Laufe der Zeit von vielen wichtigen Werken zustande kommen. An einem konkreten Beispiel verdeutlicht heißt dies, dass etwa dem originalen *Max Havelaar* aus dem Jahr 1860 bis heute acht deutsche *Max Havelaars* aus der Zeit zwischen 1875 und 1993 gegenüberstehen. Die Übersetzungen bilden einen so genannten ‚Kometenschweif', dessen Länge auch etwas über die Bedeutung eines Werkes in der Zielkultur aussagt. Der Komet der niederländischsprachigen Literatur, der den längsten Schweif deutscher Übersetzungen hinter sich herzieht, ist der bereits genannte Roman *De leeuw van Vlaanderen* von Hendrik Conscience (1838), der es als *Löwe von Flandern* zwischen 1846 und 1996 auf 30 verschiedene deutsche Übersetzungen gebracht hat.

Kometenschweif

Mehrfachübersetzungen

Mehrfachübersetzungen bieten für die Übersetzungswissenschaft die interessante Möglichkeit des intralingualen Übersetzungsvergleichs, der zu wichtigen Erkenntnissen über die zu unterschiedlichen Zeiten geltenden Übersetzungsauffassungen in einer Zielkultur führen kann. Wir werden am Schluss dieser Einleitung noch einmal auf die Methodik des Übersetzungsvergleichs zurückkommen.

Auch alle in diesem Band vertretenen Prosawerke des 19. und 20. Jahrhunderts gehören zu den mehrfach übersetzten Büchern. Sie können als Beispiele dienen, um verschiedene Aspekte der Übersetzungsgeschichte zu illustrieren und dabei auch das Augenmerk auf die beteiligten Übersetzer und Institutionen sowie das zeitliche und literarisch-kulturelle Umfeld zu richten. Da die Übersetzungsgeschichte des *Max Havelaar* schon im ersten Band ausführlich behandelt wurde, beschränken wir uns hier auf die fünf Romane des 20. Jahrhunderts: Louis Couperus: *De stille kracht* (1900); Ferdinand Bordewijk: *Karakter* (1938); Louis Paul Boon: *De Kapellekensbaan* (1953); Harry Mulisch: *Het stenen bruidsbed* (1959) und Hugo Claus: *Het verdriet van België* (1983).

Um den zeitlichen Abstand zwischen dem Erscheinen des Originals (kursive Jahreszahl) und der unterschiedlichen deutschen Übersetzungen anschaulich zu machen, seien diese Daten zunächst in einer tabellarischen Übersicht zusammengefasst.

	1900		1950			2000	
Couperus	*1900* 1902					1993	
Bordewijk		*1938* 1939					2007
Boon			*1953*	1970	1986	2002	
Mulisch			*1959* 1960			1995	
Claus					*1983* 1986		2008

Die Tabelle offenbart zwei Tendenzen, bei deren Verallgemeinerung man allerdings vorsichtig sein sollte: Zunächst scheinen wichtige Werke der niederländischen Literatur im 20. Jahrhundert in der Regel mit einem sehr kurzen zeitlichen Abstand zum Original ins Deutsche übersetzt zu werden. Einzige Ausnahme ist hier Boons *Kapellekensbaan*, die erst mit fast zwei Jahrzehnten Verzögerung in Deutschland ankam. Des Weiteren scheint zu gelten, dass wichtige Werke einen Bedarf nach Neuübersetzungen entwickeln, was für die vorliegenden Fälle ausnahmslos zutrifft.

Tendenzen

Wichtiger als diese Gemeinsamkeiten dürften allerdings die Unterschiede sein. So gibt es offensichtlich keinerlei Regelmäßigkeit bei der Frage, in welchen Abständen Neuübersetzungen erscheinen, hier variieren die Abstände zwischen 16 (Boon) und 91 Jahren (Couperus). Auch besagt die Tatsache, dass es mehrere Übersetzungen eines Buches gibt, nichts über die konkreten Gründe und Umstände, die zum Zustandekommen einer Neuübersetzung geführt haben. Gelegentlich sind es auch nicht Neuübersetzungen, sondern Neuausgaben älterer Übersetzungen, mit denen man einem Buch oder Autor neue Aufmerksamkeit sichern möchte – so gerade jüngst geschehen mit zwei älteren Übersetzungen von Louis Paul Boon (*Menuett* aus dem Jahr 1975 und *Mein kleiner Krieg* von 1988), die der Alexander Verlag Berlin-Köln 2011 und 2012 neu herausgebracht hat. Die Geschichte jeder einzelnen Übersetzung offenbart also individuelle Eigenheiten, die allerdings fast immer im Zusammenhang mit Kräften und Tendenzen stehen, die zum jeweiligen Zeitpunkt in der umgebenden Zielkultur wirksam sind.

rechtliche Regelungen

Von besonderer Bedeutung sind etwa die rechtlichen Regelungen, die für das Verhältnis von Autor, Übersetzer und Verleger gelten. Diese sind im Jahr 1902, als die erste Übersetzung von Couperus' Roman *De stille kracht* erscheint, völlig andere als heutzutage. So beklagt sich Couperus in einem Brief an seinen Verleger vom Beginn des Jahres 1902 darüber, dass ihm seine deutschen Übersetzungen nichts einbringen. Die „Dresdensche Gräfin", d. h. die unter dem Pseudonym „Gräfin von Wengstein" auftretende Übersetzerin der *Stillen Kraft*, sei zwar „correct", (habe sich also ihre Übersetzung vom Verfasser autorisieren lassen), daneben aber sei schon längst eine nicht autorisierte Ausgabe des Buches in einer deutschen Zeitschrift erschienen (vgl. Bastet 1977: Bd. 1, 219). Couperus' Klage beschreibt die Ohnmacht eines Autors, dessen Werke zu dieser Zeit im Ausland in keiner Weise urheberrechtlich geschützt waren. Dies sollte sich für niederländische Autoren erst ab 1912 ändern, als die Niederlande der seit 1886 bestehenden Berner Konvention zum Schutze von Werken der Literatur und Kunst beitraten, die erstmals eine internationale Anerkennung des Urheberrechts über Grenzen hinweg regelte. Wie wenig der Autor über das Geschick seiner Werke in Deutschland wusste, erhellt die Tatsache, dass es sich bei der genannten Zeitschriftenveröffentlichung um eben jene Übersetzung der Gräfin Wengstein handelte, die dann in den Jahren 1902 bis 1904 in vier Auflagen als Buch Erfolg hatte (vgl. Veen 2012: 279ff.).

Übersetzungsboom

Die Neuübersetzung der *Stillen Kraft* erschien fast ein ganzes Jahrhundert später und muss im Kontext der Schwerpunktpräsentation der niederländischen Literatur bei der Frankfurter Buchmesse 1993 gesehen werden, die zu einem wahren Übersetzungsboom führte, von dem auch Klassiker der ersten Hälfte des 20. Jahrhunderts profitierten. Doch weder mit der *Stillen Kraft* noch mit der Neuübersetzung des Romans *Heliogabal, der Sonnenkaiser* (1995; nl. *De berg van licht* (1905–1906)) gelang es den beiden Übersetzern Christel Captijn-Müller und Heinz Schneeweiß, neue Aufmerksamkeit auf einen Autor zu lenken, der vor allem in den 1920er Jahren mit mehr als einem Dutzend von Else Otten übertragenen Romanen in Deutschland überaus erfolgreich war.

Die erste Übersetzung von Bordewijks Roman *Karakter*, die 1939 in einer Übersetzung von Emil Charlet unter dem Titel

Büro Rechtsanwalt Stroomkoning im Bremer Schünemann Verlag erschien, fällt in die Zeit des Nationalsozialismus, in der in Deutschland kein Buch erscheinen konnte, das nicht die herrschende Zensur passiert hatte. Zwar erfreuen sich niederländische und flämische Autoren als Angehörige eines „stammverwandten" germanischen Brudervolks bei Offiziellen und Lesern allgemein großer Beliebtheit, Bordewijk aber passte als Vertreter einer eher modernistischen Strömung eigentlich nicht in diese Reihe. Doch was nicht passte, wurde passend gemacht, wie Grüttemeier (2002) gezeigt hat. Denn in der Übersetzung „erhielt der Roman nicht nur eine klare antikommunistische Tendenz, die dem Original nicht zu eigen ist, sondern er wurde auch noch auf das Propagieren von Härte, Opferbereitschaft in der Liebe und bedingungsloses Verfolgen einer „Berufung" angepasst. Die Zeugnisse der intellektuellen Entwicklung Katadreuffes wurden gestrichen und der knappe und suggestive Stil Bordewijks verwässert, wodurch von stilistischer Erneuerung der Prosa nichts mehr zu spüren ist. Insgesamt zeigt Charlets Übersetzung eine „Tendenz zur nahtlosen Einverleibung des Buchs in die nationalsozialistische Literaturproduktion" (Grüttemeier/Leuker 2007: 7).

Nationalsozialismus und Zensur

Weltweite Aufmerksamkeit wurde Bordewijks *Karakter* 1998 zuteil, als die Verfilmung von Mike van Diem mit dem Oscar für den besten fremdsprachigen Film ausgezeichnet wurde. Der im Jahr 2000 in Deutschland angelaufene Film könnte auch der Auslöser für den Plan einer Neuausgabe gewesen sein, die 2007 in der Übersetzung von Marlene Müller-Haas im Münchner Verlag C.H. Beck erschienen ist und vom Verlag mit einem Aufkleber „Die literarische Wiederentdeckung" angepriesen wurde.

Die komplexe Übersetzungsgeschichte Harry Mulischs, auf die oben schon hingewiesen wurde, beginnt 1960 mit der Übersetzung des ein Jahr zuvor in den Niederlanden erschienenen Romans *Het stenen bruidsbed* im Hamburger Nannen-Verlag. Derselbe Verlag stellt nach zwei weiteren Romanübersetzungen (*Der Diamant* (1961; nl. *De diamant*, 1955) und *Schwarzes Licht* (1962; nl. *Het zwarte licht*, 1956) seine Bemühungen um den Autor ein, da die Bücher allesamt ohne nennenswerten Erfolg bleiben. Es sollte, wie oben erwähnt, fast ein Vierteljahrhundert dauern, ehe Mulisch ab 1986 mit *Das Attentat* der Durchbruch in Deutschland gelang. Dass es 1995 zu einer Neuübersetzung des *Steinernen Brautbetts* gekommen ist, verdanken die deutschen

komplexe Übersetzungsgeschichte

Leser dem persönlichen Engagement des Übersetzers Gregor Seferens. Bemerkenswert ist die Tatsache, dass Mulischs deutscher Rechteinhaber, der Münchner Hanser Verlag, das Buch nicht in sein eigenes Programm aufnehmen wollte, sondern es dem Suhrkamp Verlag in Lizenz überließ für seine auf die klassische Moderne ausgerichtete Reihe *Bibliothek Suhrkamp*, wo es zuletzt 2010 in dritter Auflage neu herausgebracht wurde.

Mit Louis Paul Boon und Hugo Claus wenden wir uns den beiden Vertretern der belgischen Literatur in niederländischer Sprache, d. h. der flämischen Literatur zu, die im Deutschland des 19. und 20. Jahrhunderts mit Namen wie Conscience, Timmermans, Streuvels, Claes und Walschap lange Zeit deutlich populärer und erfolgreicher war als der ‚holländische' Zweig der niederländischen Literatur. Dies trifft aber leider nicht für in diesem Band vertretenen Autoren Boon und Claus zu, obwohl sie ohne Zweifel als die wichtigsten Autoren der flämischen Literatur nach dem 2. Weltkrieg gelten müssen. Trotz großer und wiederholter Anstrengungen blieb ihnen ein wirklicher Durchbruch in Deutschland versagt.

Die wichtigsten Daten zur Übersetzungsgeschichte von Louis Paul Boons *Kapellekensbaan* (1953) finden sich am Beginn des 10. Kapitels im 1. Band des *Grundkurses* und brauchen hier nicht wiederholt zu werden. Hier soll nur auf ein besonderes Faktum hingewiesen werden, dass uns zu einem eigenen, politisch bedingten Kapitel der Übersetzungsgeschichte führt: die Übersetzungsgeschichte der niederländischen Literatur in der DDR. Die zweite Ausgabe von Boons *Kapellekensbaan* erschien 1986 im Berliner DDR-Verlag Volk und Welt unter dem Titel *Ein Mädchen in Ter-Muren*, im gleichen Jahr folgte auch die Fortsetzung *Sommer in Ter-Muren*. Übersetzer beider Bücher war Hans Herrfurth, der für denselben Verlag 1984 bereits den Roman *Rituale* von Cees Nooteboom übersetzt hatte, der ein Jahr später als westdeutsche Lizenzausgabe in einer revidierten Textfassung vom Suhrkamp Verlag herausgebracht wurde und sich nachträglich zu einem der erfolgreichsten niederländischen Bücher der letzten Jahrzehnte in Deutschland entwickelte. Verschafft man sich einen Überblick über die in den Jahren der Existenz zweier deutsche Staaten in der DDR erschienenen Übersetzungen, so fällt – wenig überraschend – eine stärkere politisch-ideologische Motivation bei der Auswahl der übersetzten Autoren und Werke

niederländische Literatur in der DDR

auf. Bestes Beispiel ist der sich zum Kommunismus bekennende Theun de Vries, dessen engagierte Romane nach dem zweiten Weltkrieg fast ausschließlich in der DDR erschienen. Insgesamt zählen die DDR-Übersetzungen aus dem Niederländischen zu den vielen noch ungeschriebenen Kapiteln der Übersetzungsgeschichte der niederländischen Literatur in Deutschland, oder besser, im deutschen Sprachraum, denn selbstverständlich müssten auch Österreich und der Schweiz eigene Teilkapitel dieser Geschichte gewidmet werden.

Der Grund für eine Neuübersetzung ist oft das Unbehagen an der Sprache, die nach längerer Zeit einfach unmodern wirkt und deshalb den Wunsch nach einer Neuübersetzung aufkommen lässt, ohne dass die vorhergehende Übersetzung schlecht oder fehlerhaft gewesen wäre. Zumeist liegen in solchen Fällen mehrere Jahrzehnte zwischen den Übersetzungen. Anders verhält es sich im Fall von Hugo Claus' *Het verdriet van België* (1983), zwischen dessen erster und zweiter Übertragung gerade einmal zwei Jahrzehnte vergangen sind. So war es denn auch nicht ein Unbehagen an einer nicht mehr zeitgemäßen Sprache, sondern der Unmut über eine von vornherein schlechte, fehler- und lückenhafte erste Übersetzung (*Der Kummer von Flandern*, 1986). Übersetzung: Johannes Piron), die Anlass gab zu scharfer Kritik (Eickmans 1990) und beim Verlag, vor allem aber bei der neuen Übersetzerin, den Wunsch geweckt hatte, Claus' wichtigstes Werk in einer Neuübersetzung zu präsentieren, um dem deutschen Leser ein Vierteljahrhundert nach Erscheinen des Originals endlich eine der literarischen Qualität des Romans gerecht werdende Übersetzung anbieten zu können: *Der Kummer von Belgien* (2008, Übersetzung: Waltraud Hüsmert; vgl. Eickmans 2008).

unzeitgemäße Sprache

Der große qualitative Abstand zwischen beiden Übersetzungen und die deutlich voneinander unterschiedenen Strategien, mit denen die beiden Übersetzer den gewaltigen Problemen, vor die sie die Übersetzung von *Het verdriet van België* stellt, zu Leibe rücken, macht einen Vergleich beider Versionen untereinander und mit dem Original besonders interessant und aufschlussreich. Am Ende dieser Einleitung soll daher noch eine kurze, auch als didaktische Anregung verstandene Einladung zum Übersetzungsvergleich stehen.

Übersetzungsvergleich

inter- und intralinguale Vergleiche

Die Grundform des Übersetzungsvergleichs ist der interlinguale Vergleich eines Ausgangstextes mit seiner Übersetzung. Das Vorhandensein mehrerer Übersetzungen ermöglicht verschiedene Formen des Übersetzungsvergleichs: *inter*-linguale Vergleiche sowohl zwischen Original und Übersetzung(en) als auch zwischen Übersetzungen in unterschiedlichen Sprachen sowie *intra*linguale Vergleiche zwischen verschiedenen Übersetzungen in derselben Sprache. Nehmen wir als Beispiel Couperus' Roman *De stille kracht*, so ermöglicht das Vorhandensein zweier deutscher Übersetzungen die interlingualen Vergleiche von niederländischem Original mit den beiden deutschen Übersetzungen, formelhaft abgekürzt: *O-nl* ↔ *Ü-dt1* und *O-nl* ↔ *Ü-dt2*, aber auch den intralingualen Vergleich *Ü-dt1* ↔ *Ü-dt2*. Darüber hinaus erlaubt etwa die Existenz der englischen Übersetzung *The hidden force* die weiteren interlingualen Vergleiche *O-nl* ↔ *Ü-en*, *Ü-dt1* ↔ *Ü-en* und *Ü-dt2* ↔ *Ü-en*.

Der Methode des Übersetzungsvergleichs haben sich sowohl die Übersetzungswissenschaft als auch die kontrastive Sprachwissenschaft zu unterschiedlichen Zwecken und mit unterschiedlichem Gewinn bedient. Auf den – eher beschränkten – Nutzen für die kontrastive Linguistik soll hier nicht näher eingegangen werden (vgl. hierzu Albrecht 2005: 162–167). Für die Übersetzungswissenschaft ist der Übersetzungsvergleich unter zwei unterschiedlichen Perspektiven interessant.

historisch-deskriptive Ansätze

Die historisch-deskriptive Ansätze gewinnt durch den Vergleich von Übersetzungen aus unterschiedlichen Zeiten und unterschiedlichen Sprachen wertvolle Erkenntnisse über die Übersetzungsnormen und die Vorstellungen von einer guten Übersetzung, die in den jeweiligen Epochen und Kulturen herrschten. Sie beschränkt sich dabei nicht nur auf den reinen Textvergleich, sondern verbindet diesen auch mit der Erforschung der zeitlichen, gesellschaftlichen, kulturellen und institutionellen Kontexte, in denen eine Übersetzung entsteht und die nicht selten Auswirkungen auf die konkrete Textgestalt einer Übersetzung haben, wie oben an den nationalsozialistischen Einflüssen auf die erste Übersetzung von Bordewijks Roman *Karakter* gezeigt wurde.

Die präskriptiv-produktive Ansätze möchte demgegenüber aus dem Übersetzungsvergleich qualitative Erkenntnisse über Strategien und Problemlösungen gewinnen mit dem Ziel, sich diese für künftige Übersetzungen nutzbar zu machen. Beide Gesichtspunkte können sich teilweise überlagern, wenn wir etwa feststellen, dass eine andere Übersetzungsnorm, die zu einer früheren Periode als qualitativ gut galt, aus heutiger Sicht zu einer schlechten oder eher unbefriedigenden Übersetzung führt.

präskriptiv-produktive Ansätze

Das erste Beispiel ist dem in diesem Band abgedruckten Fragment aus *De stille kracht* in der jüngeren deutschen Übersetzung (*Ü-dt2*) entnommen und wird hier mit dem Original (*O-nl*) und derselben Passage aus der ersten Übersetzung (*Ü-dt1*) konfrontiert.

"Het jonge, zeer ontwikkelde vrouwtje, met hare illuzies van den Duizend-en-Een-Nacht, bij die eerste indrukken niet onderscheidende het kolonialistische, - de praktijk van den Europeaan, die zich inburgert in een land, vijandig aan zijn bloed - van het waarlijk poëtische, echt Indische, zuiver Oostersche, louter Javaansche - het jonge vrouwtje had om al die belachelijkheidjes, en om meerdere nog, dadelijk gevoeld hare teleurstelling, als een ieder, artistiek aangelegd, ze voelt in het koloniale Indië, dat in het geheel niet artistiek en poëtisch is ... " (O-nl (1900): 67f.)

„Die junge, sehr gescheite kleine Frau mit ihren Illusionen für Indien vermochte anfänglich die Kolonialpolitik der Europäer nicht zu begreifen, die sich in einem Land einbürgern, das ihnen feindlich bis auf's Blut ist; sie konnte dies von dem wahrhaft Poetischen, echt Indisch-javanischen nicht unterscheiden. Eva, der alles Lächerliche auffiel, hatte eine bittere Enttäuschung darüber gefühlt, wie es jedem geht, der künstlerisch beanlagt ist. Sie fühlte, daß die indischen Kolonien durchaus nicht poetisch sind ... " (Ü-dt1 (1902): 60f.)

„Die junge, sehr gebildete Frau mit ihren Illusionen aus Tausendundeiner Nacht, die bei ihren ersten Eindrücken das Kolonialistische – die Praxis des Europäers, der sich in einem seinem Blut feindlichen Land einbürgert – nicht von dem wahrhaft Poetischen, echt Indischen, rein Östlichen, unverfälscht Javanischen unterschied – diese kleine junge Frau verspürte wegen all dieser und noch anderer Lächerlichkeiten sogleich Enttäuschung, wie jeder künstlerisch veranlagte Mensch sie im kolonialen Indien verspürt, das ganz und gar nicht künstlerisch und poetisch ist ... " (Ü-dt2 (1993): 45f.)

verschiedene Übersetzungsstrategien

Schon ein relativ oberflächlicher Vergleich zeigt, dass den beiden deutschen Übertragungen dieses komplexen, stilistisch für Couperus typischen Satzes völlig unterschiedliche Übersetzungsvorstellungen und -strategien zugrunde liegen. Ü-dt1 geht es bei der Übertragung ganz offensichtlich nicht um eine wie auch immer geartete ‚Texttreue'. Der Satz wird syntaktisch zerschlagen, stilistisch vereinfacht, durch Auslassungen verkürzt, lexikalisch angepasst und seines stilistischen Schmuckes weitgehend beraubt. Insgesamt ist die Übersetzung „nach dem Geschmack der Zeit geglättet", wie es im Kapitel zu Couperus im 1. Band zu Recht heißt, und zudem stark gekürzt, auch das nach dem Geschmack der Zeit. Auch für die zitierte Passage aus Ü-dt2 trifft zu, was im 1. Band zur Charakterisierung dieser Übersetzung insgesamt angemerkt wird: „Sie ist dem Original stärker verpflichtet als die ältere Übersetzung, wagt es aber verständlicherweise nicht, Couperus' Stileigenheiten, [...] die Pedanterien und das Prätentiöse vollständig ins Deutsche zu bringen." Besonders auffällig ist etwa die syntaktische Schwerfälligkeit, die durch die Transformation der für Couperus so typischen Partizipien ("niet onderscheidende het kolonialistische"; "een ieder, artistiek aangelegd") in Relativsätze entsteht.

Zeitlich weiter auseinanderliegende Übersetzungen wie im vorliegenden Fall ermöglichen es darüber hinaus, Entwicklungen im Wortschatz des Deutschen auf die Spur zu kommen. Als Übersetzung von „artistiek aangelegd" stehen sich „künstlerisch beanlagt" (1902) und „künstlerisch veranlagt" (1993) gegenüber. Lassen wir uns von diesem lexikalischen Gegensatz zu einer kleinen Wortforschung anregen, so finden wir schnell heraus, dass das den heutigen Sprechern (und Wörterbüchern) des Deutschen unbekannte *beanlagt* früher ein gebräuchliches Wort war. Noch in dem 1886 erschienenen Wortartikel *veranlagen* im Deutschen Wörterbuch der Brüder Grimm heißt es, *veranlagt* sei „selten; häufiger dafür beanlagt".

zeitliche Gebundenheit

Während bei den beiden über 90 Jahre auseinanderliegenden Couperus-Übersetzungen also besonders gut die zeitlich gebundenen Vorstellungen von dem, was eine literarische Übersetzung darf bzw. wie sie sein sollte, studiert werden können, geht es bei den folgenden Beispielen aus den nur 22 Jahre auseinanderliegenden Übersetzungen zu Hugo Claus' *Het verdriet van België* um unterschiedliche Auffassungen und Strategien beim Überset-

zen innerhalb einer Periode, in der keine wesentlichen Umbrüche in den allgemeinen Übersetzungsnormen erkennbar sind. Es geht also eher um individuelle Strategien, wie sie z. B. bei der Übersetzung kulturspezifischer Begriffe und Phänomene deutlich werden. Solche Kulturspezifika sind etwa Realia (z. B. ethnografische wie Speisen und Getränke oder politisch-soziale wie Namen für Gruppen und Institutionen), Sprachvarietäten (Dialekte, Soziolekte u. ä.) oder auch der kulturbedingte Gebrauch fremdsprachiger Elemente, im flämischen Kontext also konkret der Gebrauch des Französischen.

Kulturspezifika

Eine wichtige Gruppe von kulturspezifischen Begriffen stellen im *Kummer von Belgien* die Namen für bestimmte politische Personengruppen und Bewegungen dar, wie im folgenden Beispiel die Wörter *Flamingant* und *Franskiljon*:

"Volgens Papa was het eerder omdat Baekelandt Flamingant was dat de Fransen hem en zijn tweeëntwintig gezellen hadden geguillotineerd onder het lafhartig gejuich van de Franskiljonse burgers en edelen" (O-nl (1983): 35).

„Nach Papas Meinung war dafür der eigentliche Grund, daß Baekelandt ›Flamigant‹ war, so daß die Franzosen ihn und seine zweiundzwanzig Kumpane unter dem feigen Jubel der frankophilen Bürger und Edelleute guillotiniert hatten" (Ü-dt1 (1986): 32).

„Nach Papas Ansicht hatten die Franzosen Baekelandt und seine zweiundzwanzig Spießgesellen jedoch vor allem deshalb unter dem feigen Jubel der »*Franskiljons*« – frankophoner Bürger und Edelleute – geköpft, weil der Räuberhauptmann ein »*Flamingant*«, ein flämischer Patriot, gewesen sei" (Ü-dt2 (2008): 36).

Die Übersetzer dürfen mit Gewissheit davon ausgehen, dass *Flamingant* und *Franskiljon* den deutschen Lesern nicht bekannt sind, und müssen sich entscheiden, ob sie die im belgischen Kontext überaus wichtigen kulturspezifischen Begriffe beibehalten wollen, was einer so genannten *exotisierenden* Übersetzung gleichkäme, oder ob sie eine dem Verständnis des deutschen Lesers entgegenkommende Form der Ersetzung wählen, d. h. *naturalisierend* übersetzen wollen. Der Übersetzer von Ü-dt1 mischt beide Strategien, er belässt das – durch einen Druckfehler noch leicht entstellte – Wort *Flamigant* wohl in der Annahme, dass dies für einen deutschen Leser irgendwie verständlich sein müsste, im Gegensatz zum *Franskiljon*, den er regelmäßig durch *frankophil* ersetzt. Anders die Übersetzerin bei Ü-dt2, die beim ers-

Exotisieren vs. Naturalisieren

ten Auftreten der Wörter die Strategie des ‚erläuternden Übersetzens' verfolgt. So bleiben die kulturspezifischen Begriffe auch Teil des deutschen Textes, ihr Verständnis für deutsche Leser wird beim ersten Vorkommen durch eine erläuternde Hinzufügung gesichert. Da sich die Definitionen der beiden Begriffe zusätzlich in den Ü-dt2 angehängten „Wort- und Sacherläuterungen" finden, können die Wörter *Flamingant* und *Franskiljon* im Verlauf der Übersetzung in exotisierender Weise weiter verwendet werden, während Piron den *Flamingant* im weiteren Verlauf des Textes durch ein einfaches, den Kern der Bedeutung nicht treffendes *Flame* oder *flämisch* ersetzt. (Vgl. De Boe 2009, 60ff.; mehr und ausführlichere Übersetzungsvergleiche zur ersten Übersetzung in Eickmans 1990, zum Vergleich der ersten deutschen mit der englischen Übersetzung in Rogge 1993, zum Vergleich der beiden deutschen Übersetzungen untereinander in De Boe 2009).

Perspektiven und Möglichkeiten

Die beiden hier ausgeführten Beispiele aus den Übersetzungen von Couperus' *De stille kracht* und Claus' *Het verdriet van België* sollten genügen, um den Blick für die vielfältigen Perspektiven und Möglichkeiten zu öffnen, die die Methode des Übersetzungsvergleichs eröffnet, und als Anregung dazu zu dienen, die in diesem Band in Original und Übersetzung versammelten Texte – auch unter Hinzuziehung der in der Regel leicht zugänglichen anderen deutschen Übersetzungen – zum Ausgangspunkt eigener Übersetzungsvergleiche zu machen.

Literatur

Das Literaturverzeichnis enthält die zitierte Literatur und Empfehlungen zur weiteren Lektüre.

Übersetzungswissenschaft

Albrecht, Jörn. *Übersetzung und Linguistik*. Tübingen: Narr, 2005.
Baker, Mona und Gabriela Saldana, Hgg. *The Routledge Encyclopedia of Translation Studies*. Abingdon & New York: Routledge, 2009.
Bassnett, Susan. *Translation Studies*. London und New York: Routledge, 2002.
Broeck, Raymond van den. *De vertaling als evidentie en paradox*. Antwerpen: Fantom, 1999.
Malmkjær, Kirsten und Kevin Windle, Hgg. *The Oxford Handbook of Translation Studies*. Oxford: University Press, 2011.
Munday, Jeremy. *Introducing Translation Studies: Theories and Applications*. London: Routledge, 2012.
Nünning, Ansgar, Hg. *Metzler – Lexikon Literatur- und Kulturtheorie. Ansätze – Personen – Grundbegriffe*. 4., aktualisierte und erweiterte Aufl. Stuttgart: Metzler, 2008.
Snell-Hornby, Mary. *The Turns of Translation Studies* Amsterdam/Philadelphia: John Benjamins, 2006.
Snell-Hornby, Mary et al., Hgg. *Handbuch Translation*. 2., verbesserte Aufl. Tübingen: Stauffenberg, 1999.
Stolze, Radegundis. *Übersetzungstheorie. Eine Einführung*. 6., überarbeitete und erw. Aufl. Tübingen: Stauffenberg, 2011.

Anthologien zur Übersetzungswissenschaft

Robinson, Douglas, Hg. *Western Translation Theory. From Herodotos to Nietzsche*. Manchester: St. Jerome Publishing, 2002.
Störig, Hans Joachim. *Das Problem des Übersetzens*. Darmstadt: Wiss. Buchgesellschaft, 1963.
Naaijkens,Ton et al., Hgg. *Denken over vertalen. Tekstboek vertaalwetenschap*. Nijmegen: Vantilt, 2004.
Venuti, Lawrence, Hg. *The Translation Studies Reader*. London/New York: Routledge, 2004.

Übersetzungsgeschichte der niederländischen Literatur in Deutschland

Bastet, F.L., Hg. *Louis Couperus, Brieven van Louis Couperus aan zijn uitgever*. 2 Bde. Den Haag: Nederlands letterkundig museum en documentatiecentrum, 1977. [www.dbnl.org/tekst/coup002brie01_01/]

Bundschuh-van Duikeren, Johanna. *Bibliographie der niederländischen Literatur in deutscher Übersetzung. Band 2: Niederländische Literatur des 17. Jahrhunderts*. Berlin [u. a.]: De Gruyter, 2011.

De Boe, Esther. *Der Kummer von Flandern versus Der Kummer von Belgien – Een vergelijkende analyse van de vertaalstrategieën met betrekking tot cultuurspecifieke referenties in twee vertalingen van Het Verdriet van België van Hugo Claus*. Antwerpen: Artesis Hogeschool, Departement Vertalers en Tolken (Masterproef Academiejaar 2008–2009) [www.scriptiebank.be/sites/default/files/69ae23ddaa7ee4e121639fe2cb3a0140.pdf]

Eickmans, Heinz. „Kummer mit Flanderns Sprache und Literatur. Übersetzungskritische Anmerkungen zu Hugo Claus' Het verdriet van België/Der Kummer von Flandern". *Franco-Saxonica. Jan Goossens zum 60. Geburtstag*. Hgg. Robert Damme et al. Neumünster: Wachholtz, 1990. 507–537.

— „Freude über den ‚Kummer von Belgien' – Zu Waltraud Hüsmerts brillanter Neuübersetzung von Hugo Claus' ‚Het verdriet van België'". *nachbarsprache niederländisch* 23 (2008): 115–118.

Grüttemeier, Ralf. "Een vergeten boek. Nationaal-socialistische sporen in Büro Rechtsanwalt Stroomkoning van F. Bordewijk". *Literatuur* 19 (2002): 223–231. [www.dbnl.org/tekst/_lit003200201_01/_lit003200201_01_0037.php]

Grüttemeier, Ralf & Maria-Theresia Leuker. „Zwei Literaturen, zwei Lesarten". *Einblicke. Forschungsmagazin der Universität Oldenburg* 45 (2007): 4–7. [www.presse.uni-oldenburg.de/einblicke/45/gruettemeyer.pdf]

Missinne, Lut. „Nederlandse en Duitse stemmen over Margriet de Moor". *Neerlandica extra muros* 39.2 (2001): 31–44.

Rogge, Christian. „‚Zur Strafe eine flämische Geschichte' oder ‚a really good Flemish story?' Ein kritischer Vergleich der deutschen und englischen Übersetzung von Hugo Claus' Het verdriet van België". *nachbarsprache niederländisch* 8 (1993): 1–14.

Schlusemann, Rita. *Bibliographie der niederländischen Literatur in deutscher Übersetzung. Band 1: Niederländische Literatur bis 1550*. Berlin [u. a.]: De Gruyter, 2010.

Van Uffelen, Herbert. *Bibliographie der modernen niederländischen Literatur in deutscher Übersetzung*. Münster: LIT, 1993.

Veen, Ruud. „Al die aanvragen om kostelooze vertalingen". De vliegende start van Louis Couperus in Duitsland. *De Boekenwereld* 28 (2012) 5: 274–287.

1 Anonym, *Van den vos Reynaerde*

Abdruck nach: A. Bouwman und B. Besamusca, Hgg. *Of Reynaert the Fox. Text and Facing Translation of the Middle Dutch Beast Epic "Van den vos Reynaerde"*. Amsterdam: Amsterdam University Press, 2009. V. 1–63, 547–644, 1071–1299, 2135–2178, 2491–2537, 3374–3469.

[Textausschnitt 1, V. 1–63]

      Willem die Madocke maecte,
      Daer hi dicken omme waecte,
      Hem vernoyde so haerde
      Dat die avonture van Reynaerde
5   In Dietsche onghemaket bleven
      – Die Arnout niet hevet vulscreven –
      Dat hi die vijte dede soucken
      Ende hise na den Walschen boucken
      In Dietsche dus hevet begonnen.
10   God moete ons ziere hulpen jonnen.
      Nu keert hem daertoe mijn zin
      Dat ic bidde in dit beghin
      Beede den dorpren enten doren,
      Ofte si commen daer si horen
15   Dese rijme ende dese woort
      (Die hem onnutte sijn ghehoort),
      Dat sise laten onbescaven.
      Te vele slachten si den raven,
      Die emmer es al even malsch.
20   Si maken sulke rijme valsch
      Daer si niet meer of ne weten
      Dan ic doe hoe dat si heeten
      Die nu in Babilonien leven.
      Daden si wel, si soudens begheven.
25   Dat en segghic niet dor minen wille.
      Mijns dichtens ware een ghestille,
      Ne hads mi eene niet ghebeden
      Die in groeter hovesscheden
      Gherne keert hare saken.
30   Soebat mi dat ic soude maken
      Dese avontuere van Reynaerde.

Ins Deutsche übersetzt von Gregor Seferens und Rita Schlusemann. V. 1–63, 547–644, 1071–1299, 2135–2178, 2491–2537, 3374–3469.

[Textausschnitt 1, V. 1–63]

	Willem, der den Madock schuf,
	weswegen er oftmals wach gelegen hatte,
	ihn verdross es sehr,
	dass Reynaerts Heldentaten
5	auf „Dietsch" unvollendet blieben
	– die Arnout nicht zu Ende geschrieben hatte –
	so dass er die Vita suchte
	und er sie nach französischen Büchern
	auf „Dietsch" wie folgt begann.
10	Gott möge uns seine Hilfe gewähren.
	Nun richte ich meinen Sinn darauf,
	hier am Anfang sowohl Tölpel
	als auch Toren darum zu bitten,
	falls sie dorthin kommen,
15	wo sie diese Reime und diese Worte hören,
	(die für sie unnütz klingen),
	dass sie sie unverändert lassen.
	Sie ähneln zu sehr dem Raben,
	der immer sehr überheblich ist.
20	Sie entstellen solche Reime,
	wovon diejenigen nicht mehr wissen,
	als ich darüber weiß, wie sie heißen,
	die nun in Babylonien leben.
	Handelten sie angemessen, unterließen sie es.
25	Das sage ich nicht um meinetwillen.
	Mein Gedicht wäre stumm geblieben,
	hätte mich nicht eine darum gebeten,
	die gern ihre Angelegenheiten
	nach höfischer Art regelt.
30	Sie bat mich,
	Reynaerts Abenteuer zu verfassen.

　　　　　　　Al begripic die grongaerde
　　　　　　　Ende die dorpren ende die doren,
　　　　　　　Ic wille dat dieghene horen
35　　　　　　Die gherne pleghen der eeren
　　　　　　　Ende haren zin daertoe keeren
　　　　　　　Dat si leven hoofschelike,
　　　　　　　Sijn si arem, sijn si rike,
　　　　　　　Diet verstaen met goeden sinne.
40　　　　　　Nu hoert hoe ic hier beghinne.
　　　　　　　Het was in eenen tsinxen daghe
　　　　　　　Dat beede bosch ende haghe
　　　　　　　Met groenen loveren waren bevaen.
　　　　　　　Nobel die coninc hadde ghedaen
45　　　　　　Sijn hof crayeren overal,
　　　　　　　Dat hi waende, hadde hijs gheval,
　　　　　　　Houden ten wel groeten love.
　　　　　　　Doe quamen tes sconinx hove
　　　　　　　Alle die diere, groet ende cleene,
50　　　　　　Sonder vos Reynaert alleene.
　　　　　　　Hi hadde te hove so vele mesdaen
　　　　　　　Dat hire niet dorste gaen.
　　　　　　　Die hem besculdich kent, ontsiet!
　　　　　　　Also was Reynaerde ghesciet
55　　　　　　Ende hieromme scuwedi sconinx hof,
　　　　　　　Daer hi in hadde crancken lof.
　　　　　　　Doe al dat hof versamet was,
　　　　　　　Was daer niemen, sonder die das,
　　　　　　　Hi ne hadde te claghene over Reynaerde,
60　　　　　　Den fellen metten grijsen baerde.
　　　　　　　Nu gaet hier up eene claghe.
　　　　　　　Isingrijn ende sine maghe
　　　　　　　Ghinghen voer den coninc staen.

[Textausschnitt 2, V. 547–643]

　　　　　　　Doe sprac Reynaert overlanc:
　　　　　　　'Huwes goets raets hebbet danc,
　　　　　　　Heere Bruun, wel soete vrient.
550　　　　　 Hi hevet hu qualic ghedient
　　　　　　　Die hu beriet desen ganc

              Obwohl ich die Griesgrame,
              die Tölpel und Toren angreife,
              möchte ich, dass diejenigen es hören,
35   die gern die Ehre pflegen
              und sich darauf richten,
              nach höfischer Art zu leben,
              seien sie arm oder seien sie reich,
              dass sie es mit dem richtigen Verständnis anhören.
40   Nun hört, wie ich hier beginne.
              Es war an einem Pfingsttag,
              an dem Wälder und Hecken
              in grünem Laub standen.
              Nobel der König hatte
45   seinen Hoftag überall ausrufen lassen,
              weil er dachte, wenn er Glück hätte,
              würde er dadurch viel Lob ernten.
              Da kamen zum Hof des Königs
              alle großen und kleinen Tiere,
50   außer Reynaert, dem Fuchs.
              Er hatte dem Hof so viel Unrecht zugefügt,
              dass er sich nicht traute dorthin zu gehen.
              Wer Schlechtes tut, scheut das Licht!
              So sah es um Reynaert aus,
55   und darum scheute er den Hof des Königs,
              an dem er einen schlechten Ruf hatte.
              Als sich die ganze Hofgesellschaft versammelt hatte,
              gab es dort niemanden außer dem Dachs,
              der nicht über Reynaert klagte,
60   dem Bösen mit dem roten Bart.
              Nun beginnt hier eine Anklage.
              Isengrin und seine Sippe
              traten vor den König.

[Textausschnitt 2, V. 547–643]

              Da sprach Reynaert nach einer Weile:
              „Dank für Euren guten Rat,
              Herr Bruun, lieber Freund.
550   Er hat Euch keinen guten Dienst erwiesen,
              der Euch zu diesem Gang riet

Ende hu desen berch lanc
Over te loepene dede bestaen.
Ic soude te hove sijn ghegaen,
555 Al haddet ghi mi niet gheraden,
Maer mi es den buuc so gheladen
Ende in so utermaten wijse
Met eere vremder niewer spise,
Ic vruchte in sal niet moghen gaen.
560 Inne mach sitten no ghestaen;
Ic bem so utermaten zat.'
'Reynaert, wat haetstu, wat?'
'Heere Brune, ic hat crancke have.
Arem man dannes gheen grave,
565 Dat mooghdi bi mi wel weten.
Wi aerme liede, wi moeten heten,
Hadden wijs raet, dat wi node haten.
Goeder versscher honichraten
Hebbic couver arde groet.
570 Die moetic heten dor den noet,
Als ic hel niet mach ghewinnen.
Nochtan als icse hebbe binnen,
Hebbicker af pine ende onghemac.'
Dit hoerde Brune ende sprac:
575 'Helpe, lieve vos Reynaert,
Hebdi honich dus onwaert?
Honich es een soete spijse
Die ic voer alle gherechten prijse
Ende voer alle gherechten minne.
580 Reynaerd, helpt mi dat ics ghewinne.
Edele Reynaert, soete neve,
Also langhe als ic sal leven
Willic hu daeromme minnen.
Reynaerd, helpt mi dat ics ghewinne.'
585 'Ghewinnen, Bruun? Ghi hout hu spot!'
'In doe, Reynaert, so waer ic zot,
Hildic spot met hu, neen ic niet.'
Reynaert sprac: 'Bruun, mochtijs yet?
Of ghi honich moghet heten,
590 Bi huwer trauwen, laet mi weten.

und Euch über diesen langen Berg
gehen ließ.
Ich wäre zum Hof gegangen,
555 auch wenn Ihr es mir nicht geraten hättet,
aber mein Bauch ist so gefüllt,
so über die Maßen voll
mit einer fremden neuen Speise,
so dass ich fürchte, dass ich nicht gehen kann.
560 Ich kann weder sitzen noch stehen;
ich bin so übermäßig satt."
„Reynaert, was hast du gegessen, was?"
„Herr Bruun, ich aß schlechte Sachen.
Ein armer Mann ist kein Graf;
565 Das könnt Ihr an mir gut sehen.
Wir armen Leute, wir müssen das essen,
was wir nie essen würden, wenn wir es besser wüssten.
Gute frische Honigwaben
habe ich im Überfluss.
570 Die muss ich aus der Not heraus essen,
wenn ich nichts anderes bekomme.
Und sobald ich sie gegessen habe,
bekomme ich davon Schmerzen und Unwohlsein."
Dies hörte Bruun und sprach:
575 „Hilfe, lieber Fuchs Reynaert,
haltet Ihr Honig für so minderwertig?
Honig ist eine süße Speise,
die ich über alle Gerichte lobe
und über alle Gerichte liebe.
580 Reynaert, helft mir, dass ich sie bekomme.
Edler Reynaert, lieber Vetter,
so lange, wie ich lebe,
werde ich Euch deswegen lieben,
Reynaert, helft mir, dass ich sie bekomme."
585 „Bekommen, Bruun? Ihr spottet!"
„Das mache ich nicht, Reynaert, ich wäre verrückt,
würde ich mit Euch Spott treiben, nein, nicht ich."
Reynaert sprach: „Bruun, möchtet Ihr etwas davon?
Wenn Ihr Honig essen wollt,
590 bei Eurer Treue, sagt es mir.

Mochtijs yet, ic souts hu saden.
Ic saels hu so vele beraden,
Ghi ne hatet niet met hu tienen,
Waendic hu hulde daermet verdienen.'
595 'Met mi tienen? Hoe mach dat wesen?
Reynaert, hout huwen mont van desen
Ende sijts seker ende ghewes:
Haddic al thonich dat nu es
Tusschen hier ende Portegale,
600 Ic haet al up teenen male.'
Reynaerd sprac: 'Bruun, wat sechdi?
Een dorper, heet Lamfroit, woent hier bi,
Hevet honich so vele te waren,
Ghi ne hatet niet in VII jaren.
605 Dat soudic hu gheven in hu ghewout,
Heere Brune, wildi mi wesen hout
Ende voer mi dinghen te hove.'
Doe quam Brune ende ghinc gheloven
Ende sekerde Reynaerde dat,
610 Wildine honichs maken zat
– Des hi cume ombiten sal –
Hi wilde wesen overal
Ghestade vrient ende goet gheselle.
Hieromme louch Reynaert die felle
615 Ende sprac: 'Bruun, heelt mare,
Verghave God dat mi nu ware
Also bereet een goet gheval
Alse hu dit honich wesen sal,
Al wildijs hebben VII hamen.'
620 Dese woort sijn hem bequame,
Bruun, ende daden hem so sochte,
Hi louch dat hi nemmee ne mochte.
Doe peinsde Reynaerd daer hi stoet:
'Bruun, es mine avonture goet,
625 Ic wane hu daer noch heden laten
Daer ghi sult lachen te maten.'
Na dit peinsen ghinc Reynaert huut
Ende sprac al overluut:
'Oem Bruun, gheselle, willecome!

Möchtet Ihr etwas davon, ich würde Euch sättigen.
Ich werde Euch so viel besorgen,
Ihr könntet es zu zehnt nicht essen,
wenn ich damit Eure Huld verdienen könnte."
595 „Zu zehnt? Wie wäre das möglich?
Reynaert, schweigt darüber
und seid Euch sicher und gewiss:
hätte ich den ganzen Honig, den es jetzt
zwischen hier und Portugal gibt,
600 würde ich alles auf einmal essen."
Reynaert sprach: „Bruun, was sagt Ihr?
Ein Bauer namens Lamfroit wohnt hier in der Nähe,
er hat wahrhaftig so viel Honig,
dass Ihr ihn in sieben Jahren nicht essen könntet.
605 Den würde ich Euch zur Verfügung stellen,
Herr Bruun, wenn Ihr mir wohlgesonnen wärt
und für mich am Hof aussagen würdet."
Da kam Bruun und glaubte das
und versicherte Reynaert das Folgende:
610 wenn er ihn mit Honig satt machen würde,
– den er kaum zu kosten bekommen wird –
wäre er überall sein
treuer Freund und guter Gefährte.
Darüber lachte Reynaert, der Böse,
615 und sprach: „Bruun, berühmter Held,
brächte Gott es nur zustande, dass mir
nun ein ebensolches Glück beschieden wäre,
wie Euch jetzt dieser Honig,
auch wenn Ihr sieben Ohm haben wolltet."
620 Diese Wort' gefielen ihm,
Bruun, und machten ihn so fröhlich,
dass er lachte, bis er nicht mehr konnte.
Da dachte Reynaert, als er dort stand,
„Bruun, wenn alles gut für mich läuft,
625 werde ich Euch heute noch dorthin führen,
wo Ihr mäßig lachen werdet."
Nach diesen Gedanken ging Reynaert heraus
und sprach laut:
„Oheim, Bruun, Geselle, seid willkommen!

630	Het staet so: suldi hebben vrome,
	Hier ne mach zijn gheen langher staen.
	Volghet mi, ic sal voeren gaen.
	Wi houden desen crommen pat.
	Ghi sult noch heden werden zat,
635	Saelt na minen wille gaen.
	Ghi sult noch heden hebben sonder waen
	Also vele als ghi moghet ghedraghen.'
	Reynaert meende van groten slaghen;
	Dit was dat hi hem beriet.
640	Die keytijf Bruun ne wiste niet
	Waer hem Reynaerd die tale keerde,
	Die hem honich stelen leerde
	Dat hi wel seere sal becoepen.

[Textausschnitt 3, V. 1071–1299]

	Reynaert sprac: 'Tybeert, helet vry,
	Neve, ghi zijt mi willecome.
	God gheve hu eere ende vrome.
	Bi Gode, dat jan ic hu wale!'
1075	Wat coste Reynaerde scone tale?
	Al seghet sine tonghe wale,
	Sine herte die es binnen fel.
	Dit wert Tybeerde ghetoghet wel
	Eer die lijne wert ghelesen
1080	Ten hende. Ende met desen
	Sprac Reynaert: 'Neve, ic wille dat ghi
	Tavont herberghe hebt met mi
	Ende morghen willen wi metten daghe
	Te hove waert sonder saghe.
1085	In hebbe oec onder alle mine maghe
	Niement, Tybeert, daer ic mi nu
	Bet up verlate dan up hu.
	Hier was commen Bruun de vraet.
	Hi toechde mi so fel ghelaet
1090	Ende dochte mi so overstaerc
	dat ic comme dusent maerc
	den wech met hem niet hadde bestaen.
	Dat sal ic met hu, al sonder waen,

630	Es verhält sich so: wenn Ihr einen Vorteil haben wollt,
	sollte man nicht länger verweilen.
	Folgt mir; ich werde vorgehen.
	Wir halten uns an diesen krummen Pfad.
	Ihr werdet noch heute satt werden,
635	wenn es nach meinem Willen geht.
	Ihr werdet noch heute ohne Zweifel
	so viel haben, wie Ihr tragen könnt."
	Reynaert meinte starke Schläge;
	das war es, was er ihm versprach.
640	Der Trottel Bruun wusste nicht,
	wovon Reynaert sprach,
	der ihn Honig stehlen lehrte,
	wofür er sehr teuer bezahlen wird.

[Textausschnitt 3, V. 1071–1299]

	Reynaert sprach: „Tibeert, edler Held,
	Neffe, seid mir willkommen.
	Gott gebe Euch Ehre und Glück.
	Bei Gott, das gönne ich Euch wohl!"
1075	Was kosteten Reynaert schöne Worte?
	Auch wenn seine Zunge schön redet,
	sein Herz, das ist von innen böse.
	Dieses wurde Tibeert deutlich gezeigt,
	bevor die Zeile zu Ende
1080	gelesen wurde. Und so
	sprach Reynaert: „Neffe, ich möchte, dass Ihr
	heute Abend bei mir übernachtet
	und morgen wollen wir am Tag
	wahrlich zum Hof.
1085	Ich habe auch unter allen meinen Verwandten
	niemanden, Tibeert, auf den ich mich
	besser verlassen könnte als auf Euch.
	Bruun, der Vielfraß, war hierher gekommen.
	Er zeigte mir ein solch böses Gesicht
1090	und schien mir so übermächtig,
	dass ich mich nicht um tausend Mark
	mit ihm auf den Weg gemacht hätte.
	Das werde ich bestimmt mit Euch tun,

maerghin metter dagheraet.'
1095 Tybeert sprac: 'Hets beteren raet
ende het dinct mi beter ghedaen
dat wi noch tavont te hove gaen
dan wi tote morghin beiden.
Die mane scijnet an der heiden
1100 also claer alse die dach.
Ic wane, niemen ne sach
beter tijt tote onser vaert.'
'Neen, lieve neve,' sprac Reynaert,
'sulc mochte ons *dages* ghemoeten,
1105 hi soude ons quedden ende groeten,
die ons nemmermee dade goet,
quame hi snachts in ons ghemoet.
Ghi moet herberghen tavont met mi.'
Tybeert sprac: 'Wat souden wy
1110 eten, Reynaert, of ic hier bleve?'
'Daeromme zorghe ic, lieve neve.
Hier es der spijsen quaden tijt.
Ghi mocht heten, begheerdijt,
een tic van eere honichraten,
1115 die bequamelic es utermaten.
Wat sechdi, moochdi shonichs yet?'
Tybeert sprac: 'Mi ne roukes niet.
Reynaert, hebdi niet in huus?
Gavedi mi eene vette muus,
1120 daermede liet ic hu ghewaert.'
'Eene vette muus,' sprac Reynaert,
'soete tybeert, wat sechdi?
Hier woent noch een pape bi;
een scuere staet noch an sijn huus,
1125 daer in es meneghe vette muus.
Ic waense niet ghedroughe een waghen,
so dicken hoere ic den pape claghen
dat sine dryven huten huuse.'
'Reynaert, zijn daer so vette muse?
1130 Verghave God, waer ic nu daer.'
'Tybeert,' seit hi, 'sechdi waer?
Wildi muse?' 'Of icse wille?

morgen bei Tagesanbruch."
1095 Tibeert sprach: „Es ist ein besserer Rat
und erscheint mir klüger,
wenn wir heute Abend zum Hof gehen,
statt dass wir bis morgen warten.
Der Mond scheint auf die Heide
1100 genau so klar wie der Tag.
Ich denke, niemand wüsste eine bessere
Zeit für unsere Reise."
„Nein, lieber Neffe", sprach Reynaert,
„manch einer würde uns freundlich ansprechen und grüßen,
1105 begegnete er uns tagsüber,
der uns nichts Gutes tun würde,
wenn er uns nachts träfe.
Ihr müsst heute Abend bei mir übernachten."
Tibeert sprach: „Was sollten wir
1110 essen, Reynaert, wenn ich hier bliebe?"
„Darüber mache ich mir Sorgen, lieber Neffe.
Es ist hier eine schlechte Zeit für Speisen.
Ihr müsst essen, falls Ihr es möchtet,
ein Stück von einer Honigwabe,
1115 die außergewöhnlich geschmackvoll ist.
Was sagt Ihr, mögt Ihr etwas Honig?"
Tibeert sprach: „Ich mache mir nichts daraus.
Reynaert, habt Ihr nichts im Haus?
Gäbt Ihr mir eine fette Maus,
1120 damit würde ich Euch ziehen lassen.
„Eine fette Maus", sprach Reynaert,
„liebster Tibeert, was sagt Ihr?
Hier in der Nähe wohnt ein Pastor;
eine Scheune steht noch bei seinem Haus,
1125 in dieser gibt es viele fette Mäuse.
Ich denke, ein ganzer Wagen könnte sie nicht fassen,
so oft höre ich den Pastor klagen,
dass sie ihn aus dem Haus treiben."
„Reynaert, sind dort so fette Mäuse?
1130 Gäbe Gott, dass ich nun dort wäre."
„Tibeert", sagte er, „sagt Ihr die Wahrheit?
Wollt Ihr Mäuse?" „Ob ich sie will?

Reynaert, doet dies een ghestille.
Ic minne muse voer alle saken.
1135 Weetti niet dat muse smaken
bet dan eenich venisoen?
Wildi minen wille doen
dat ghi mi leet daer si zijn,
daermede mochti die hulde mijn
1140 hebben, al haddi minen vadre
doot ende mijn gheslachte algadre.'
Reynaert sprac: 'Neve, houddi hu spot?'
'Neen ic, Reynaert, also helpe mi God.'
'Weet God, Tybeert, wistic dat,
1145 ghi soutter sijn noch tavont sat.'
'Sat, Reynaert? Dat ware vele!'
'Tybeert, dat sechdi thuwen spele.'
'In doe, Reynaert, bi miere wet.
Haddic een muus ende waer so vet,
1150 In gaefse niet omme eenen busant.'
'Tybeert, gaet met mi tehant.
Ic leede hu daer ter selver stat
Daer icker hu sal maken zat,
Eer ic nemmermeer van hu sceede.'
1155 'Ja ic, Reynaert, up die gheleede
Ghinghe ic met hu te Mompelier.'
'So gaen wi dan. Wi sijn hier
Al te langhe,' sprac Reynaert.
Doe so namen si up die vaert,
1160 Tybeert ende sijn oem Reynaert,
Ende liepen daer si loepen wilden
Dat si nye toghel uphilden
Eer si quamen tes papen scuere,
Die met eenen erdinen muere
1165 Al omme ende omme was beloken,
Daer Reynaert in was tebroken
Des ander daghes daer tevoren,
Doe die pape hadde verloren
Eenen hane, die hi hem nam.
1170 Hieromme was tornich ende gram
Des papen sone Martinet,

Reynaert, hört auf davon.
Ich liebe Mäuse über alles.
1135 Wisst Ihr nicht, dass Mäuse besser
als jedes Wild schmecken?
Wenn Ihr mir einen Gefallen tun wollt,
führt mich dorthin, wo sie sind,
dann könntet ihr meine Huld
1140 bekommen, auch wenn Ihr meinen Vater
und mein ganzes Geschlecht getötet hättet."
Reynaert sprach: „Neffe, spottet Ihr?"
„Nein, ich (nicht), Reynaert, so helfe mir Gott."
„Bei Gott, Tibeert, wenn ich das wüsste,
1145 wärt Ihr noch heute Abend satt."
„Satt, Reynaert? Das wären viele!"
„Tibeert, das sagt Ihr zum Scherz."
„Nein, Reynaert, bei meinem Ehrenwort.
Hätte ich eine Maus und wäre sie so fett,
1150 gäbe ich sie nicht her für eine Goldmünze."
„Tibeert, geht sofort mit mir.
Ich führe Euch dorthin,
wo ich Euch satt machen werde,
bevor ich mich niemals mehr von Euch trenne."
1155 „Ja, ich, Reynaert, unter Eurem Schutz
ginge ich mit Euch bis Montpellier."
„So lasst uns gehen. Wir sind hier
schon zu lange", sprach Reynaert.
Also machten sie sich auf den Weg,
1160 Tibeert und sein Onkel Reynaert,
und liefen dorthin, wohin sie laufen wollten,
ohne die Zügel anzuhalten,
bis sie zur Scheune des Pastors kamen,
die mit einer Mauer aus Lehm
1165 rundherum umschlossen war,
in die Reynaert
am Tag zuvor eingebrochen hatte,
wobei der Pastor einen Hahn
verloren hatte, den er (Reynaert) ihm nahm.
1170 Deswegen war der Sohn des Pastors,
Martinet, zornig und wütend,

Ende hadde voer dat gat gheset
Een strec den vos mede te vane.
Dus gherne wrake hi den hane.
1175 Dit wiste Reynaert, dat felle dier,
Ende sprac: 'Neve Tybeert, hier
Crupet in dit selve gat.
Ne weset traghe no lat.
Gaet al omme ende omme gripen.
1180 Hoert hoe die muse pipen!
Keert weder huut als ghi zijt sat.
Ic sal hier bliven voer dit gat
Ende sal hu hier buten beiden.
Wi ne moghen niet tavont sceiden.
1185 Morghin gaen wi te hove waert.
Tybeert, siet dat ghi niet en spaert.
Gaet heten ende laet ons keeren
Te miere herberghen met eeren.
Mijn wijf sal ons wel ontfaen.'
1190 'Willic te desen gate ingaen?
Wat sechdi, Reynaert, eist hu raet?
Die papen connen vele baraet,
Ic besteecse arde noode.'
'O wy, Tybeert, twi sidi bloode?
1195 Wanen quam huwer herten desen wanc?'
Tybeert scaemde hem ende spranc
Daer hi vant groet ongherec,
Want eer hijt wiste, was hem een strec
Omme sinen hals arde vast.
1200 Dus hoende Reynaert sinen gast.
Alse Tybeert gheware wart
Des strecs, wart hi vervaert
Ende spranc voert. Dat strec liep toe.
Tybeert moeste roupen doe
1205 Ende wroughede hem selven dor den noot.
Hi makede een gheroup so groot
Met eenen jammerliken ghelate
Dat Reynaert hoerde up der strate
Buten, daer hi alleene stoet,
1210 Ende riep: 'Vindise goet,

und er hatte vor das Loch
eine Schlinge gelegt, um den Fuchs damit zu fangen.
Auf diese Weise wollte er gern den Hahn rächen.
1175 Dies wusste Reynaert, das böse Tier,
und sprach: „Vetter Tibeert, hier
kriecht in dieses Loch.
Seid nicht träge oder lustlos.
Greift um Euch.
1180 Hört, wie die Mäuse piepen!
Geht wieder hinaus, wenn Ihr satt seid,
Ich werde hier vor dem Loch bleiben
und werde hier draußen auf Euch warten.
Wir werden uns heute Abend nicht trennen.
1185 Morgen gehen wir zum Hof.
Tibeert, seht zu, dass Ihr nicht zu sparsam seid.
Esst und lasst uns
ehrenvoll zu meiner Herberge zurückkehren.
Meine Frau wird uns gut empfangen."
1190 „Soll ich durch dieses Loch hineingehen?
Was sagt Ihr, Reynaert, ist das Euer Rat?
Die Pfarrer können viele Listen.
Ich lege mich ungern mit ihnen an."
„Oh weh, Tibeert, warum seid Ihr feige?
1195 Woher kam Euch dieses Schwanken des Herzens?
Tibeert schämte sich und sprang dorthin,
wo er viel Elend fand,
denn bevor er es wusste, hatte er eine
Schlinge sehr fest um den Hals.
1200 So verspottete Reynaert seinen Gast.
Als Tibeert die Schlinge bemerkte,
bekam er Angst und
sprang weiter. Die Schlinge zog sich zu.
Tibeert musste da laut schreien
1205 und verriet sich selbst in seiner Not.
Er schrie so laut,
mit jämmerlichem Gehabe,
dass Reynaert es draußen
auf dem Weg hörte, wo er allein stand,
1210 und er rief: „Findet Ihr sie gut,

Die muse, Tybeert, ende vet?
Wiste nu dat Martinet,
Dat ghi ter taflen satet
Ende dit wiltbraet dus hatet,
1215 Dat ghi verteert, in weet hoe,
Hi sauder hu saeuse maken toe.
So hovesch een cnape es Martinet!
Tybeert, ghi singhet in lanc so bet.
Pleecht men tes coninx hove des?
1220 Verghave God, die gheweldich es,
Dat, Tybeert, daer met hu ware
Ysingrijn die mordenare
In sulker bliscap als ghi zijt!'
Dus heeft Reynaert groot delijt
1225 Dor Tybeerts ongheval.
Ende Tybeert stont ende ghal
So lude dat Martinet ontspranc.
Martinet riep: 'Ha ha, God danc!
Ter goeder tijt heeft nu ghestaen
1230 Mijn strec: ic hebber met ghevaen
Den hoenredief na minen wane.
Nu toe, ghelden wi hem den hane!'
Met desen wart hi toten viere
Ende ontstac eenen stroewisch sciere
1235 Ende wecte moedre ende vadre
Ende die kindre allegadre
Ende riep: 'Nu toe, hi es ghevaen!'
Doe mochte men sien porren saen
Alle die in dien huus waren.
1240 Selve die pape ne wilde niet sparen,
Quam hute sinen bedde moedernaect.
Martinet hi was gheraect
Tote Tybeert ende riep: 'Hijs hier!'
Die pape spranc an dat vier
1245 Ende ghegreep zijns wijfs rocke.
Een offerkeersse nam vrouwe Julocke
Ende ontstacse metter haest.
Die pape liep Tybeert naest
Ende ghincken metten rocke slaen.

die Mäuse, Tibeert, und fett?
Wenn Martinet wüsste,
dass ihr am Tisch sitzt
und dieses Wildbret esst,
1215 das Ihr verzehrt, ich weiß nicht wie,
er würde Euch dazu eine Soße bereiten.
Solch ein höfischer Knabe ist Martinet!
Tibeert, Ihr singt je länger, desto besser.
Ist das am Hofe des Königs gebräuchlich?
1220 Würde es doch der allmächtige Gott
so einrichten, Tibeert, dass
der Mörder Isengrin bei Euch wäre,
mit solchem Vergnügen, wie Ihr seid!"
So hat Reynaert große Freude
1225 durch Tibeerts Unglück.
Und Tibeert stand da und schrie
so laut, dass Martinet wach wurde.
Martinet rief: „Ha ha, Gott sei Dank!
Zur rechten Zeit hat nun meine
1230 Schlinge funktioniert: ich habe damit,
so denke ich, den Hühnerdieb gefangen.
Auf geht's, rächen wir an ihm den Hahn!"
Damit war er bei dem Feuer
und zündete schnell ein Bündel Stroh an
1235 und weckte Mutter und Vater
und alle Kinder
und rief: „Auf geht's, er ist gefangen!"
Da konnte man sehen, wie alle
in dem Haus sich schnell in Bewegung setzten.
1240 Sogar der Pfarrer wollte nicht zurückbleiben,
splitternackt kam er aus dem Bett.
Martinet war nun
bei Tibeert angekommen und rief: „Hier ist er!"
Der Pfarrer sprang zum Feuer
1245 und ergriff den Spinnrocken seiner Frau.
Dame Julocke nahm eine Opferkerze
und zündete sie schnell an.
Der Pfarrer lief zu Tibeert hin
und schlug ihn mit dem Spinnrocken.

1250　　　Doe moeste Tybeert daer ontfaen
　　　　　Wel meneghen slach al in een.
　　　　　Die pape stont, als hem wel sceen,
　　　　　Al naect ende slouch slach in slach
　　　　　Up Tybeert die voer hem lach.
1255　　　Daer ne spaerdene haer negheen.
　　　　　Martinet ghegreep eenen steen
　　　　　Ende warp Tybeert een hoghe huut.
　　　　　Die pape stont al bloeter huut
　　　　　Ende hief up eenen groeten slach.
1260　　　Alse Tybeert dat ghesach,
　　　　　Dat hi emmer sterven soude,
　　　　　Doe dedi een deel als die boude,
　　　　　Dat dien pape verghinc te scanden.
　　　　　Beede met claeuwen ende met tanden
1265　　　Dedi hem pant, alsoet wel scheen,
　　　　　Ende spranc dien pape tusschen die been
　　　　　In die burse al sonder naet,
　　　　　Daer men dien beyaert mede slaet.
　　　　　Dat dinc viel neder up den vloer.
1270　　　Die vrauwe was zeerich ende zwoer
　　　　　Bi der zielen van haren vader,
　　　　　Sine wilde wel om algader
　　　　　Die offerande van eenen jare
　　　　　Dat niet den pape ghevallen ware
1275　　　Dit vernoy ende dese scame.
　　　　　So sprac: 'In sleets duvels name
　　　　　Moete dit strec sijn gheset!
　　　　　Siet, lieve neve Martinet,
　　　　　Dit was van huwes vader ghewande.
1280　　　Siet hier mijn scade ende mijn scande
　　　　　Emmermeer voert in allen stonden.
　　　　　Al ghenase hi van der wonden,
　　　　　Hi blivet den soeten spele mat.'
　　　　　Reynaert stont noch doe voer tgat.
1285　　　Doe hi dese tale hoerde,
　　　　　Hi louch dat hem bachten scorde
　　　　　Ende hem crakede die taverne.
　　　　　Doe sprac hi te sinen scherne:

	1 Van den vos Reynaerde
1250	Da musste Tibeert viele Schläge
	auf einmal erhalten.
	Der Pfarrer stand, wie man sah,
	ganz nackt und schlug Schlag auf Schlag
	auf Tibeert, der vor ihm lag.
1255	Da hielt sich niemand zurück.
	Martinet ergriff einen Stein
	und warf Tibeert ein Auge aus.
	Der Pfarrer stand ganz nackt da
	und holte zu einem gewaltigen Schlage aus.
1260	Als Tibeert das sah,
	dass er sicher sterben sollte,
	nahm er seinen Mut ein wenig zusammen,
	so dass es für den Pfarrer schändlich endete.
	Sowohl mit den Klauen als auch mit den Zähnen
1265	griff er ihn an, wie es deutlich wurde,
	und sprang dem Pfarrer zwischen die Beine,
	in den Beutel ohne Naht,
	mit dem man die Glocke läutet.
	Das Ding fiel auf den Boden.
1270	Die Dame war traurig und schwor
	bei der Seele ihres Vaters,
	sie habe wohl das Opfergeld
	eines ganzen Jahres dafür übrig,
	wenn dem Pfarrer
1275	dieses Leid und diese Schande nicht widerfahren wäre.
	Sie sprach: „Im Namen des hässlichen Teufels
	muss diese Schlinge gelegt worden sein!
	Seht, lieber Vetter Martinet,
	dies gehörte zur Ausrüstung Eures Vaters.
1280	Seht hier meinen Schaden und meine Schande
	immerfort zu jeder Stunde.
	Auch wenn die Wunden heilen,
	für das süße Spiel bleibt er zu schlapp."
	Reynaert stand noch vor dem Loch.
1285	Als er diese Worte hörte,
	lachte er so, dass er sich hinten krümmte und
	es in seinem Wirtshaus krachte.
	Da sprach er spottend:

      'Swijghet, Julocke, soete vrouwe,
1290   Ende laet zijncken desen rauwe
      Ende laet bliven huwen toren!
      Wattan, al hevet hu heere verloren
      Eenen van den clippelen zinen?
      Al te min so sal hi pinen!
1295   Laet bliven dese tale achtre.
      Gheneset de pape, en es gheen lachtre
      Dat hi ludet met eere clocken!'
      Dus troeste Reynaert vrauwe Julocken,
      Die haer arde zeere mesliet.

[Textausschnitt 4, V. 2135–2178]

2135   [Reynaert]: 'Ic hebbe noch selver ende gout
      Dat al es in mier ghewout
      So vele dat cume een waghen
      Te VII waerven soude ghedraghen!'
      Alse die coninc dit verhoerde,
2140   Gaf hi Reynaerde felle andwoerde:
      'Reynaert, wanen quam hu die scat?'
      Reynaert andwoerde: 'Ic segghu dat,
      Wijldijt weten also ict weet,
      No dor lief no dor leet
2145   So ne salt danne bliven verholen.
      Coninc, dien scat was bestolen.
      Ne waer hi oec ghestolen niet,
      Daer ware die moert bi ghesciet
      An hu lijf, in rechter trauwen,
2150   Dat alle huwen vrienden mochte rauwen.'
      Die coninghinne wart vervaert
      Ende sprac: 'O wy, lieve Reynaert!
      O wy, Reynaert, o wy, o wy!
      O wy, Reynaert, wat sechdi?
2155   Ic mane hu bi der selver vaert
      Dat ghi nu ons secht, Reynaert,
      Die hu ziele varen sal,
      Dat ghi ons secht de waerheit al
      Openbare ende brinct voort
2160   Of ghi weet van eenegher moort

	„Schweigt, Julocke, süße Dame,
1290	und lasst von dieser Trauer ab
	und lasst Euren Zorn!
	Was soll's, auch wenn Euer Herr
	einen seiner Klöppel verloren hat,
	umso weniger muss er sich anstrengen!
1295	Lasst diese Worte.
	Wenn der Pfarrer gesund wird, ist es keine Schande,
	dass er mit einer Glocke läutet!"
	So tröstete Reynaert die Dame Julocke,
	die sehr viel jammerte.

[Textausschnitt 4, V. 2135–2178]

2135	[Reynaert]: „Ich habe noch Silber und Gold,
	das sich alles in meiner Gewalt befindet,
	so viel, wie kaum ein Wagen
	in sieben Fuhren tragen könnte!"
	Als der König das hörte,
2140	antwortete er Reynaert böse:
	„Reynaert, woher bekamt Ihr den Schatz?"
	Reynaert antwortete: „Ich sage Euch das,
	wenn Ihr wissen wollt, was ich weiß,
	weder aus Liebe noch aus Leid
2145	wird es verborgen bleiben.
	König, jener Schatz war gestohlen.
	Wäre er nicht gestohlen worden,
	wäre an Euch wahrlich ein Mordanschlag
	verübt worden,
2150	so dass alle Eure Freunde trauern würden.
	Die Königin bekam Angst
	und sprach: „Oh weh, lieber Reynaert!
	Oh weh, Reynaert, oh weh, oh weh!
	Oh weh, Reynaert, was sagt Ihr?
2155	Ich ermahne Euch bei der Reise,
	die Eure Seele unternehmen wird,
	dass Ihr uns nun sagt, Reynaert,
	dass Ihr uns nun öffentlich die ganze
	Wahrheit sagt und sie vorbringt,
2160	ob Ihr von einem Mordanschlag

                Of eenen mordeliken raet
                Die jeghen minen heere gaet.
                Dat laet hier openbare horen.'
                Nu hoert hoe Reynaert sal verdoren
2165   Den coninc entie coninghinne
                Ende hi bewerven sal met zinne
                Des coninx vrienscap ende sine hulde
                Ende hi, buten haerre sculde,
                Brune ende Ysingrijn beede
2170   Uphief in groter onghereede
                Ende in veeten ende in ongheval
                Jeghen den coninc bringhen sal.
                Die heeren die nu waren so fier
                Dat si Reynaerde waenden bier
2175   Te sinen lachtre hebben ghebrauwen,
                Ic wane wel in rechter trauwen
                Dat hi sal weder mede blanden
                Dien si sullen drincken met scanden.

[Textausschnitt 5, V. 2491–2537]

                Die coninc entie coninghinne,
                Die beede hopeden ten ghewinne,
                Si leedden Reynaerde buten te rade
                Ende baden hem dat hi wel dade
2495   Ende hi hem wijsde sinen scat.
                Ende alse Reynaerd horde dat,
                Sprac hi: 'Soudic hu wijsen mijn goet,
                Heere coninc, die mi hanghen doet?
                So waer ic huut minen zinne!'
2500   'Neen, Reynaert,' sprac die coninghinne,
                'Mine heere sal hu laten leven
                Ende sal hu vriendelike vergheven
                Allegader sinen evelen moet
                Ende ghi sult voertmeer sijn vroet
2505   Ende goet ende ghetrauwe.'
                Reynaerd sprac: 'Dit doe ic, vrauwe,
                Indien dat mi de coninc nu
                Vaste ghelove hier voer hu
                Dat hi mi gheve sine hulde

oder von einem mörderischen Plan
gegen meinen Herrn etwas wisst.
Das sagt hier öffentlich!"
Nun hört, wie Reynaert
2165 den König und die Königin hereinlegen
und wie er mit Klugheit
die Freundschaft des Königs und dessen Huld erwerben wird,
und wie er, ohne ihre Schuld,
beide, Bruun und Isengrin,
2170 in große Unannehmlichkeiten brachte,
und gegen den König
in eine Fehde und ins Unglück bringen wird.
Die Herren waren nun so stolz,
dass sie dachten, sie hätten das Bier
2175 gegen Reynaert zu seiner Schande gebraut,
ich denke wahrlich,
dass er einen Honigtrank bereiten wird,
den sie voller Schande trinken werden.

[Textausschnitt 5, V. 2491–2537]

Der König und die Königin,
die beide auf Gewinn hofften,
sie führten Reynaert außerhalb zur Beratung
und baten ihn, dass er so gut sein wolle,
2495 ihnen seinen Schatz zu zeigen.
Und als Reynaert das hörte,
sprach er: „Sollte ich Euch mein Gut zeigen,
Herr König, der mich aufhängen will?
Dann wäre ich außer Sinnen!"
2500 „Nein, Reynaert", sprach die Königin,
„mein Herr wird Euch das Leben lassen
und Euch alles, worüber er erzürnt ist,
freundlich vergeben
und Ihr sollt von nun an klug
2505 und gut und treu sein."
Reynaert sprach: „Das mache ich, Herrin,
falls mir der König
dieses nun fest hier vor Euch verspräche,
mir seine Huld gäbe

2510   Ende hi al mine sculde
              Wille vergheven ende omme dat
              So willic hem wijsen den scat,
              Den coninc, aldaer hi leghet.'
              Die coninc sprac: 'Ic ware ontweghet,
2515   Wildic Reynaerde vele gheloven.
              Hem es dat stelen ende dat roven
              Ende dat lieghen gheboren int been.'
              Die coninghinne sprac: 'Heere, neen!
              Ghi moghet Reynaerde gheloven wel.
2520   Al was hi hier tevoren fel,
              Hi nes nu niet dat hi was.
              Ghi hebt ghehoert hoe hi den das
              Ende sinen vader hevet bedreghen
              Met morde, die hi wel beteghen
2525   Mochte hebben andren dieren,
              Wildi meer zijn argertieren
              Ofte fel ofte onghetrauwe.'
              Doe sprac die coninc: 'Gentel vrauwe,
              Al waendic dat mi soude scaden,
2530   Eist dat ghijt mi dorret raden,
              So willict laten up hu ghenent
              Dese vorworde ende dit covent
              Up Reynaerts trauwe staen.
              Ne waer ic segghe hem sonder waen:
2535   Doet hi meer eerchede,
              Alle die hem ten tienden lede
              Sijn belanc, sullent becoepen.'

[Textausschnitt 6, V. 3374–3469]

              Alse hi dat hoeft voerttrac,
3375   Botsaert, ende sach dat:
              'Helpe, wat lettren zijn dit?
              Heere coninc, bi miere wit,
              Dit es dat hoeft van Cuaerde!
              O wach, dat ghi noint Reynaerde,
3380   Coninc, ghetrauwet so verre!'
              Doe mochte men drouve sien ende erre
              Dien coninc entie coninghinne.

2510	und mir all meine Schuld
	vergäbe, und dafür will ich
	dem König
	den Schatz zeigen, und den Ort, wo er liegt."
	Der König sprach: „Ich wäre auf einem Irrweg,
2515	wenn ich Reynaert viel glauben wollte,
	ihm sind das Stehlen und das Rauben
	und das Lügen angeboren."
	Die Königin sprach: „Herr, nein!
	Ihr könnt Reynaert wohl glauben.
2520	Auch wenn er zuvor treulos war,
	er ist nicht mehr der, der er war.
	Ihr habt gehört, wie er den Dachs
	und seinen Vater des Mordplans
	bezichtigte, den er gut und gerne
2525	anderen Tieren hätte anlasten können,
	wenn er noch bösartiger,
	treuloser oder untreuer hätte sein wollen."
	Da sprach der König: „Edle Dame,
	auch wenn ich denke, dass es mir schaden würde,
2530	wenn Ihr Euch traut, es mir zu raten,
	so will ich diese Bedingung und diese Abmachung
	wegen Eures Vertrauens
	und wegen Reynaerts Treue akzeptieren.
	Aber ich sage ihm fürwahr:
2535	begeht er mehr Betrügereien,
	so werden es alle, die im zehnten Grad
	mit ihm verwandt sind, bezahlen.

[Textausschnitt 6, V. 3374–3469]

	Als er den Kopf [des Hasen] hervorzog,
3375	sah Botsaert das:
	„Hilfe, welche Briefe sind das?
	Herr König, auf mein Wort,
	das ist Cuwaerts Kopf!
	Oh weh, dass Ihr, König, jemals Reynaert
3380	so viel vertrautet!"
	Da konnte man den König und die Königin
	traurig und böse sehen.

Die coninc stont in drouven zinne
Ende slouch zijn hoeft neder.
3385 Over lanc hief hijt weder
Up ende begonste werpen huut
Een dat vreeselicste gheluut
Dat noint van diere ghehoort waert.
Ghene dieren waren vervaert.
3390 Doe spranc voert Fyrapeel,
Die lubaert. Hi was een deel
Des coninx maech; hi mocht wel doen.
Hi sprac: 'Heere coninc lyoen,
Twi drijfdi dus groet onghevouch?
3395 Ghi mesliet hu ghenouch,
Al ware de coninghinne doot.
Doet wel ende wijsheit groot
Ende slaect huwen rauwe een deel.'
Die coninc sprac: 'Heere Fierapeel,
3400 Mi hevet een quaet wicht so verre
Bedroghen dat ics bem erre,
Ende int strec gheleet bi barate,
Dat ic recht mi selven hate
Ende ic mine eere hebbe verloren.
3405 Die mine vriende waren tevoren,
Die stoute heere Brune ende heere Ysingrijn,
Die rovet mi een valsch peelgrijn.
Dat gaet miere herten na so zeere
Dat het gaen sal an mine eere
3410 Ende an mijn leven, het es recht!'
Doe sprac Fyrapeel echt:
'Es ghedaen mesdaet, men saelt zoenen.
Men sal den wulf enten beere doen comen
Ende vrauwe Hersenden also wel
3415 Ende betren hem hare mesdaet snel
Ende over haren toren ende over hare pine
Versoenen metten ram Beline,
Nadat hi selve heeft ghelyet
Dat hi Cuaerde verriet.
3420 Hi heeft mesdaen, hi moet becoepen.
Ende daerna sullen wi alle loepen

Der König stand da mit traurigem Gemüt
und ließ seinen Kopf hängen.
3385 Nach einer langen Zeit erhob er ihn wieder
und stieß das
schrecklichste Gebrüll aus,
das jemals von Tieren gehört wurde.
Die Tiere dort bekamen Angst.
3390 Da sprang der Leopard Firapeel
nach vorn. Er gehörte
zur Sippe des Königs, er durfte das wohl tun.
Er sprach: „Herr König Löwe,
warum verhaltet Ihr Euch so ungebührlich?
3395 Ihr habt genug gewehklagt,
als ob die Königin gestorben wäre.
Benehmt Euch geziemend und mit großer Weisheit
und mäßigt Euer Gejammer ein wenig."
Der König sprach: „Herr Firapeel,
3400 mich hat ein böses Wesen so
betrogen, dass ich verrückt bin,
und so listig in die Schlinge gelockt worden bin,
so dass ich mich selber hasse
und ich meine Ehre verloren habe.
3405 Diejenigen, die zuvor meine Freunde waren,
der stolze Herr Bruun und Herr Isengrin,
die hat mir ein falscher Pilger geraubt.
Das geht meinem Herzen so nah,
dass es mich in meiner Ehre
3410 und in meinem Leben treffen wird, das ist richtig!"
Da sprach Firapeel erneut:
„Es wurde Unrecht begangen, man wird es sühnen.
Man soll den Wolf und den Bären kommen lassen,
und Dame Hersinde ebenso
3415 und das an ihnen begangene Unrecht schnell entgelten
und ihnen für ihren Zorn und ihre Schmerzen
den Widder Bellin als Sühneopfer anbieten,
nachdem er selbst zugegeben hat,
dass er Cuwaert verraten hat.
3420 Er hat Unrecht begangen, dafür muss er bezahlen.
Und danach werden wir alle zu Reynaert

Na Reynaerde ende sulne vanghen
Ende sullen sine kele hanghen
Sonder vonnesse, hets recht!'
3425 Doe andwoerde die coninc hecht:
'O wy, heere Fyrapeel,
Mochte dit ghescien, so ware een deel
Ghesocht den rauwe die mi slaet.'
Fyrapeel sprac: 'Heere, jaet.
3430 Ic wille gaen maken die zoene.'
Doe ghinc Fyrapeel die coene
Daer hi die ghevanghene vant.
Ic wane dat hise teerst ontbant.
Ende daerna sprac hi: 'Ghi heeren beede,
3435 Ic bringhe hu vrede ende gheleede.
Mine heere de coninc groet hu
Ende hem berauwet zeere nu
Dat hi jeghen hu heeft mesdaen.
Hi biet hu soene, wildijt ontfaen,
3440 Wie so blide si ofte gram.
Hi wille hu gheven Belin den ram
Ende alle sheere Belins maghe
Van nu toten domsdaghe.
Eist int velt, eist int wout,
3445 Hebse alle in hu ghewout
Ende ghise ghewilleghelike verbit.
Die coninc ontbiet hu voer al dit,
Dat ghi sonder eeneghe mesdaet
Reynaerde moghet toren ende quaet
3450 Doen ende alle zine maghen,
Waer so ghise moghet belaghen.
Dese twee groete vriheden
Wille hu die coninc gheven heden
Te vryen leene eewelike.
3455 Ende hierbinnen wilt die coninc rike
Dat ghi hem zweert vaste hulde.
Hi ne wille oec bi sinen sculde
Nemmermeer jeghen hu mesdoen.
Dit biedt hu de coninc lyoen.
3460 Dit neemt ende leeft met ghenaden.

laufen und ihn fangen
und an seiner Kehle aufhängen,
ohne Gerichtsurteil, so ist es rechtmäßig!"
3425 Daraufhin antwortete der König:
„Oh weh, Herr Firapeel,
Sollte das geschehen, so wäre
die Trauer, die mich befällt, für einen Teil gelindert."
Firapeel sprach: „Herr, ja.
3430 Ich werde die Sühne regeln."
Da ging der tapfere Firapeel dorthin,
wo er die Gefangenen fand.
Ich denke, dass er sie zuerst losband.
Und danach sprach er: „Ihr beiden Herren,
3435 Ich bringe Euch Frieden und freies Geleit.
Mein Herr, der König, grüßt Euch
und es reut ihn nun sehr,
dass er gegen Euch Unrecht begangen hat.
Er bietet Euch eine Sühne an, die Ihr annehmen möget,
3440 ganz gleich, wer sich darüber freut oder wütend ist.
Er will Euch Bellin den Widder schenken
und alle Verwandten Bellins
von heute bis zum Jüngsten Gericht.
Sei es auf dem Feld oder sei es im Wald,
3445 Ihr habt Sie alle in Eurer Gewalt
und Ihr könnt sie nach Eurem Willen tot beißen.
Der König teilt Euch vor allem mit,
dass Ihr, ohne ein Unrecht zu begehen,
Reynaert und seiner ganzen Sippe
3450 Leid und Übles zufügen dürft,
wo auch immer Ihr sie ergreifen könnt.
Diese beiden großen Privilegien
möchte Euch der König heute
für immer zu einem freien Lehen gewähren.
3455 Und im Zusammenhang hiermit möchte der mächtige König,
dass Ihr ihm immerwährende Treue schwört.
Er möchte auch aus eigener Schuld heraus
nie mehr Unrecht gegen Euch begehen.
Das bietet Euch der König Löwe an.
3460 Dieses nehmt an und lebt in Gnaden.

Bi Gode, ic dart hu wel raden!'
Isingrijn sprac toten beere:
'Wat sechdire toe, Brune heere?'
Ic hebbe liever in de rijsere
3465 Ligghen dan hier in dysere.
Laet ons toten coninc gaen
Ende sinen pays daer ontfaen.'
Met Fyrapeel dat si ghinghen
Ende maecten pays van allen dinghen.

Bei Gott, das kann ich Euch wohl raten!"
Isengrin sprach zum Bären:
„Was sagt Ihr dazu, Herr Bruun?"
„Ich liege lieber in den Zweigen
3465 als hier im Eisen.
Lasst uns zum König gehen
und dort sein Friedensangebot annehmen."
Zusammen mit Firapeel gingen sie
und schlossen allgemeinen Frieden.

2 Hadewijch, *Liederen*

Abdruck nach: Hadewijch, *Liederen*. Hgg. V. Fraeters en F. Willaert. Met een reconstructie van de melodieën door Louis Peter Grijp. Groningen: Historische uitgeverij, 2009. S. 64–71, 100–105, 158–159, 204–209, 294–299, 320–323.

Lied 1

    1   Ay, al es nu die winter cout,
cort de daghe ende de nachte langhe,
ons naket saen een somer stout,
die ons ute dien bedwanghe
5   sciere sal bringhen. Dat es in scine
bi desen nuwen jare:
die hasel bringhet ons bloemen fine.
Dat es een teken openbare.
   – Ay, vale, vale millies –
10 ghi alle die nuwen tide
   – si dixero, non satis est –
omme minne wilt wesen blide.

    2   Ende die van fieren moede sijn,
wat storme hen dore de minne
ontmoet, ontfaense alsoe fijn,
alse: 'Dit es daer ic al ane winne
5   ende winnen sal. God gheve mi al
dat ter minnen best become.
Na haerre ghenoechten weghe, mesval
si mi die meeste vrome.'
   – Ay, vale, vale millies –
10 ghi alle die aventure
   – si dixero, non satis est –
wilt doghen om minnen nature.

    3   Ay, wat sal ic doen, ellendech wijf?
Met rechte maghic wel tghelucke haten.
Mi rouwet wel sere mijn lijf:
ic en mach minnen noch laten.
5   Te rechte mi es beide fel:
gheluc ende avonture.

Ins Deutsche übersetzt von Ingo Breuer. Ungereimte Übersetzungen in Anlehnung an *Hadewijch: Lieder. Mittelniederländischer Text – Neuhochdeutsche Übersetzung – Kommentar.* Hgg. V. Fraeters, F. Willaert, L.P. Grijp. Berlin: De Gruyter [erscheint 2015]. Gereimte Übersetzung von Lied 17 ebenfalls von Ingo Breuer.

Lied 1

1   ACH IST DER WINTER JETZT AUCH KALT,
kurz die Tage und die Nächte lang,
gleich kommt der kühne Sommer,
der uns schnell von dieser Tyrannei
5   befreien wird. Das ist ihm anzusehen,
diesem neuen Jahr:
Der Haselstrauch schenkt uns schöne Blüten.
Das ist ein deutliches Vorzeichen.
– *Ach, vale, vale millies* –
10   Euch allen, die ihr in der neuen Jahreszeit
– *si dixero, non satis est* –
um der Minne froh sein wollt.

2   Und die, die stolzen Mutes sind,
mit welchen Angriffen die Minne
sie auch bedenkt, sie fangen sie so gekonnt auf,
als ob sie sagen: ‚Hiermit gewinne ich
5   und werde alles gewinnen. Gott gebe mir alles,
was der Minne am besten gefällt.
Wünscht sie es, so sei eine Niederlage
mir von größtem Vorteil.'
– *Ach, vale, vale millies* –
10   Euch allen, die Ihr um der Minne willen
– *si dixero, non satis est* –
Abenteuer bestehen wollt.

3   Ach, was soll ich tun, ich unselige Frau?
Zu Recht darf ich das Glück wohl hassen.
Das Leben schmerzt mich sehr:
Ich kann weder lieben noch kann ich es lassen.
5   Beide sind wahrlich hart zu mir:
Glück und Abenteuer.

Ic dole, mijns en es niement el.
Dat scijnt jeghen nature.
– Ay, vale, vale millies –
u allen laet dies ontfarmen
– si dixero, non satis est –
dat minne mi dus laet carmen.

4   Ay, ic was ie op die minne stout,
sint icse eerst hoerde noemen,
ende verliet mi op hare vrie ghewout.
Dies willen mi alle doemen,
vriende ende vreemde, jonc ende out,
dien ic in allen sinnen
diende ie ende was van herten hout,
ende onste hen allen der minnen.
– Ay, vale, vale millies –
ic rade hen dat si niet en sparen
– si dixero, non satis est –
hoe ic hebbe ghevaren.

5   Ay arme, ic en mach mi selven niet
doen leven noch sterven.
Ay, soete God, wat es mi ghesciet,
dat mi de liede bederven?
Lieten si u mi allene doch slaen:
ghi soudet best gheraden,
na recht, al dat ic hebbe misdaen
ende bleven buten scaden.
– Ay, vale, vale millies –
die Gode niet ghewerden en laten
– si dixero, non satis est –
ende niet en minnen, ende haten.

6   Die wile dat si sijn over mi,
wie sal hare lief dan minnen?
Si ghinghen bat hare weghe vri,
daer si u leerden kinnen.
Si willen u te hulpe staen
met mi, dies cleine behoeven.
Ghi cont na recht soenen ende slaen

Ich irre, niemand anders ist bei mir.
Das scheint wider die Natur.
– *Ach, vale, vale millies* –
10   Habt alle Erbarmen mit mir,
– *si dixero, non satis est* –
dass die Minne mich so wimmern lässt.

4   Ach, immer vertraute ich Minne voll und ganz,
seit ich zum ersten Mal von ihr hörte,
und habe mich auf ihre souveräne Macht verlassen.
Darum will mich jeder verurteilen,
5   Freunde und Fremde, Jung und Alt,
denen ich in jeder Hinsicht
immer gedient habe und von Herzen zugetan war,
und denen ich allen die Minne gönnte.
– *Ach, vale, vale millies* –
10   ich rate ihnen, nicht zu zögern
– *si dixero, non satis est* –
wie es mir auch ergangen sein mag.

5   Ach, ich habe nicht in eigener Hand,
ob ich lebe oder sterbe.
Ach, lieber Gott, was ist mit mir geschehen,
dass die Menschen mich zugrunde richten?
5   Überließen sie es nur Dir, mich zu treffen:
Du würdest am besten bestimmen
und nach Recht, was ich alles verbrochen habe,
und dann würden sie keinen Schaden leiden.
– *Ach, vale, vale millies* –
10   Allen, die nicht Gott walten lassen
– *si dixero, non satis est* –
und nicht lieben, sondern hassen.

6   Während sie sich mit mir beschäftigen,
wer beminnt dann ihre Liebste?
Sie gingen besser ihren eigenen freien Weg,
auf dem sie Dich kennenlernen würden.
5   Sie wollen Dir behilflich sein,
mit mir, was wirklich nicht nötig ist.
Du kannst mit Recht sühnen oder strafen

ende met claerre waerheit proeven.
– Ay, vale, vale millies –
10 alle die met Gode plechten
– si dixero, non satis est –
in soenen noch in rechten.

7 Ay, Salomon ontradet dat werc
dat wi niet ne ondersueken
die dinghen die ons sijn te sterc
noch dat wi nieten roeken
5 hoghere dinghen dan wi sijn,
dat wi die ondervenden,
ende laten ons die minne fijn
vri maken ende benden.
– Ay, vale, vale millies –
10 die der hogher minnen rade
– si dixero, non satis est –
volclemt van grade te grade.

8 Der menschen sinne sijn soe clene,
daer mach wel vele God boven.
God es van allen wijs allene.
Dies sal men alles hem loven
5 ende laten hem sijn ambacht doen
in wreken ende in ghedoghen.
Hem en es gheen werc soe verre ontfloen,
en comt hem al vore die ogen.
– Ay, vale, vale millies –
10 die hen der minnen volgheven
– si dixero, non satis est –
ende haren ogen ghenoech volleven.

9 God moete ons gheven nuwen sin
ter edelre minnen ende vrie,
dat wi soe nuwe leven daerin,
dat ons die minne ghebenedie
5 ende nuwe make met nuwen smake,
dien si can nuwe volgheven.
Die minne es nuwe gheweldege orsate
dien die der minnen al nuwe volleven.

und mit deutlichem Zeugnis Beweise liefern.
– *Ach, vale, vale millies* –
10 allen, die Gottes Seite wählen
– *si dixero, non satis est* –
beim Sühnen oder Richten.

7   Ach, Salomon rät uns davon ab,
die Dinge zu durchforsten,
die für uns zu schwierig sind
und auch, uns nicht einzulassen,
5   auf was uns übersteigt,
um es zu durchgründen,
sondern er rät uns, uns durch die edle Minne
zu befreien und binden zu lassen.
– *Ach, vale, vale millies* –
10 dem, der gemäß dem Urteil hoher Minne
– *si dixero, non satis est* –
Stufe für Stufe bis ganz oben steigt.

8   Des Menschen Verstand ist so begrenzt,
Gott kann so viel mehr.
Nur Gott kennt alles.
Darum wird man ihn um alles preisen
5   und ihn seine Rechtsmacht ausüben lassen,
ob er nun rächt oder duldet.
Keine Tat ist ihm so fern,
dass er sie nicht vollkommen sieht.
– *Ach, vale, vale millies* –
10 allen, die sich vollkommen an die Minne geben
– *si dixero, non satis est* –
und in ihren Augen totale Genugtuung schenken.

9   Möge Gott uns neue Lust
zur edlen freien Minne geben,
sodass wir in ihr in einer solch' neuen Weise leben,
dass uns die Minne ihren Segen schenkt
5   und uns erneuert mit neuem Geschmack,
den sie immer erneut vollkommen geben kann.
Die Minne ist eine neue überwältigende Belohnung
für die, die auf neue Weise vollkommen für die Minne leben.

– Ay, vale, vale millies –
datnuwe der nuwer minnen,
– si dixero, non satis est –
dat nuwe wilt nuwe bekinne.

– Ach, vale, vale millies –
10 das Neue der erneuten Minne,
– si dixero, non satis est –
wolle das Neue auf neue Weise erfahren.

Lied 7

1 BI DEN NUWEN JARE
hoept men der nuwer tide,
die nuwe bloemen sal bringhen
ende nuwe blijscap menechfout.
Die doghet omme minne vare,
hi mach wel leven blide:
si ne sal hem niet ontlingen.
Want minnen rike ghewout
es nuwe ende wel ghemate
ende suete in den ghelate,
ende suetet met orsate
alle nuwe sware.

2 Ay, hoe nuwe ware nu deghene
die nuwer minnen diende
met nuwer rechter trouwen,
alsoe nuwe te rechte al soude.
Tierst dat hem minne verscene,
soe hadde hi lettel vriende.
Dat dorste hem lettel rouwen,
hadde hi der minnen houde.
Want si ghevet dat nuwe goet,
dat maket den nuwen moet,
die in al nuwen doet
daer minne nuwe in gherene.

3 Ay, de minne es nuwe alle uren
ende si vernuwet alle daghe.
Si maect de nuwe nieboren
altoes in nuwen goede.
O wi! Hoe mach die oude ghedueren
die hem vore minne versaghe!
Hi levet wel out in toren,
altoes te cleinen spoede.
Want hi es van den nuwen ontweghet
ende hem es dat nuwe ontseghet,
dat in de nuwe minne gheleghet,
in nuwer minnen nature.

Lied 7

1 ZU BEGINN DES NEUEN JAHRES
hofft man auf die neue Jahreszeit,
die neue Blumen bringen wird
und neue Freude im Überfluss.
5   Wer Ängste um Minne durchsteht
kann sich wohl erfreuen:
Sie wird sich ihm nicht entziehen.
Denn der Minne reiche Macht
ist neu und sehr freundlich
10 und süß in ihrem Handeln,
und sie versüßt mit Vergütung
jedes neue Leid.

2   Ach, wie neu wäre der,
der neuer Minne diente
mit neuer, aufrechter Treue,
wie der Neue zurecht täte.
5   Sobald die Minne ihm erschien
hatte er wenig Freunde.
Das bräuchte ihn nicht zu verzagen,
wenn er nur die Zuneigung der Minne besäße.
Denn sie gibt den neuen Segen,
10 der neuen Mut erweckt,
der Neuerung in allem bewirkt,
was Minne erneut berührt.

3   Ach, zu jeder Zeit ist die Minne neu
und jeden Tag erneuert sie sich.
Sie lässt den Neuen immerfort
wiedergeboren werden in neuem Segen.
5   Oh weh! Wie kann der Alte es erdulden,
der Angst um Minne fühlt!
Er lebt, sehr alt, in Bitterkeit,
fortwährend ohne Segen.
Denn er wurde von den Neuen getrennt,
10 und das Neue wird ihm entsagt,
welches in der Minne beschlossen liegt,
in der neuen Minne Wesen.

4   Ay, waer es nu nuwe minne
met haren nuwen goede?
Want mi doet mine ellende
te menich nuwe wee.
Mi smelten mine sinne
in minnen oerewoede.
Die afgront daer si mi in sende
die es dieper dan die zee,
want hare nuwe diepe afgronde,
die vernuwet mi de wonde.
Ic en sueke meer ghesonde
eer icse mi nuwe al kinne.

5   Maer die nuwe oude vroede,
die nuwe hen minnen gheven
ende nuwe hen dan niet en sparen,
die hetic nuwe ende out.
Si leven in hoghen moede,
want si hem ane minne cleven
ende met niede altoes anestaren.
Dies wast in minnen hare ghewout.
Want si moeten alse nuwe hen wenen
ende alse oude op minne lenen,
daerse lief wilt leiden henen
met nuwen moede in nuwen woede.

6   Die nuwer minnen scolen
met nuwer minnen volghen
na nuwer minnen rade
in nuwer trouwen ere,
si seinen dicke in dolen.
Nochtan sijn si diepst verswolgen
in minnen ongenade,
daer si na swelten sere.
Ende soe comt dat nuwe clare
met allen nuwen ware
ende bringhet nuwe openbare
dat mi hadde stille bevolen.

4   Ach, wo ist neue Minne nun
mit ihrem neuen Segen?
Denn die Verlassenheit bringt mir
zuviel des neuen Schmerzes.
Weg schmelzen meine Sinne
in rasendem Verlangen nach Minne.
Der Abgrund, in den sie mich stürzt
ist tiefer als das Meer,
denn ihr neuer tiefer Abgrund
erneuert in mir die Wunde.
Keine Heilung verlang' ich mehr,
eh' ich sie gänzlich als neu erfahre.

5   Die neuen alten Weisen jedoch,
die sich, als Neue der Minne hingeben
und sich als Neue dann nicht schonen,
die nenne ich sowohl neu als alt.
Sie leben mit edlem Gemüt,
denn sie lassen die Minne nicht mehr los
und behalten sie inbrünstig in ihrem Blick.
Darum wächst ihre Kraft in der Minne.
Denn als Neue müssen sie sich ergeben
und als Alte sich auf Minne stützen,
um dahin zu gehen, wo ihre Geliebte sie will,
mit neuem Mut und neuer Leidenschaft.

6   Jene, die die Schule der neuen Minne
mit neuer Minne durchlaufen,
auf neuer Minnen Rat,
zu Ehren neuer Treue;
sie scheinen oft umherzuirren,
sind eigentlich jedoch zutiefst verschlungen
in der Ungnade der Minne,
nach der sie innig schmachten.
Und so wird neue Klarheit
mit voller, neuer Wahrheit
und offenbart auf neue Weise,
was sie mir still versprochen hat.

7   Ay, hoe suete es nuwe melden!
Al ghevet nuwe kere
ende menech nuwe doghen,
het es nuwe toeverlaet.
Want minne saelt ons wel ghelden
met groter nuwer ere.
Die minne salre ons met doen hoghen
in minnen hoechste raet,
daer dat nuwe gheheel sal sijn
in nuwen ghebrukene fijn,
alse: 'Nuwe minne es al mijn.'
Ay, dit nuwe ghesciet te selden.

R   Alle die dit nuwe scuwen
ende hem met vremden nuwen vernuwen,
hen selen de nuwe mestruwen
ende met allen nuwen scelden.

7   Ach, wie süß ist diese neue Bekanntschaft!
Wenngleich sie bringt neuen Verdruss
und manchen neuen Schmerz,
so ist sie doch eine neue Zuflucht.
Denn Minne wird es uns sicher vergüten
mit großer, neuer Ehre.
Hierfür wird die Minne uns erheben
in den höchsten Minnerat,
wo das Neue vollkommen sein wird,
im neuen, herrlichen Genuss,
wobei man sagt: „Neue Minne ist ganz mein".
Ach, dies Neue geschieht allzu selten.

R   All jene, die dies Neue scheuen
und sich mit fremdem Neuen erneuen,
vor ihnen muss sich der Neue hüten
und sie zusammen mit allen Neuen tadeln.

Lied 17

1   Dit nuwe jaer es ons onstaen,
dies si God ghebenedijt.
Hi mach gherne den tijt ontfaen,
die van minnen hevet delijt
ende die dan kint in sinen sinne
dat hi pine omme hoghe minne
gherne wilt doghen in allen tijt.

2   In allen tiden moet men doghen,
die hogher minnen dienen sal,
ende sinen dienst in minnen hoghen,
sal hi van hare hebben gheval
ende sal hi die nature bekinnen
daer de minne in mint met minnen,
die hem sen ende herte stal.

3   Nuwe tijt ende nuwe minne,
dat wondet beide in enen gront.
Dat ict over nuwe bekinne,
dat hevet mijn herte nu ghewont:
dat die edele figure
verborghen in hare subtile nature
vore ons es soe langhe stont.

4   Die nuwen tiden in minnen diende,
dat scene nu herde nuwe sake.
Want men vindet nu lettel liede
die staen na rechter minnen smake.
Want den wreden vreemden blivet verholen
hoe mi mijn herte hevet verstolen
die tijt, daer ic altoes na hake.

Lied 17

1 DAS NEUE JAHR HAT ANGEFANGEN,
Gott sei gepriesen hierfür.
Der mag gern' diese Zeit empfangen,
der durch die Minne Freud' erfuhr,
5 und dann entdeckt in seinem Sinne,
dass er nur allzu gern' für hohe Minne,
jederzeit ertrüge Qual und Tortur.

2 Zu jeder Zeit muss der das Leiden ehren,
der edeler Minne zu dienen gedenkt,
und muss seinen Minnedienst vermehren,
bevor er durch sie das Glück empfängt,
5 und wenn ihm zu erfahren sinnt,
wie die Minne mit Minne beminnt,
die ihm Herz und Verstand gekränkt.

3 Eine neue Zeit und neue Minne
treffen beide zutiefst ein Herz.
Dass ich dies als neu erfahren könne,
das ist nun meines Herzens Schmerz:
5 Dass diese edele Gestalt
mit ihrer subtilen Gewalt
sich so lang verbirgt vor unserem Herz.

4 In Minne dienen, wenn das Jahr sich erneut
würde erscheinen wie ganz neues Leben.
Denn wenig sind der Menschen heut',
die nach der Erfahrung wahrer Minne streben.
5 Denn dem fürchterlichen Fremden ist unbekannt,
wie sie mir meine Herzensruh' entwandt',
die Zeit, die mich in solch' Verlangen lässt leben.

Lied 25

1 IN ALLEN TIDEN VAN DEN JARE,
hoe dat el metten tide si,
hevet hi bliscap ende vare
die doget ellende omme minne vri,
ende gherne dan lieve ware bi
omme te zueten sine ellendeghe daghe.
Dats noch niet en es, doet roepen: 'Ay mi!'
Datwesen sal, dat cest de claghe:
'Ay, ic ben al di, lief, wes al mi,
alset di behage.'

2 Die minnen wilt, hi moet hem gheven
in hare gewout daer sijt ghebiedt,
het si in sterven ochte in leven,
daer minne sijn wesen in versiet.
Hem wert anders niet
dan in vrien troest, in bedwonghene vare.
Die minne goud ye gherne dat si onthiet
met haren claren ware.
Ay, dat de minne helen hiet,
bringhet hare suetecheit oppenbare.

3 Mi wondert van sueter minne
dat hare suetheit alle dinc verwint,
ende sij mi dus verdoet van binnen
ende miere herte noet soe cleine bekint.
Si hevet mi soe int wee bewent:
dies ic gevoele – in caent gheloven.
Die verhoelne wegen die minne mi sent,
die sijnt die mi van mi al roeven.
Dat gherochte, dat hoghe prosent
der nederre stillen, doet mi verdoeven.

4 Hare nedere stille es onghehort,
hoe hoghe gerochte dat si maect,
en si allene dies hevet becoert,
ende dien minne in hare al hevet ghesaect
ende met diepen gherijnnen so nae gheraect

Lied 25

1 IN ALLEN ZEITEN DES JAHRES,
wie es um die Jahreszeit auch stehe,
fühlt der Freud' und Angst,
der um freier Minne willen Elend durchsteht
5 und dann gern in seiner Liebsten Nähe wär
um seine elenden Tage zu versüßen.
Dass dies noch nicht so ist, entlockt ihm die Klage: „Weh' mir!"
Dass es kommen wird, besänftigt den Jammer:
„Ach, ich bin ganz die Deine, Liebster, sei ganz mein,
10 wie es Dir behagt."

2 Wer lieben will, muss sich ihrer Macht
hingeben, wie sie gebietet,
sei es im Sterben oder im Leben,
da, wo Minne ihn haben will.
5 Nichts wird ihm zuteil,
außer im freien Trost, in drückender Angst.
Die Minne erfüllte immer gerne, was sie versprach.
mit ihrer klaren Wahrheit.
Ach, was der Minne zu verbergen gefällt,
10 bringt gerade ihre Süße ans Licht.

3 Was mich an der süßen Minne wundert
ist, dass ihre Süße alles übertrifft,
und sie mich innerlich so verzehrt
und meinen Herzensschmerz so wenig erkennt.
5 Sie stürzte mich so sehr in den Verdruss:
was ich fühle – ich kann es nicht glauben.
Die verborgenen Wege, auf die Minne mich entsendet,
sind es, die mich gänzlich meiner selbst berauben.
Das Geräusch, die hohe Gabe
10 der tiefen Stille, betäubt mich.

4 Ihre tiefe Stille ist unhörbar,
wie laut auch das Geräusch, dass sie macht,
außer für den, der davon gekostet hat,
und die Minne ganz eingesogen hat
5 und durch diese tiefe Berührung so innig hat berührt,

datti hem al ghevoele in minne.
Alse sine met wondere alsoe doresmaect,
cesseert een ure tgherochte daerinne.
Ay, saen wect begherte, die waect,
met nuwen stoerme de inneghe sinne.

5 Ghenuechte loke wel de oghen
ende plage gherne dies si hevet,
mocht die verwoede begherte ghedoghen,
die altoos in woede levet.
Want si haer alle uren daertoe ghevet
te roepene: 'Ay minne, wes al mine!'
Oec wecse redene, die haer dat zeghet:
'Sich hier, dit steet di noch te volsine.'
Ay, daer redene ghenuechte ontseghet,
dat quetst meest boven alle pine.

6 Begherte en mach niet swighen stille
ende redene ghevet haer claer den raet,
want sise verlicht met haren wille
ende toent haer dat werc der hoechster daet.
Ghenoechte name gherne toeverlaet
te pleghene haers liefs in sueter rasten.
So toent haer redene den hoochsten graet
ende verlaedse metten swaersten lasten.
Ay, hadde ghenoechte dan redene doet,
si soudse wel cleine bevasten.

7 Maer daer lief met lieven so vaste gheraect
dat lief van lieven lief niet en mach,
ende lief met lieve soe lief doresmaect
dat lief levet lief op lieves sach –
ende redene dan doet wederslach
ende toent daer onghewassenheit inne,
waer redene ye ghelieve oneffene wach,
daer wert ye seerst ghequetst de minne.
Ay, te swaer es daer de slach,
daer lief men lief dan lief al kinne.

dass er sich ganz Minne fühlt.
Wenn sie ihn so mit ihrem wunderlichen Geschmack erfüllt,
dann wird das Aufbegehren innen drin einen Moment lang besänftigt.
Ach, sogleich weckt Begierde, die wacht,
mit einem neuen Angriff die innerlichen Sinne.

5   Wonne würde wohl gern die Augen schließen
und verweilen bei dem, was sie hat,
würde die herzzerreißende Begierde dies zustehen,
die immer in Verlangen lebt.
Denn sie legt sich andauernd darauf zu,
zu rufen: ‚Ach Minne, sei ganz mein¡
Auch Vernunft weckt es und sagt ihr:
‚Sieh', dies ist, was du noch werden musst.'
Ach, wenn Vernunft Wonne den Krieg erklärt,
das verletzt mehr, als jeglicher andere Schmerz.

6   Begierde kann nicht schweigen
und diesen Rat Vernunft ihr deutlich gibt,
denn sie erleuchtet sie mit ihrem Willen
und zeigt ihr die Arbeit für die höchste Tat.
Wonne würde gerne ihre Zuflucht nehmen
im Genießen ihrer Liebsten in süßer Ruhe.
Dann zeigt Vernunft ihr die höchste Stufe
und überlädt sie mit den schwersten Lasten.
Ach, kriegte Wonne die Vernunft dann tot,
dann würde sie sie sich gewiss nicht aufladen.

7   Sobald jedoch der Liebste mit der Liebsten sich so verbindet,
dass der Liebste sich von der lieben Liebsten nicht mehr trennen kann,
und der Liebste liebevoll seine Liebste so innig schmeckt,
dass der Liebste in Vertrauen auf seine Liebste lebt von seiner Liebsten –
und wenn Vernunft dann den Gegenangriff beginnt
und darin die Unreifheit sehen lässt,
wobei Vernunft den Liebsten immer wieder als ungleich abwägt,
dann wird die Minne immer am meisten verletzt.
Ach, zu schwer ist dann der Schlag,
wenn der Liebste seine Liebste um einiges weniger lieb erfährt.

8 Wat sal ghequester minnen wesen?
Hoe mach haer iemen raet ghegeven?
Wat fisisine salse genesen
die gherne soude der minnen al minneleven
ende onder redene so wert verdreven,
die haer gheet met nuwen storme anespreken
ende toent hare wat hare es ontbleven:
'Sich hier, dit soude di noch ghebreken.'
Ay, wie sal mi van minnen gheven
raet ende over redene wreken?

9 Ay, wet God dat en mach nieman sijn
die over de redene yet mach wreken.
Si es selve der minnen fisisijn:
si can best heilen al hare gebreken.
Die met leste volgetal haren treken,
in allen weghen daer sine gheleide,
dien salse met nuwen wondere aenspreken:
'Sich hier, besich dit hoochste ghereide.'

R Ay, daer en derf gheen vremt versoenre gaen
omme te versoene die vede.
Ende die dit bekinnen, si verstaen
ghenoech van haren crede.

8 Was soll aus der verletzten Minne werden?
Wie kann jemand ihr Rat geben?
Welcher Arzt kann sie heilen
die gerne, ganz Minne geworden, von der Minne leben würde,
5 jedoch von Vernunft so in die Enge getrieben wird,
die sie mit einem neuen Angriff herausfordert
und ihr zeigt, was ihr noch fehlt:
‚Sieh', dies fehlt Dir noch.'
Ach, wer wird mir Rat geben über Minne
10 und mich rächen an Vernunft?

9 Ach, Gott weiß, dass es niemanden gibt, der
an Vernunft etwas rächen kann.
Sie ist selbst der Minne Arzt:
All ihre Gebrechen kann sie am besten heilen.
5 Wer geschickt all ihren Listen folgt,
auf allen Wegen, auf die sie ihn führt,
den wird sie mit neuen Wundern herausfordern:
‚Sieh', schaue die höchste Herrlichkeit'.

R Ach, es braucht keinen fremden Versöhner,
um diese Fehde zu schlichten.
Und sie, die dies wissen, begreifen
ihre Lehre durch und durch.

Lied 40

1 Alse ons dit nuwe jaer ontsteet,
soe hoept men dat saen comen sal
die tijt daer menech op verveet,
die groeyen doet berch ende dal.
Doch es die bliscap onghereet.
Soe es hem oec die ghevet sijn al
op hoger minne scone beheet,
eer hi verlinget die verheit der minnen.

2 Wie sal die snelle wesen dan,
die sal verlinghen verre minne?
Die fiere, die neemt dies minne hem an,
ende levet bi rade ende werket bi zinne
ende toeset wat hi ye ghewan,
soedat verlichte redene kinne
datti voer minnen niet sparen en can,
hi sal verlinghen die verheit der minnen.

3 Dat ons de minne soe verre si,
die ons met rechte soude sijn soe na,
dat scijnt meneghen ende mi,
die up vremde troeste verva.
Die fiere van minnen leve also vri
dat hise met selken storme besta
al toter doet ochte nae daerbi,
hochte hi verwint de cracht der minnen.

4 Die dus verwint der minnen racht,
hi mach sijn kimpe wel bekint.
Want men leest van der minnen macht
dat si alle andere dinc verwint.
Die vroede vergelde al der minnen pacht
ende sie dat hijs soe scoene beghint,
altoes met stoerme van nuwer jacht,
ochte hi verwint de cracht der minnen.

5 Dien minne verwint dat hise verwinne,
hem wert hare suete nature noch cont.
Alse hi gevoelt de soete minne,

Lied 40

1 BEIM ANBRUCH DES NEUEN JAHRES
hofft man, dass die Zeit bald kommen möge,
von der viele Heil erwarten
und die Berge und Täler in Blüte versetzt.
Doch bleibt das Entzücken noch aus.
So geht es auch dem, der sich vollkommen gibt,
im Vertrauen auf die schönen Versprechen der Minne,
bevor er der Minne Vorsprung eingeholt hat.

2 Wer wird dann der Schnelle sein,
der entfernte Minne einholen wird?
Der Kühne, der nimmt, was die Minne ihm gibt
und der weise lebt und handelt mit Verstand
und der alles einsetzt, was er je bekam,
sodass erleuchtete Vernunft weiß,
dass er vor der Minne nichts verbergen kann.
Der ist es, der die Minne einholen wird.

3 Dass die Minne uns so fern ist,
die uns eigentlich sollte sein so nah,
das erfährt so mancher – und auch ich selbst –
der sich auf fremden Trost verlässt.
Wer kühn in seiner Minne ist, der lebe so frei,
dass er sie im Lauf erstürmt,
in den Tod dafür geht, oder doch beinahe,
sodass er die Kraft der Minne besiegt.

4 Wer so besiegt der Minne Kraft,
der muss wohl ein bewährter Kämpfer sein.
Denn man liest über der Minne Kraft,
dass sie über alle anderen Dinge siegt.
Der Weise bezahle alle Minnenpacht
und sehe, dass er so glänzend beginnt,
stets im Sturmlauf eines neuen Angriffs,
bis er der Minne Kraft besiegt.

5 Wer durch die Minne besiegt wird, auf dass er sie besiege,
dem wird ihr süßes Wesen wohl deutlich.
Wenn er die süße Minne fühlt,

werd hi met haren wonden gewont.
Alse hi met wondere hare wondere kinnet,
sughet hi met nide der aderen gront
altoos met dorste van nuwen beghinne,
eer hi gebruket der zueter minnen.

6   Soe werdet utermaten goet
— begherte scept, genuechte drinket —
die fiere die dat sine in minnen verdoet
ende metwoede in hare gebruken sinket.
Soe hevet hi vol der minnen spoet,
daer minne met minnen hare minne al scinket,
ende soe werdt die minne al minne volvoet,
daer hi ghebruket der sueter minnen.

7   Der minnen ghebruken, dat es een spel
dat nieman wel ghetoenen en mach.
Ende al mocht dies pleget iet toenen wel,
hi ne const verstaen dies noyt en plach:
hoe minne wilt minne ende niet el
van al dat ie besceen die dach.
Die loep des troens en es niet so snel
soe der minnen loep es in der minnen.

8   Die loep des troens ende der planeten
ende der tekene die metten trone gaen,
mach men iet met ghelike weten
ende met mate van ghetale bevaen.
Maer gheen meester en mach hem dies vermeten
dat hi minne met sinne mach doen verstaen
alle die minne ye wisten ende selen weten
ende selen lopen den loep der minnen.

R   Si hebben der minnen wijdde verghetan,
die minne met sinne wanen bestaen.
Ay deus, wat heeft hen God geweten
die lopen moeten den loep der minnen.

wird er mit ihren Wunden verwundet.
Wenn er verwundert ihre Wunder erfährt,
trinkt er inbrünstig aus tiefster Ader,
mit endlosem neuem Durst,
bis er die süße Minne genießt.

6   So wird es äußerst gut
– Begehren schöpft, es trinkt der Genuss –
für den Kühnen, der sich gänzlich in der Minne verzehrt
und mit Inbrunst genießend in ihr versinkt.
Dann besitzt er der Minne Glück vollkommen,
wenn Minne mit der Minne ihre Minne gänzlich schenkt,
dann wird die Minne mit nichts als Minne genährt,
wenn er die süße Minne genießt.

7   Der Genuss der Minne ist ein Spiel,
das niemand gut erklären kann.
Und auch könnte der, der es spielt darüber berichten,
wer es niemals gespielt hat, kann es nicht verstehen,
wie Minne Minne will und nichts anderes
von allem, was die Sonne je beschien.
Der Lauf des Himmelthrons ist nicht so schnell,
wie der Lauf der Minne in der Minne.

8   Den Lauf des Throns und der Planeten
und des Tierkreises im Umlauf mit dem Thron
kann man noch gerade durch Vergleich erkennen
und im Zahlenmaß erfassen.
Doch kann kein Meister je behaupten,
dass er die Minne mit dem Verstand kann erklären,
allen, die die Minne je kannten oder kennen werden
und den Lauf der Minne laufen werden.

R   Sie haben die Unendlichkeit der Minne vergessen,
jene, die meinen, die Minne mit dem Verstand zu erfassen.
Ach Gott, was hat Gott jenen doch angetan,
die den Lauf der Minne laufen müssen.

Lied 45

1a   AY, IN WELKEN SOE VERBAERD DE TIJT,
en es in al de werelt wijt
dat mi gheven mach delijt
dan *verus amor*.

1b   Ay minne, op trouwe, want gi al sijt
miere zielen joie, mier herten vlijt,
ontfaermt der noet, siet ane den strijt,
hort *cordis clamor*.

2a   Ay, wat ic mijn wee roepe ende clage,
de minne doe met mi hare behaghe.
Ic wille hare gheven al mine daghe
laus et honor.

2b   Ay minne, ochte trouwe uwe oghe anezaghe!
Want mi maect coene dat ics ghewage.
Want mi ierst up uwe hoghe staghe
uwe *traxit odor*.

3a   Ay minne, ja gi, die nie en loghet,
want ghi mi toenet in der joghet
daer ic na quele. Want ghijt vermoghet,
sijt *medicina*.

3b   Ayja, minne, ghi die als sijt voghet,
ghevet mi omme minnen dies mi meest hoghet,
want ghi sijt moeder alre doghet,
vrouwe *et regina*.

4a   Ay, werde minne, fine pure,
wan siedi ane hoe ic ghedure?
Ende sijt in mine bettere zuere
condimentum.

4b   Ay, ic dole te swaer in de avonture.
Mi sijn al andere saken suere.
Volgevet mi, minne, uwe hoghe nature
sacramentum.

Lied 45

1a ACH, WIE DIE JAHRESZEIT AUCH SEIN MÖGE,
in der ganzen Welt gibt es nichts,
das mir Freude schenken kann,
ausgenommen wahre Minne.

1b Ach Minne, hoffend auf Deine Treue, denn Du bist
meiner Seele ganze Freude, meines Herzens Lust:
Habe Mitleid mit meiner Not, sieh' meinen Streit,
erhöre meinen Herzensschrei.

2a Ach, wie ich meinen Schmerz auch rufe und beklage,
die Minne darf mit mir tun, was sie will.
Ihr will ich meine Tage geben:
Lob und Ehre.

2b Ach Minne, würde Dein Blick doch meine Treue erkennen!
Denn dies bekunden gibt mir Mut.
Denn in Deine höchsten Höhen,
zog mich zuerst Dein Duft.

3a Ach Minne, ja Du, die niemals log,
da Du mir in meiner Jugend gezeigt hast,
wonach ich schmachte. Da Du vermagst,
sei Arzenei.

3b Ach ja, Minne, Du, die über alles herrscht,
gib mir um der Minne Willen das, was mich am meisten freut.
Denn Du bist die Mutter aller Freuden,
Herrin und Königin.

4a Ach, hochverehrte Minne, edel und rein,
warum siehst Du nicht, wie ich ertrage?
Sei meines bitteren Elends
Linderung.

4b Ach, ich irre zu sehr im Abenteuer umher.
Alle anderen Dinge sind mir zuwider.
Gib mir, Minne, unbeschränkt Deine hohe Natur,
wie ein heiliges Sakrament.

5a Ay, ben ic in vrome ochte in scade,
si al, minne, bi uwen rade.
Uwe slaghen sijn mi genoech genade
Redemptori.

5b Ay, wadic gewat, clemmic up grade,
bennic in honger ochte in sade,
dat ic u, minne, genoech voldade,
bene mori.

5a Ach, bin ich im Vor- oder Nachteil,
möge alles, Minne, nach Deinem Urteil geschehen.
Deine Schläge sind für mich genügend Gnade,
in den Augen des Erlösers.

5b Ach, ob ich durch Tiefen wate oder steile Wege erklimme,
ob ich hungrig bin oder satt,
wenn ich mich nur genügend bewähren
und gut sterben kann.

3 Constantijn Huygens, *Ooghen-troost*

Abdruck nach: C. Huygens. *Ooghen-troost*. Uitgegeven naar de autograaf. Groningen: Wolters Noordhoff und Bouma's boekhuis, 1984. V. 821–1002.

         Het hele Hof is blind, (hier moet ghij mij geloouen;
         Men magh den ambachtsman sijn' eere niet ontrooven,
         Getuijghen gelden wat, maer sijn' verklaring meest:
         Ick sweer het op mijn Boeck, 'tis lang mijn stijl geweest,
825   En, naer ick hôop, of vrees, hij sal 't noch lange blijuen)
         Den Hoveling is blind: het schoonst van zijn bedrijuen
         Betrouwt hij op sijn oogh, dat door de Mode siet,
         Den nevel die daer staegh van uijt den zuijden vliedt
         En ons gesicht bedwelmt gelijck de mist van 'tNoorden.
830   'Tonredelixt gestell daer menschen oijt van hoorden
         Werdt een' bevallickheid door desen waessem heen,
         En soo oneindelick zijn die bekoorlickhe'en,
         Dat mij de diere tijd in kruijm'len soud' ontvallen
         Eer ick'er 'tend af sagh; 'Kmost noch eens *kostlick mallen*
835   Als ick 't uijtvoeren sou. Maer 'khebb mijn een oogh blind
         Gekeken aende vlagg van desen warrelwind;
         Mij lust het tweede niet daerouer uijt te schrijuen.
         Daer is een' ander' schell, van geen gesicht te wrijven,
         Dat inden Hoofschen roock sijn' luijster hebb' vermorst:
840   Den Hoveling en siet geen onderscheid in korst
         En kruijmen van on-eer, in doijeren en schalen.
         Verwijt hem onverstand, hij sal u niet behalen;
         Verwijt hem meer gebrecks dan in een aerdigh Beest
         Te liiden soude staen van 'tminste tot het meest,
845   Hij houdt het u te goe: verwijt hem eene Logen,
         Ghij moet'er me te veld: de deghen werdt getoghen
         Om waer te maken dat hij mensch geen mensch en is,
         Geen logenaer in 'tminst: all weet het sijn Gewiss,
         Dat menschen menschen zijn, dat's Logenaers geboren,
850   Hij will, hij kan, hij magh sijn' menschlickheit niet hooren
         Van eenigh even mensch; de lemmer moet sijn recht
         Beweeren in een vuijl en twijffeligh gevecht.
         Hoe vaert de logenaer? soo God will. Kan hij schermen,
         Hij wint het mogelick, en siet sijn's Broeders dermen
855   Ten buijck uijt met een vreughd die gheen gelijck en heeft.

3 Ooghen-troost

Ins Deutsche übersetzt von Ard Posthuma, Vers 821–1002.

      Der ganze Hof ist blind (und das musst du mir glauben;
      man darf dem Handwerksmann nicht seine Ehre rauben,
      Zeugen sind wichtig, doch was *er* bezeugt, das zählt;
      ich schwöre es auf mein Buch, hab mich am Hof gequält
825 und werde wohl daselbst noch lang im Amte bleiben).
      Der Höfling, er ist blind: sein liebstes Tun und Treiben
      diktiert die Mode ihm, die ihm den Kopf verdreht,
      ein permanenter Dunst, der aus dem Süden weht
      und ihm die Augen trübt wie Nebel aus dem Norden.
830 Der sonderbarste Putz, der je uns kund geworden,
      scheint dem getrübten Blick höchst elegant und fein,
      das ganze Blendwerk scheint gar ohne End zu sein,
      guter Satirenstoff, doch wär's mir nicht geheuer,
      der Aufwand wär' zu groß, die Zeit mir viel zu teuer:
835 ich schaute mich, weiß Gott, bereits ein Auge blind
      an dem, was sich da bauscht in diesem Flatterwind,
      dem anderen fehlt die Lust, da noch Kritik zu üben.
      Es gibt der Schleier mehr, die uns die Augen trüben:
      am Hof ist soviel Rauch, da sieht man einen Dreck,
840 der Höfling hat zudem noch manchen blinden Fleck,
      er unterscheidet nicht die Knollen von den Trüffeln:
      Zeih' ihm der Unvernunft, er wird dich nicht mal rüffeln,
      zeig seine Makel auf, nenn' ihn ein dummes Rind,
      ein Faultier, einen Mops und was der Tiere sind,
845 er steckt es ein, doch wenn du sagst, er sei ein Lügner,
      zieht er den Degen gleich und wird zum bösen Gegner.
      Mensch will er gerne sein doch nicht um jeden Preis,
      und ja kein Lügner, nein! Obwohl er bestens weiß,
      dass doch der Mensch als Mensch und Lügner eh geboren.
850 Er aber will und kann sein Menschliches nicht hören
      aus anderer Menschen Mund; da soll die Klinge schnell
      beweisen wer da lügt, im dreckigen Duell.
      Wie geht's dem Lügner dann? Das möge Gott entscheiden,
      ficht er geschickt und siegt, blickt er mit höchster Freude
855 auf das Gedärme, quillend aus des Bruders Bauch.

Nu is 't een moordenaer; maer, siet, die langste leeft
En is geen Logenaer. Hoe is 't Proces gewonnen!
Maer, soo de konste lieght (daer zijnder diese konnen
Met poppen voor 'tgeweer, en sonder poppen niet)
860 En soo de Dood verschijnt, daer bloed of voet ontschiet,
En vindt hij gheenen tijd om seggen, God der waerheid,
Vergeeft mij Logenaer, die nu voor 'teerste waer seit,
Nu is 't een Moordenaer die hem waer dencken dé'
En met een' lompen steeck de waerheid over stré.
865 Hoe vaert de moordenaer? Soo lang hem God doet leuen
Betreurt hij sijn geluck, en voelt sijn' ziele beven
Voor 'tuijterste Gerecht. maer beurt hem merghen weer
Te hooren dat hij lieght, aen 'tdaghen, Aen 'tgeweer,
Aen 'tschermen, aen de moord. want, hoe wij 't ons ontgeven,
870 'Tis beter, duijvels zijn, dan Logenaer te leven.
Dat's uijt sijn oogh gesien! maer God, die alles siet
Vindt sulcke sienders t'huijs: wanneer, en segh ick niet.
Mij walght van bloed en moord: Ick gae tot andre blinden,
Tot blind' onnoosele, door 'theele land te vinden,
875 Die 'tmeenen all te sien. de Letter-luij zijn blind,
En sien maer door haer Boeck: sij struijcklen als een kind,
En meenen vast te gaen in all haer doen en seggen:
Vijf roepen, dat's de wegh, tien konnen 't wederleggen,
En waerheid is maer een. daer werdt geloghen dan,
880 En wel hem die sijn Penn op 'tscherpste snijden kan;
De woorden draghen 't wegh. Den Hemel magh niet draeijen,
'Tis nu de werelds beurt. flus sal de kans weer swaeijen;
Daer staet de wereld still strax werdt se weer Gebraed,
En light gelijck aen 'tspit daer 'tsonne-vier om gaet.
885 En waerheid is maer een. Hier zijn ons' oogen bogen,
En schieten stralen uijt: daer ist 't een' groue logen;
Daer is 'tmaer spiegel-glas, en neemt de dingen in,
En sendtse met bescheid naer d'algemeenen sinn.
En waerheid is maer een. Hier drinckt men goud met stoopen;
890 Daer is 'teen valsche toogh. hier hoeftmen 'tniet te koopen,
(Men spilt'er niet soo veel als IJser aen of Stael,)
En maeckt het van klaer Lood Hier kan men 't alltemael;
Daer weetmen niet als Niet. Hier kanmen 't vierkant ronden,
En 'trond vierkanten, daer zijn 't grondeloose vonden.

3 Ooghen-troost

Ein Mörder ist er jetzt; doch weiß nun jeder auch,
dass er kein Lügner sei! Grad doppelt überlegen!
Doch wenn die Kunst versagt (wer übt mit stumpfem Degen,
kommt im Duell oftmals an Schärfe was zu kurz),
860   und er den Tod erblickt, im Blut oder vom Sturz,
da hat er nicht mehr Zeit zu sagen: Gott der Wahrheit,
verzeih' die Lüge mir (und schaffte damit Klarheit!).
Und was da Wahres ist, macht ihm sein Mörder klar
mit einem plumpen Stich, und zwar auf immerdar.
865   Wie ist der Mörder dran? Weiß Gott, dass er sich quäle,
der bangt nun Tag für Tag um seine arme Seele
und vor dem jüngsten Tag, doch klüger wird er nicht:
sag' wieder mal, er lügt, er schlägt dich ins Gesicht,
zu neuem Mord bereit, ob es ihn auch verdrieße:
870   lieber des Teufels sein, als dass er Lügner hieße.
So sieht er das! Doch Gott, dem nichts entgehen kann,
der nimmt ihn ins Visier, ich sag' dir bloß nicht wann.
Mich ekeln Blut und Mord, ich geh zu anderen Blinden,
die blind sind und gelehrt, im ganzen Land zu finden:
875   die bilden sich gern ein, dass sie allwissend sind,
und schauen nur aufs Buch und stolpern wie ein Kind,
obwohl sie glauben, selbstsicher sich zu bewegen.
Fünf rufen: Da geht's lang! Zehn können's widerlegen.
Und Wahrheit ist nur Eins, da lügt man offenbar.
880   Die schärfste Feder stellt sich hier am besten dar,
denn alles hängt am Wort: Kann sich der Himmel drehen?
Nicht doch! die Erde tut's! Doch dann im Handumdrehen
ist's wieder andersrum, da steht sie still und hängt
als Bratenstück am Spieß, von Sonne rings gesengt.
885   Doch Wahrheit ist nur Eins. Hier sind die Augen Bogen
und schießen manchen Strahl; dort hält man's für erlogen
und sind sie Fenster bloß und lassen Bilder rein,
die sollen dem Verstand sogleich zugänglich sein.
Und Wahrheit ist nur Eins. Hier trinkt man Gold aus Krügen,
890   dort gilt die Medizin als Alchimistenlüge
(die stellen schneller Gold als Stahl und Eisen her,
und zwar aus reinem Blei). Hier weiß man viel und mehr,
dort nur, dass man nichts weiß. Hier will man's Viereck runden,
dort viereckt man den Kreis, drüben heißt's frei erfunden.

895	Hier heeftmen 'teewighe beweghen, daer is't mal.
	Hier loopt het Bloed rondom, daer doet het niet met all.
	Hier is de Timmerkonst een' wetenschapp met reden,
	Daer kanse die'r maer geld en sinn will aen besteden.
	Hier weetmen 'tLang en breed, daer weetmen 'tbreed alleen,
900	En laght de langkonst uijt. en waerheid is maer een.
	Hier zijn de dinghen stoff van bollekens, die werren,
	En maken voght en droogh, en schiepen sonn en sterren,
	Daer is 't een wack're droom en soo genoegh geseidt,
	Dat ijeder schepsel werckt naer sijn' verborgentheid.
905	Hier kann het pitt alleen van Kruijd en Blomm genesen;
	Daer moetens' heel in 'tlijf, of 'tbeste werdt verwesen.
	Hier weetmen. maer ick voel mijn' penn noch soo voll ints,
	Soo voll vertwijffelings, soo voll strijds, soo voll blinds,
	Dat, soud ick hooger gaen en all den oorlogh melden
910	Van blinden ouer hoop, sij vielen wel aen 'tschelden,
	De bed'laers wierdens eens, en scheiden uijt 't gekijf,
	En tegen mij alleen met kruck en penn te lijf.
	Noch evenwel een gang; de Letterluij zijn blinden;
	Ick kender noch een soort die ghij van jongs beminden:
915	De Dichters zijn dicht blind; sij sien maer door het Rijm,
	En geuen 't op voor konst. of Kistemakers Lijm,
	Lijm, die maer kleuen kan, voor steken en voor schaven,
	Voor maet en regelen, den lof van 't ambacht gaven.
	Sij tasten blindeling de swaerste saken aen,
920	En hopen, will het Rijm maer volgen, 'tsal wel gaen:
	En will het Rijm niet voort, sij wenden 't van die wall af
	Weer op een' niewen boegh, en rakender soo mall af,
	En weer soo lam daeraen (want Lam is av'rechts mal)
	Dat Reden endelick in 't rijmende gevall,
925	Als in de Lijm verstickt. en siet eens waers' u slepen,
	Sij seluer wegh gesleept. en lett eens waer sij schepen,
	En waer haer Ancker valt: sij muntent op Japan
	En drijven duijsend mijl van daer in Astracan.
	Dat zijn piloten, dat zijn verresiende luijden!
930	Kan ick 't u krachtigher als met mijn self beduijden?
	('Twas tijd ick mij beklapt' en bij de blinden bracht,
	Gij hadt het all begost, ick voelden uw gedacht)
	Gedenckt waer ick begon, waer ick mijn schaetsen aen bond.

3 Ooghen-troost

895 Bewegung ohne End sucht, wer es glauben will;
hier läuft das Blut im Kreis, dort ruht es lieber still.
Hier wird die Baukunst gern als Wissenschaft gefeiert,
dort baut der Reiche selbst, sonst wäre er bescheuert.
Hier weiß man lang wie breit, wie man die Welt vermisst,
900 dort reicht die Länge aus. Doch Wahrheit Eins nur ist.
Hier ist, was fest erscheint, lauter Atomgewimmel:
das Wasser wie der Fels wie das Gestirn am Himmel,
hier ist's ein Hirngespinst, dort nennt man's kurz die Kraft,
die aus Verborgenheit in allem wirkt und schafft.
905 Hier wird das Heilkraut hochgekocht in der Destille,
dort schluckt man Stiel und Blatt und Blüte der Kamille.
Hier weiß man – meine Feder laut nach Tinte schreit
bei so viel blindem Hass, so viel unsicherem Streit!
Jedoch, ich halt' mich fern von allen diesen Wirren
910 und spare mir die Wut von diesen armen Irren;
die ließen gleich den Zank und stürmten furios
mit Krück' und Blindenstock gewaltsam auf mich los.
Nur eine Sorte noch: Autoren sind auch Blinde,
besonders die von dir geliebten Dichterfreunde.
915 Die sind so dicht wie blind; sie sehen nur den Reim
und gehen in der Kunst den Wörtern auf den Leim,
der doch bloß kleben kann, als machten Leim und Schere
statt Hobel, Meißel, Maß dem Schreiner höchste Ehre.
Denn blindlings rühren sie die schwersten Sachen an
920 und hoffen dass der Reim der Rede folgen kann.
Doch wenn der Reim stagniert, wie sie den Kurs verlegen!
Und fahren kreuz und quer auf wunderlichen Wegen
und driften hin und her und rückwärts her und hin,
so dass die tolle Fahrt am Ende ohne Sinn
925 wie in dem Leim erstickt: der Lotse hat geschlafen
und schleppt, selbst mitgeschleppt, dich in den falschen Hafen.
Wie schwankt ihr Reiseziel: sie steuern anfangs an
auf Japan, doch die Fahrt endet in Astrachan.
Das sind mir Käptens, das sind weitblickende Leute!
930 Bin ich davon nicht selbst das beste Beispiel heute?
(Zeit ist's, dir zu gestehn, wie blind ich selber bin;
das kam dir, wie ich seh', schon früher in den Sinn):
bedenk' nur, wo ich einst den Eislauf angefangen

Siet waer ick henen ben, en, soo ghij't soo verstaen kont,
935 Weet dat het lieue Rijm mijn lijmen heeft beleidt,
En, waer ick uijt gerijmt, ick waer lang uitgeseidt.
Noch ben ick soo soet blind als een der mede-blinden,
En beeld mijn' sotheid in, ghij sult mijn onderwinden
Mijn aller winden loop voor heel wat fraeijs aen sien.
940 Wat seght ghij? ben ick nu soo blind niet als ick dien?
Maer 'tis Poëten slagh, sij konnen 't niet ontleggen,
Sij sien gheen schooner eij dan dat sij seluer leggen,
En, dreightse met de pleij, ghij pijnight'er niet uijt
Dat eenigh dichter oijt haer' Luijt hebb' ouerluijdt.
945 Daer zijn noch blinden meer. Meer blinden? ja, meer blinden.
Gelooft mij, Parthenin', ick wister meer te vinden
Dan ick'er hebb ondeckt: en hoe ick verder kom,
Hoe ick meer Blinden vind, voor, achter en rondom.
Maer klein' en acht ick niet, daer is mijn' penn' te fier toe,
950 De lompe walgh ick van, daer is mijn int te dier toe,
De wijze schrick ick voor, de groote sien ick aen
Gelijck de kinderen het aensicht vande maen:
Sij staen mij wat te hoogh; en dan, sij hebben stralen,
Daer geen versett op is Ick hebber wel sien halen,
955 Dien't luste veel behaels. sij schieten diep van verr,
Gelijck de Sonne doet, en d'allerminste Sterr.
Ick staeck het bij die spell. Hoe raeck ick nu ten ende?
O, die mij dwalen siet, wijst waer ick wel belende,
Doet hier een' minne-proef aen een' arm' blinden man,
960 Die opden doolRijm is, en 'thuijs niet vinden kan.
Mij dunckt ick hadd het oogh (het is soo lang gelden
Dat ick het qualick heugh) op 'teene vande leden
Die onse toortsen zijn, en daermen door het Glas
IJet vuijls, ijet onganschs, ijet bekommerlix in las.
965 Is dit nu 'theele pack, zijn wij's tot daer toe effen,
En voelden wij ons noijt een' ander' lemte treffen?
Wel seuen. maer een Oogh, een oogh is sulcken schatt!
'Tis wel waerachtigh: maer waer laet ghij 'tkelen-gat,
En ander' enckele voorsichtelick te melden,
970 Min misbaer als een oogh? wat hebben die t'ontgelden,
Wat loopen die gevaers? een oogh is maer een oogh:
De slechtste schutter hoeft maer 'teene tot den Boogh,

3 Ooghen-troost

und wie ich abgeirrt, es ist dir nicht entgangen,
935 mir gab der liebe Reim den Leim für mein Gedicht
und meine Rede stockt, sobald er mir gebricht.
Bin ja so herzlich blind wie meine Blindgesellen,
ja ich versteige mich sogar mir vorzustellen,
du seist entzückt von dem, was meine Verskunst spinnt.
940 Was sagst du? Bin ich nun wohl eher blöd als blind?
Das ist Poeten-Art, denn die zu dichten pflegen
sehen kein schöneres Ei als was sie selber legen.
Verprügeln kannst du ihn, doch sagt er unentwegt,
dass kein Poet so schön wie er die Laute schlägt.
945 Mehr Blinde gibt es noch. Mehr Blinde? Ja, mehr Blinde,
und glaub' mir, Parthenin, wo immer ich sie finde,
hab' ich sie nie gesucht, denn wo ich hingereist,
gab's Blinde links und rechts, ich wurde gar umkreist.
Die kleinen lass ich fort, da fehlt dem Stolz die Freude,
950 will an den groben auch die Tinte nicht vergeuden.
Vorm weisen hab' ich Angst, der hohe bleibt verschont,
da bin ich wie ein Kind, das aufblickt zu dem Mond:
die stehen mir zu hoch, zu scharf sind ihre Pfeile,
und wer sie kritisiert, dem wird es nicht zum Heile,
955 das hab ich oft gespürt. Die schießen tief von fern
so wie's die Sonne tut und der geringste Stern.
Die Nadel steck' ich ein. Wie komme ich zum Ende?
Mein Schiff ist steuerlos, wohin soll ich es wenden?
O, zeig Erbarmen mit dem blinden Steuermann,
960 der sich verreimt und nicht zum Hafen finden kann.
Sei lieb und leuchte mir! Denn fast vergaß ich's wieder:
Was mir vor Augen stand war eins der beiden Glieder
die unsere Leuchten sind, in deren Linsenglas
man was Unreines, Trübes, Kummervolles las.
965 Ist das die ganze Last? Liegt dir sonst nichts am Herzen?
Gibt es dein Auge nur und sonst nichts zu verschmerzen?.
Gewiss. Doch ist dein Auge dir nicht alles wert?
Sehr viel. Jedoch der Schlund, wie wenn man den entbehrt,
den es nur einmal gibt, das wäre erst beschwerlich!
970 Doch was man doppelt hat, das ist zum Teil entbehrlich.
Wo wäre die Gefahr? Ein Auge gilt schon viel:
der Schütze schießt den Pfeil einäugig in das Ziel.

En daer een tweeling sterft daer kan een tweelingh troosten;
Tis altoos oogh om oogh. All stond de sonn in 't Oosten,
975 Die t'onsent westwaert hanght, een oogh waer ruijmt van licht,
Nu leeft hij noch, die sprack, soo 'trechter u ontsticht,
Verwerpt het: en hij leeft die 'teen en 'tander bouwde.
'Twaer wel wat ongerijmts, dien ick een' Keel betrouwde,
Een' Mond, een' Longh. een' Maegh, een' Leuer, en een Hert,
980 (Elck is mij 'tLeuen waerd) dat ick mistrouwigh werd
Om sorgheloos een oogh op sijn' sorgh te beleuen.
Wat light me'r op en dinght? wij hebben maer een leven,
Wij hebben maer een' ziel, die God behouden moet:
Onthaelt hijs' ons, 'tis wel all wat de Schepper doet;
985 'Tgoed gaet van waer het quam! mits 'teene van twee ooghen
Ten Hemel binnen raeck, soo blijftmen onbedrogen.
Maer daer en komt geen licht van oogen toe te baet,
Veel sien en geldt hier niet: men siet meest allom quaed;
Ten minsten ijdelheid; dat is het rechte teer-geld
990 Tot d'hemel-reise niet; men eischt ons wat dat meer geldt;
Men seght ons niet, siet uijt: maer siet'er uijt. en hoe?
Als Ick, geduldighe ter dood des Cruijces toe
Men seght ons, Laet u sien, en laet uw weldoen blincken,
Soo dat Gods heerlickheid en uw' eer t'samen klincken.
995 Dus, Parthenine (want wij zijn malkandren moe
Geprevelt) weder nae den Pottebacker toe.
Hem volghen, voeght de kleij. en breekt hij ons tot scherven,
Ons hopen staet in hem, all soud' hij ons doen sterven.
En sluijt hij ons een oogh of twee eer 't auond is,
1000 'Tis om een schooner licht: 'Kweet dat ick niet en miss,
Ick spreeck een heiligh woord: laet ons op 't hoogste lott sien;
Blind en onblind is een, de vrome sullen God sien.

Und stirbt ein Zwillingskind, das andere kann es trösten.
Ein Auge gilt für zwei, und stünd' die Sonne im Osten,
975 die bei uns westwärts hängt, es fängt noch vollends Licht.
Und dann, es sprich der Herr: Ärgert dein rechtes dich,
so reiss' es aus! Zu dumm, sich bei ihm zu beklagen,
dass er mich schuf mit *einer* Kehle, *einem* Magen,
mit *einer* Leber, *einer* Lunge, *einem* Mund,
980 und *einem* Herz (mit weniger wär' ungesund),
denn was Er einmal gab, muss Er nicht zweimal geben.
Was soll die Feilscherei, man hat auch nur *ein* Leben
und *eine* Seele nur, gib sie in Gottes Hut,
und nimmt er sie dir weg, er weiß schon, was er tut.
985 Er ist dein Aus und Ein! Wenn von zwei Augen eines
nur in den Himmel kommt, dann ist es schon was Feines,
doch auf dem Weg dorthin hilft uns kein Augenlicht:
zu sehen gibt es viel, jedoch das Gute nicht;
das macht die Eitelkeit; das ist kein rechtes Zehrgeld,
990 denn wer zum Himmel reist, der zahlt ein hohes Lehrgeld.
Es heißt nicht: Sieh gut aus! Es heißt: Sieh aus wie Ich,
der Ich am Kreuz den Tod erlitten hab für dich.
Es heißt: Zeige dein Licht, lobe den Herrn und preise
so seine Herrlichkeit, es ehrt dich gleicher Weise.
995 Wohlan denn, Parthenin, geplaudert ist genug!
Eile dem Töpfer zu, der dich geformt zum Krug,
folge ihm ohne Angst; und schlägt er dich in Scherben,
er tut's zu unserem Heil, und schließt er dir zum Sterben
gar beide Augen zu, bevor der Abend fällt,
1000 es gibt ein schöneres Licht, das dir die Nacht erhellt,
schau was dem Frommen winkt: Er sieht, blind oder nicht,
nach einem heiligen Wort, Gott grad ins Angesicht.

4 Joost van den Vondel, *Lucifer*

Abdruck nach: J. van den Vondel: "Lucifer". *De werken van Vondel. Volledige en geïllustreerde tekstuitgave*, Bd. 5. Hgg. J.F.M. Sterck et al. Amsterdam: Maatschappij voor Goede en Goedkoope lectuur, 1931. S. 637–640, 648–649, 652–654, 663–664, 666, 671, 677–678, 687–689.

[Textausschnitt 1, II. Akt, V. 513–519]

Lucifer:
Den mensch in 't heiligh licht der Godtheit te verheffen,
Den mensch, zoo hoogh met Godt vergodlyckt in zyn' troon,
Te zien het wieroockvat toezwaeien, op den toon
Van duizentduizenden eenstemmige kooralen;
Verdooft de majesteit en diamante stralen
Van onze morgenstar, die straelt nu langer niet;
En 's hemels blyschap slaet aen 't quynen van verdriet.

[Textausschnitt 2, II. Akt, V. 535–561]

Lucifer:
Ick zaegh den hemel blint, de starren overhoop,
Wanorden orden en geschicktheit overrompelen,
Indien de bron van 't licht haer klaerheit quaem te dompelen
In 't graf van een moerasch. verschoonme, o Gabriël,
Indien ick uw bazuin, de wet van 't hoogh bevel,
Een luttel wederstreve, of schyn te wederstreven.
Wy yvren voor Godts eere: om Godt zyn Recht te geven,
Verstout ick my, en dwael dus verre buiten 't spoor
Van myn gehoorzaemheit.

[…]

Gabriël:
ghy yvert krachtigh voor
De glori van Godts naem; doch zonder t'overwegen
Dat Godt het punt, waerin zyn hoogheit is gelegen,
Veel beter kent dan wy; dies staeck uw onderzoeck.
De menschgeworden Godt zal dit geheimnisboeck,
Met zeven zegelen gesloten, zelf ontsluiten.
Nu smaecktghe niet het pit, maer ziet de schors van buiten.

Abdruck nach: J. van den Vondel: Lucifer. Ins deutsche übersetzt von Ferdinand Grimmelt. Münster: Adolph Russell's Verlag, 1868. S. 67–68, 68–69, 70, 79–80, 84, 86, 97, 99, 106, 109, 113–114, 123–124, 124–125.

[Textausschnitt 1, II. Akt, S. 67–68]

Lucifer:
Zu Gottes heil'gem Licht den Menschen zu erhöhen,
Den Menschen hoch bei Gott, vergöttlicht auf dem Thron
Zu sehn, gehuldigt mit Gesang und Jubelton
Von tausend Tausenden einstimmigen Choralen! –
Das dämpft die Majestät, die diamant'nen Strahlen
An unserm Morgenstern, der drob erbleichen muß.
Des Himmels frohe Ruhe zernichtet der Verdruß.

[Textausschnitt 2, II. Akt, S. 68–69]

Lucifer:
Ich säh' den Himmel blind, die Sterne wirr und wild,
Und seine sich're Kraft das tolle Chaos lenken,
Wollt' seine Klarheit so der Bronn des Lichtes lenken
Tief in ein schmutzig Grab. – Vergib, o Gabriel,
Wenn ich ein Wenig dem versündeten Befehl
Nicht widerstrebe zwar, doch schein' zu widerstreben.
Wir eifern nur für Gott; um Ihm sein Recht zu geben,
Versteig' ich mich und irr' nur darum aus der Spur
Der Unterthänigkeit.

[...]

Gabriel:
Ihr glüht für Gott, doch nur
Zu unbesonnen ist's. Ihr solltet doch erwägen,
Daß Gott den Punkt, worin sein höchster Ruhm gelegen,
Viel besser kennt, als wir. D'rum laßt das Grübeln sein;
Der Gottmensch selber wird den Sinn, den dunklen Schein,
Wird öffnen Euch und Siegel in der Zeiten Fülle.
Jetzt schmeckt ihr nicht den Kern, ihr sehrt die äuß're Hülle;

Dan zal men d'oirzaeck zien, de reden, den waerom
Van zyn verholentheên, en diep in 't heilighdom
Der heilighdommen gaen. nu voeght het ons te duicken,
En dezen dageraet t'aenbidden, te gebruicken
Met danckbaerheit, tot dat de kennis in haer kracht
De twyfeling verdryf, gelyck de zon den nacht.
Nu leeren wy allengs Godts wysheit tegenstappen,
Eerbiedigh, en beschroomt. zy openbaert by trappen
Het licht der wetenschappe en kennisse, en begeert
Dat ieder, op zyn wacht, zich onder haer verneêrt.
Heer Stedehouder, rust, en hanthaef d'eerste ons wetten:
Ick ga, daer Godt my zent.

[Textausschnitt 3, II. Akt, V. 569–585]

Lucifer:
Nu zweer ick by myn kroon het al op een te zetten,
Te heffen mynen stoel in aller heemlen trans,
Door alle kreitsen hene, en starrelichten glans.
Der heemlen hemel zal my een palais verstrecken.
De regenboogh een troon; 't gestarrente bedecken
Myn zalen; d'aertkloot blyft myn steun, en voetschabel.
Ick wil op een karros van wolcken, hoogh en snel
Gevoert door lucht en licht, met blixemstrael en donder
Verbryzelen tot stof, wat boven, of van onder
Zich tegens ons verzet, al waer 't den Veltheer zelf;
Ja eerwe zwichten, zal dit hemelschblaeu gewelf,
Zoo trots, zoo vast gebouwt, met zyn doorluchte bogen
Te bersten springen, en verstuiven voor onze oogen;
't Gerabraeckt aertryck zien als een wanschapen romp;
Dit wonderlijck Heelal in zynen mengelklomp,
En wilde woestheit weêr verwarren, en verkeeren.
Laet zien wie Lucifer durf trotsen, en braveeren.

[Textausschnitt 4, III. Akt, V. 793–822]

Luciferisten:
[...]
Och treurgenooten, zet u hier in eenen ring
In 't ronde: zet u hier te zamen: helpt ons treuren,

Dann aber werden schau'n wir, verstehen, warum
Er jetzo sich verbirgt, und tief in's Heiligthum
Der Heiligthümer geh'n. Jetzt müssen wir uns beugen
Vor jener Sonn', die tagt, mit Dankbarkeit uns neigen
Zur Anbetung, bis der Erkenntnis heil'ge Macht
Den Zweifel bannet, wie das Licht verscheucht die Nacht.
Jetzt lernen mählich wir, Geheimnissen entgegen
Zu geh'n in heil'ger Furcht. Die Weisheit ist's, die Segen
Und Licht und Wissenschaft nur stufenweise reicht,
D'rum ziemt's, daß jeder sich vor ihrem Walten neigt.
Ihr, Fürst und Herr, zuerst gehorchet den Gesetzen.
Ich geh', weil Gott mich ruft.

[Textausschnitt 3, II. Akt, S. 70]

Lucifer:
Ich schwör bei meiner Kron', jetzt alles d'ran zu wagen.
Gebieten soll mein Wink, so weit der Himmel gränzt,
Und wo sich Kreise zieh'n und Sternenlicht erglänzt;
Durch alle Himmel soll mein Palast sich erstrecken;
Der Regenbogen sei mein Thron, Gestirne Decken
Meines Saals, Schemel mir des Erdballs weite Pracht;
Aus Wolkenwogen und geführt mit Sturmesnacht
Durch Luft und Licht will ich mit Blitz und Donnerwettern,
Was hoch und tief sich uns entgegenstellt, zerschmettern
Zu Staub und wär' es selbst des Feldherrn Kriegerschaar.
Ja eh' ich weiche, soll die Wölbung, blau und klar,
So stolz, so fest gebaut, mit ihren ehr'nen Bogen
Vor mir zerbrochen sein, zersprungen und zerflogen, –
Des Erdballs Trümmer nur entsetzliches Gebild,
Das wunderbare All, als Chaos, wüst und wild
Sich mengen, selber sich zerstückeln und zertreten!
Laß seh'n, wer Lucifer so darf entgegentreten! –
Man ruf' Apollion.

[Textausschnitt 4, III. Akt, S. 79–80]

Luciferisten:
[...]
Ihr Schmerzgenossen, kommt und weinet mit uns! Ach,
Dahin ist unser Glanz und festliches Gepränge!

En zuchten: het is tyt ons feestgewaet te scheuren,
Te klagen: niemant kan ten minste ons dit verbiên.
De blyschap smilt, en zal nu d'eerste droefheit zien.
Helaes, helaes, helaes, gebroeders, hemelreien,
Leght af uw hooftcieraet: verandert uw lievreien,
En vrolyckheit in rou: slaet neêr uw aengezicht.
Zoeckt schaduwen, als wy. de droefheit schuwt het licht.
Een ieder volge ons stem, en bange jammerklaghten.
Verdrinckt in jammer: zinckt in droevige gedachten.
Het klagen helpt, en zet de droefheit oock van 't hart.
Nu schept in kermen lust: het kermen heelt de smart.
Nu roept uit eenen mont, en volleght ons misbaren.
Helaes, helaes, helaes, waer is ons heil gevaren!

Rey:
Wat weeklaght hoort men hier? onaengenaemen toon,
De hemel yst hier af. dees lucht is niet gewoon
Te hooren een muzyck van druck op noten galmen
Door 't juichende gewelf. triomfen, kransen, palmen,
En harpen passen ons, en snaren. wat wil dit?
Wie of hier hangends hoofts in een gekrompen zit,
Verlaten, en bedruckt, en zonder noot beladen?
Wie geeft hun treurens stof? wie kan dees oirzaeck raden?
Myn Reigenooten, volght: 't is noodigh dat men vraegh'
Naer d'oirzaeck van hun leet, en deze donkre vlaegh
Van droefheit, die den glans van onze pracht ontluistert,
Het licht van 't eeuwigh feest benevelt, en verduistert.
De hemel is een hof van weelde en vreught en vree.
Hier nestelt aen dit dack noch rou, noch hartewee.
Myn Reigenooten volght, en trootstze in hun bezwaren.

Luciferisten:
Helaes, helaes, helaes, waer is ons heil gevaren!

[Textausschnitt 5, III. Akt, V. 904–917]

Belial:
Wat scharen treuren hier, gedompelt in den rou,
De sluiers om de borst, en lenden; niemant zou
Begrypen dat men dus, in 't midden van de Geesten,
Op 't eeuwige bancket, en d'endelooze feesten,

Nun lasset Thränenfluth und dumpfe Trauerklänge
Verkünden, welcher Gram durchwühlet unser Herz;
Die Wonne schmilzt nun und vergeht im ersten Schmerz.
Weh' euch, ihr Himmelschöre, euch allen, traute Brüder;
Legt euer Stirnband ab, laßt eure Jubellieder,
Und hüllt in Trauer euch! Senkt euer Angesicht,
Sucht Schatten, der uns gleicht! – Ach, Trauer flieht das Licht. –
O stimmet denn mit ein in unsre bange Klagen; –
Uns muß nun Kummer, Gram und Leid die Brust zernagen,
Die Thräne treufelt Trost in das zerriss'ne Herz
Des Trauernden und heilt den tief verborg'nen Schmerz.
So rufet denn vereint mit uns in allen Runden:
Weh' uns, ach weh', wohin ist unser Heil entschwunden!

Chor der Engel:
Welch' Jammertöne hier, welch' grauenvoller Sang!
Den Himmel schaudert es; in dieser Sphäre klang
Solch' dumpfe Musik nie und hallte in dem weiten
Gewölbe schaurig wieder! Triumphe, Palmen, Saiten
Und Harfen ziemen uns und Kränze. Wer erklärt
den Grund der Trauer uns, die Wurzel, die sie nährt?
Warum ist denn ihr Haupt in Trauer tief gesenket,
Belastet ohne Noth, da Nichts sie je getränket?
Auf, Chorgenossen, auf! 's ist nöthig, daß den Wurm
Man kenne, der hier nagt und diesen düstern Sturm
Beschwöre, der den Glanz geweihter Pracht beflecket,
Des ew'gen Festes Licht umschleiert und bedecket.
Der Himmel ist die Burg erhab'ner Seligkeit,
In seinen Hallen wohnt nicht Gram, nicht Herzeleid.
Auf, Chorgenossen, auf und heilet ihre Wunden!

Luciferisten:
Weh' uns, ach weh', wohin ist unser Heil entschwunden!

[Textausschnitt 5, III. Akt, S. 84]

Belial:
Welch' ein Gejammer hier! Was drücket diese Schaar,
Die Lend' und Brust gehüllt in Trauerflor? Fürwahr,
Man glaubte nicht, daß hier am ew'gen Hochzeitstage
Und mitten im Gejauchz' der Chöre noch die Klage

Kon treuren, zaegh men niet dit jammerlyck getal
Verslensen van verdriet. wat ramp, wat ongeval
Ontsteltze? Broeders, hoe? wat's d'oirzaeck van dit kermen?
Beledight iemant u? men zal uw Recht beschermen.
Wat deert de Broeders? spreeckt: laet hooren wat u deert.

Rey:
Zy klagen dat de staet der menschen triomfeert,
Door Gabriëls bazuin, en opstyght boven d'Engelen!
Dat Godt zyn wezen wil met Adams wezen strengelen:
De Geesten onderworpt het menschelijck gebiet.
Daer hoort ghy kort en klaer den gront van hun verdriet.

[Textausschnitt 6, III. Akt, V. 940–958]

Rey:
Wat d'allerminste ontfangt, is loutere gena.
Hier gelt geen willekeur. hier komt vernuft te spa.
In d'ongelyckheit is Godts heerlyckheit gelegen.
Zoo zienwe tegens 't lichtste het zwaerste zwaerder wegen.
Dus steeckt het schooner af op 't schoon; de kleur op kleur;
De diamantsteen op turkoisblaeu; geur op geur;
Het stercke op flauwer licht; gestarrent tegens starren.
Ons schicken is den Staet van dit Heelal verwarren,
Misschicken al wat Godt geschickt heeft, en beleit;
En wat het schepsel schickt, dat is wanschapenheit,
In 't allerminste lidt. men staeck' dit murmureeren.
De Godtheit kan den staet van 't Engelsdom ontbeeren.
Zy is met niemants dienst beholpen, eeuwigh ryck
En heerelyck, behoeft zy wierook, noch muzyck,
Noch geur, haer toegezwaeit, noch lof, haer toegezongen.
Ondanckbre Geesten, zwyght; betoomt uw snoode tongen.
Ghy weet Godts reden niet; genoeght u met uw lot,
En onderworpt u Godts en Gabriëls gebodt.

[Textausschnitt 7, III. Akt, V. 1204–1211]

Luciferisten:
Indien ghy u verneêrt zoo groot een ongelyck,
Tot voorstant van ons Recht, te slechten in dit Ryck;
Wy zweeren uwen arm eendraghtigh t'onderstutten.

Der Trauer tönte, säh' man nicht das Jammerbild
Verwelkter Majestät. Welch' Kummer doch entquillt
Gepreßter Brust, warum, ach Brüder, diese Zähren?
Beleidigt Jemand euch? – Man soll euch Recht gewähren. –
Ach, liebe Brüder sagt, was euer Leid gebiert.

Chor der Engel:
Sie trauern, dass der Stand des Menschen triumphirt
Durch Gabriels Befehl und über sie wird schweben,
Daß Gott sein Wesen will mit Adams Blut verweben,
Der Engel dem Gebot des Menschen dienen muß.
Das ist ihr ganzes Leid und Quelle von Verdruß.

[Textausschnitt 6, III. Akt, S. 86]

Chor der Engel:
Was der Geringste hat, ist Gnade, unverdient,
Nicht Willkür; der Verstand der Geister ist hier blind.
Der schöne Wechsel preis't des Schöpfers Macht und Ehre;
Harmonisch ordnet sich das Leichte und das Schwere,
Das Schöne sticht mehr ab auf Schönem, Pracht auf Pracht
Und Schmelz auf Schmelz. Azur des Demants Bluth entfacht,
Das Bleiche helles Licht, das Matte starken Schimmer.
Wenn wir da ordneten: die Ordnung läg' in Trümmer;
Ein Chaos bildet nur geschaffene Gewalt;
Und was sie will und fügt, ist lauter Mißgestalt,
Zum allerwenigsten. – Warum denn diese Zähren?
Den Stand der Engel kann die Gottheit wohl entbehren;
Kein Dienst erhöht ihr Glück; sich ewig selbst genug
Und herrlich, brauchet sie nicht Weihrauch, Wohlgeruch,
Nicht Musik, Saitenspiel, nicht Lob ihr zugesungen,
Ihr schnöden Geister schweigt und zügelt eure Zungen!
Der Weisheit Plan ist tief. Genug habt ihr von Gott;
D'rum unterwerft euch ihm und Gabriels Gebot.

[Textausschnitt 7, III. Akt, S. 97]

Luciferisten:
Sofern ihr es versprecht, ein Unrecht dergestalt
Als Schirmherr unseres Rechts zu wahren mit Gewalt.
Wir schwören, euren Arm vereint zu unterstützen.

Aenvaert dees heirbyl: help, och help ons Recht beschutten.
Wy zweeren u met kracht, in volle majesteit,
Te zetten op den troon, aen Adam toegeleit.
Wy zweeren uwen arm eendraghtigh t'onderstutten.
Aenvaert dees heirbyl: help, och help ons Recht beschutten.

[Textausschnitt 8, III. Akt, V. 1266–1273]

Belzebub:
Nu brengt het wieroockvat, ghy godtgetrouwe scharen:
Bewieroockt Lucifer met wieroockkandelaren,
En schalen, ryck van geur. verheerlyckt hem met licht,
En glans van fackelen. verheft hem met gedicht,
Gezangen, en muzyck, bazuinen, en schalmeien.
Het voeght ons, hem aldus met staetsi te geleien.
Heft op een' heldren toon,
Ter eere van zyn kroon.

[Textausschnitt 9, IV. Akt, V. 1424–1450]

Lucifer:
Hoort toe en geeft gehoor, beneden deze trappen.
Hoort toe, ghy Oversten: hoort toe, ghy Ridderschappen,
En luistert wat wy u vermelden, klaer, en kort.
Ghy weet hoe verre wy alree zyn uitgestort,
In wraeckzucht tegens 't Hooft der opperste palaizen,
Dat het een dolheit waere, op hoop van zoen, te deizen,
En niemant dencken durf deze onuitwischbre smet
Te zuivren door gena: dies moet de noot een wet,
Een wisse toevlught van te wancken, noch te wycken
Verstrecken; ghy, met kracht en zonder om te kycken,
Dien standert en myn star verdadigen, met een
Den vrygeschapen Staet der Englen in 't gemeen.
Het ga zoo 't wil: volhardt groothartigh, onverdrietigh:
Geen almaght heeft de maght dat zy geheel vernietigh'
Het wezen, dat ghy eens voor eeuwighlyck ontfingt.
Indienghe fel en fors met uwe heirspits dringt
In 't hart van 's vyants heir, en komt te triomfeeren,
Zoo zal de tiranny der hemelen verkeeren
In eenen vryen Staet, en Adams zoon, en bloet,

Ergreift die Streitaxt, helft, helft unser Recht beschützen!
Wir schwören, euch mit Kraft in voller Majestät
Zu setzen auf den Thron, der dort für Adam steht.
Wir schwören, euren Arm vereint zu unterstützen,
Ergreift die Streitaxt, helft, helft, unser Recht zu beschützen!

[Textausschnitt 8, III. Akt, S. 99]

Belzebub:
Nun bringt den Weihrauch her, ihr gottgetreuen Heere
Und huldigt Lucifern durch Weihrauch der Altäre
Und Schalen reich an Duft; verherrlicht ihn mit Licht
Und Fackelglanz und Gluth; lobpreist ihn mit Gedicht
Und Musik und Gesang; bringt ihm Posaunenklänge!
Dem tapfern Führer ziemt das festlichste Gepränge.
Stimmt an mit hellem Ton
Zu Ehren seiner Kron':

[Textausschnitt 9, IV. Akt, S. 106]

Lucifer:
Der Klang gefällt mir mehr, als der Posaunenton.
Hört zu und horchet auf, ihr treueste Vasallen,
Hört zu, ihr Obersten und Edlen, was euch Allen
Wir nun befehlen und verkünden, kurz und gut.
Ihr seht die tiefe Kluft, die uns'rer Rache Wuth
Riß zwischen uns und Gott, zu unsern Füßen gähnen,
Daß es nur Tollheit wär, Versöhnung noch zu wähnen,
Und niemand denken darf, zu reinigen durch Gnad'
Den untilgbaren Fleck. – So gibt die Noth den Rath,
Die einz'ge Zuflucht nur der Rettung, festzustehen
Und ohne Furcht und Angst und ohne umzusehen
Den Stern zu schützen und mein Banner, und zugleich
Der Engel Ehr' und Stand und Freiheit hier im Reich.
Es geh', wie's will: bleibt fest, euch gegen Gott zu richten;
Der Allmacht fehlt die Macht, vollständig zu vernichten
Das Wesen, das ihr als unsterblich einst empfing't.
Wenn kühn und tapfer ihr mit eurer Spitze dring't
Hinein in Feindes Herz und glücklich werdet fliegen,
Dann wird die Tyrannei des Himmels schnell erliegen,
In einem freien Staat, und Adams Blut und Sproß,

Gekroont in top van eere, en met een' aertschen stoet
Omcingelt, uwen hals niet boeien aen de keten
Van slaefsche dienstbaerheit, om hem ten dienst te zweeten,
En onder 't kopren juck te hygen, zonder endt.
Indienghe my voor 't hooft van uwen vrydom kent,
Gelyckghe uit eenen mont dien standert hebt gezworen;
Zoo staeft den eedt noch eens eenstemmigh, dat wy 't hooren,
En zweert getrouwigheit aen onze Morgenstar.

Luciferisten:
Wy zweeren te gelyck by Godt, en Lucifer.

[Textausschnitt 10, IV. Akt, V. 1512–1531]

Lucifer:
Heer Rafel, ick verdien noch dreigement, noch toren.
Myn helden hebben Godt, en Lucifer gezworen,
En, onder 's hemels eedt, dien standert opgerecht.
Men stroie wat men wil den hemel door: ick vecht,
En oorloge onder Godt, tot voorstant van zyn kooren,
De hantvest, en het Recht, hun wettigh aengeboren,
Eer Adam zyne zon zagh opgaen, eer de dagh
Zyn paradys bescheen. geen menschelyck gezagh,
Geen juck van menschen zal den neck der Geesten plagen;
Geen Engelsdom den troon van Adam onderschragen,
Met zynen vryen hals, gelyck een dienstbaer slaef,
't En zy de hemel ons in eenen poel begraef',
Met zoo veel scepteren, en kroonen, glans, en voncken,
Als ons de Godtheit uit haer' boezem heeft geschoncken,
Voor eeuwigh, en altyt. laet bersten al wat berst:
Ick hanthaef 't heiligh Recht, door hoogen noot geperst,
En, na veel wederstants, my entlyck overdrongen,
Op 't klagen en gekerm van duizenden van tongen.
Ga hene, bootschap dit den Vader, onder wien
Ick dus, voor 't Vaderlant, den standert voere, en dien'.

[Textausschnitt 11, IV. Akt, V. 1627–1655]

Rafaël:
Och Lucifer, waeck op. ick zie den zwavelpoel,
Met opgespalckte keel, afgryslyck naer u gapen.

Gekrönt mit höchster Ehr', von einem ird'schen Troß
Umgeben, euren Hals nicht fesseln mit den Stricken
Elender Sklaverei, um euch alsdann zu zwicken
Und unter hartem Joch zu quälen ohne End.
Wenn mich als freies Haupt von Freien ihr erkennt,
Wie meinem Banner ihr einstimmig habt gelobet,
So streckt noch einmal aus die Hand, die ihr erhobet
Und schwöret Treue mir und meinem Morgenstern.

Luciferisten:
Wir schwören es zugleich bei Gott und Lucifern.

[Textausschnitt 10, IV. Akt, S. 109]

Lucifer:
Das Drohen, Raphael verdien' ich nicht zu hören.
Wie, meine Helden soll'n nicht Gott, und mir nicht schwören,
Nicht unter Gottes Eid erheben dies Panier?
Man streue, was man will, dort oben aus; ich führ'
Nur unter Gott den Krieg für's Geisterthum und fechte
Nur für ihr Erbe und längst angeborne Rechte,
Eh' Adam seine Sonn' sah aufgeh'n, eh' das Licht
Sein Paradies beschien. Kein menschliches Gewicht,
Kein Joch der Erde soll der Geister Nacken plagen;
Kein Engelthum den Thron des Menschensohnes tragen
Auf freier Schulter, wie ein nied'rer Sklave. Nein,
Eh'r stürz' der Himmel uns in einen Pfuhl hinein
Mit so viel Sceptern und mit Kronen, Licht und Leben,
Als einst die Gottheit uns aus ihrem Schooß gegeben
Für Zeit und Ewigkeit. Laß krachen, was da kracht!
Ich steh' für's heil'ge Recht, von Nothwehr angefacht
Und nur nach langem Streit endlich dazu gedrungen
Durch Angst und Jammerzeit so vieler tausend Zungen.
Geht, sagt dem Vater, daß mit ihm für's Vaterland
Ich dieses Banner führ' zum muth'gen Widerstand.

[Textausschnitt 11, IV. Akt, S. 113–114]

Raphael:
Ach, Lucifer wacht auf! Ich sah den Schwefelpfuhl
Mit weitgesperrtem Schlund entsetzlich vor euch klaffen.

Zult ghy, het schoonst van al wat Godt oit heeft geschapen,
Een aes verstrecken voor het vratige ingewant
Des afgronts, nimmer zadt, en nimmer uitgebrant;
Dat hoede Godt. och och, bewilligh onze bede.
Ontfang dien tack van pais: wy offren u Godts vrede.

Lucifer:
Of ergens schepsel zoo rampzaligh zwerft als ick?
Aen d'een zy flaeuwe hoop, aen d'andre grooter schrick.
De zege is hachelyck; de neêrlaegh zwaer te myden.
Op 't onwis tegens Godt en Godts banier te stryden?
Den eersten standert op te rechten tegens Godt,
Zyn hemelsche bazuin, en openbaer gebodt?
Zich op te worpen, als een hooft van Godts rebellen,
En tegen 's hemels wet een wederwet te stellen?
Te vallen in den vloeck der snootste ondanckbaerheit?
Te quetsen de genade en liefde en majesteit
Des rycken Vaders, bron van alle zegeningen,
Die noch t'ontfangen staen, en wat wy reede ontfingen?
Hoe zynwe nu zoo wyt verzeilt uit onzen plicht!
Ick zwoer myn' Schepper af. hoe kan ick voor dat licht
Myn lasterstucken, myn verwatenheit vermommen!
Hier baet geen deizen: neen, wy zyn te hoogh geklommen.
Wat raet? wat best geraemt in dees vertwyfeltheên?
De tyt geen uitstel lydt. een oogenblick is geen
Genoeghzaemheit van tyt; indien men tyt magh noemen
Dees kortheit, tusschen heil en endeloos verdoemen.
Maer 't is te spa, en hier geen boete voor ons smet.
De hoop is uit. wat raet? daer hoor ick Godts trompet.

[Textausschnitt 12, V. Akt, V. 1895–1918]

Uriël:
Hy zwaeit de heirbyl vast, om Godts banier te vellen,
Die neêrstyght, en waer uit Godts naem een schooner licht
En schooner stralen schiet in 't gloên van zyn gezicht.
Men dencke eens na of hy dit voorspoock ons benydde.
De heirbyl in zyn vuist, aen d'eene en d'andre zyde,
Den toescheut stuit, en sloopt, of schutze op zyn rondas,

Sollt ihr, das Schönste, was die Gottheit je geschaffen,
Ein Fraß des Abgrund's sein, der stets erwürgt und frißt,
Doch nie gesättigt wird und nie zu stillen ist? –
O Gott verhüt' es! Ach, laßt euer Herz erweichen
Und mit dem Friedenszweig' euch Gottes Frieden reichen.

Lucifer:
Ob je wohl ein Geschöpf, wie ich, so elend irrt'? –
Hier wenig Hoffnung, dort von Schrecken nur umschwirrt, –
Der Sieg ist nicht gewiß, mir drohen Niederlagen. –
Verzweiflungsvoll den Kampf, den hoffnungslosen, wagen, –
Die erste Fahne aufzurichten wider Gott
Und seines Herold's Wort und heiliges Gebot? –
Mich aufzuwerfen als den Führer der Rebellen
Und gegen sein Gesetz ein anderes zu stellen? –
Zu fallen in den Fluch schnöd'ster Undankbarkeit,
Verhöhnen alle Gnad' und Lieb' und Herrlichkeit
Des reichsten Vaters, Bronn und Quelle aller Gaben,
Die unser warten, – die wir schon empfangen haben? –
Wie sind wir nun so weit verirrt von uns'rer Pflicht:
Ich schwör' dem Schöpfer ab. – Wie kann ich diesem Licht
Die lastervolle That zerbroch'ner Treu' entziehen? –
Doch, nutzt hier Zagen? – Nein, es ist zu weit gediehen! –
Wohin? – Wer schafft in der Verzweiflung Rath und Ruh'?
Die Zeit drängt zum Entschluß; Ein Augenblick ist zu
Gering für Zeit, darf man die Kürze noch Zeit nennen,
Die Spanne zwischen Heil und unlöschbarem Brennen. –
Doch 's ist zu spät, – zu spät, um Gnade zu empfah'n;
Kein Trost, kein Hoffen!
(Vor sich hinstarrend. – Trompetenstoß in der Ferne.)
Hu, die Heere Gottes nah'n.

[Textausschnitt 12, V. Akt, S. 123–124]

Uriel:
Schon schwingt sein wüth'ger Arm die Axt zu wucht'gen Streichen
Auf Gottes Fahn', von wo das Wappen schönes Licht
Und Strahlen schießet auf sein glühendes Gesicht. –
Ob Neid ihn auch verzehrt bei diesem schlimmen Zeichen? –
Die Streitaxt in der Faust, trotzt er den schweren Streichen
Und fängt sie rechts und links auf seinem runden Schild,

Tot dat hem Michaël, in 't schittrend harrenas,
Verschynt, gelyck een Godt, uit eenen kring van zonnen.
Zit af, o Lucifer, en geef het Godt gewonnen.
Geef over uw geweer, en standert: stryck voor Godt.
Voer af dit heiloos heir, dees goddelooze rot,
Of anders wacht uw hooft. zoo roept hy uit den hoogen.
D'Aertsvyant van Godts naem, hardneckigh, onbewogen,
Ja trotser op dat woort, hervat in aller yl
Den slagh, tot driewerf toe, om met zyn oorloghsbyl
Den diamanten schilt, met een Godts naem, te kloven.
Maer wie den hemel terght gevoelt de wraeck van boven.
De heirbyl klinckt en springt op 't heiligh diamant
Aen stucken. Michaël verheft zyn rechte hant,
En klinckt den blixemstrael, gesterckt door 't alvermogen,
Dien wrevelmoedigen, door helm en hooft, in d'oogen
Al t'ongenadigh dat hy achterover stort,
En uit den wagen schiet, die omgeslingert, kort
Met Leeuw en Draeck en al, den meester volght in 't zincken.

[Textausschnitt 13, V. Akt, V. 1937–1961]

Rafaël:
Gelooft zy Godt: valt neêr: aenbidt hem op uw knien.
Och Lucifer, helaes, waer blyft uw valsch betrouwen?
Helaes, in welck een' schyn zal ick u lest aenschouwen?
Waer is u klaerheit nu, die allen glans braveert?

Uriël:
Gelyck de klare dagh in naren nacht verkeert,
Wanneer de zon verzinckt, vergeet met gout te brallen;
Zoo wort zyn schoonheit oock, in 't zincken, onder 't vallen,
In een wanschapenheit verandert, al te vuil;
Dat helder aengezicht in eenen wreeden muil;
De tanden in gebit, gewet om stael te knaeuwen;
De voeten en de hant in vierderhande klaeuwen;
Dat glinstrend parlemoer in eene zwarte huit.
De rugh, vol borstlen, spreit twee drakevleugels uit,
In 't kort, d'Aertsengel, wien noch flus alle Englen vieren,

bis ihm im Panzerhemd Fürst Michael, der Held,
Erscheinet, wie ein Gott, aus einem Kranz von Sonnen.
Steigt ab, o Lucifer, und gebt es Gott gewonnen!
Gebt über das Gewehr und Banner, streicht vor Gott,
Und führt hinweg von hier die gottvergess'ne Rott'!
Sonst bangt für euer Haupt! So donnert seine Stimme
Der Erzfeind Gottes, mehr erbost in seinem Grimme
Und trotz'ger auf das Wort, holt nun in aller Eil'
Zum Schlage dreimal aus und will mit scharfem Beil
Den diamantnen Schild und Gottes Namen spalten.
Doch straflos lässet nie der Himmel mit sich schalten;
Die Streitaxt klingt und springt am heil'gen Diamant
In Stücke; Michael erhebt die rechte Hand
Und wirft den Blitz, gestärkt durch Gotte Strafgericht,
Dem Frevler durch den Helm auf Haupt und Angesicht,
Gewaltig, daß sofort er rücklings niederfällt
Aus seinem Wagen, der zerschmettert niederschnellt
Und jäh dem Herrn mit Löw' und Drachen folgt im Sinken.

[Textausschnitt 13, V. Akt, S. 124–125]

Raphael:
Fall't nieder! Lob sei Gott! Anbetet auf den Knieen!
Ach Lucifer, wo bleibt dein falsches Selbstvertrauen?
Weh' mir, in welchem Schein werd' ich dich wieder schauen?
Wo ist die die Klarheit, der sein and'rer Engel gleicht?

Uriel:
Wie schnell der helle Tag zu dunk'ler Nacht erbleicht,
Wenn sich die Sonne senkt und nicht mehr golden funkelt,
So ward des Engels Pracht im jähen Sturz verdunkelt
Und schnell verwandelt in ein Schreckensbild voll Graus.
Das schöne Antlitz dehnt zum wilden Maul sich aus,
Die Zähne zum Gebiß, gewetzt, um Stahl zu kauen,
Und Hand und Füße zu vierfachen Geierklauen,
Und in ein schwarzes Fell die Haut, so perlenklar;
Der borst'ge Rücken spreitzt ein Drachenflügelpaar.
Doch kurz, er, den noch jüngst all' Himmelsgaben zieren,

Verwisselt zyn gedaente, en mengelt zeven dieren
Afgryslyck onder een, naer uiterlycken schyn;
Een' leeu, vol hoovaerdy, een vratigh gulzigh zwyn,
Een' tragen ezel, een rinoceros, van toren
Ontsteken, eene sim, van achter en van voren
Al even schaemteloos, en geil en heet van aert,
Een' draeck, vol nyts, een' wolf en vrecken gierigaert.
Nu is die schoonheit maer een ondier, te verwenschen,
Te vloecken, zelf van Godt, van Geesten, en van menschen.
Dat ondier yst, indien 't de blicken op zich slaet,
En deckt met damp en mist zyn gruwelyck gelaet.

Verwandelt sich und nimmt Gestalt von sieben Thieren;
Entsetzen nur erregt sein äußerlicher Schein:
Ein Löwe voller Stolz, der Bauch von einem Schwein,
Ein träger Esel und ein Nashorn, zornestrunken,
Ein Affe voller Schmutz, in Geilheit tief versunken
Und ohne Scham, ein Drache, vom gift'gen Neid gebleicht
Ein Wolf, dem er an Gier und frecher Raublust gleicht:
Jetzt ist die Schönheit nur ein Unthier, dessen Schrecken
Bei Gott und Geist und Mensch Fluch und Entsetzen wecken.
Das Thier durchschauert's selbst beim eig'nen Anblick kalt,
Und hüllt in Qualm und Rauch die gräßliche Gestalt.

5 Elizabeth Wolff-Bekker & Agatha Deken, *Historie van mejuffrouw Sara Burgerhart*

Abdruck nach: E.Wolff-Bekker und A.Deken, *Historie van mejuffrouw Sara Burgerhart*. Den Haag: Isaac van Cleef, 1782. S. 42–47, 99–102, 250–254, 259–262, 755–763.

Twaalfde brief.
Mejuffrouw Anna Willis aan Mejuffrouw Sara Burgerhart.

Myn waarde Saartje!

Zo ik niet hoopte, dat uwe ziel thans veel bedaarder is, dan zy was toen gy my uwe twee laatsten zondt, die ik, by toeval, eerst gister avond, en dus dertien dagen na dat gy die afzondt, ontfing, ik zou niet weten hoe ik die Brieven best moest beantwoorden. Ik beef voor den stap, dien gy wilt doen! Ik ken myn Saartje; ik weet dat zy, getergt wordende, iets, zeer romanesk, zal durven onderstaan. Uw lot is ongevallig – is hard. Gy kent dien groten schat, *huisselyk geluk*. Uw geheel karakter is dermate gestemt, dat gy volmaakt gevormt zyt om dat uittebreiden, zo wel als te genieten. Gy durft u, getrapt wordende, bedienen van uwe zedelyke meerderheid, en herneemt uw eigen plaats. Alle uwe oogmerken zyn zuiver; alle uwe ontwerpen schuldeloos; dat weet ik zéér zeker. Gy zyt boven alle vermomming. Gy bemint niemand, denkt niet eens met onderscheiding aan die jongens, die u, op hunne wys, lief hebben. "Vryheid en vreugd," meer eischt gy niet. Dit alles zegt u uw eigen onbedorven hart. Lieve Saartje, naar mate ik uwe schuldeloosheid ken, en hoe dieper ik in uw lot inzie, des te meer liefde, zorg, en medelyden heb ik voor en met u.

Den Hemel zy dank, ik ken geen huisselyk verdriet: maar geloof teffens, dat het wel eens knellender zyn kan, dan in 't oog schitterende rampen. Wie kent in het eerste geval onze deugd? Wie verwondert zich over haar? En als men, in onze jaren, haar die twee steunpunten ontneemt, is zy dan wel altoos bestendig.

Zo gy echter besluiten konde om nog geduld te oeffenen ... Myn lieve Meisje! Zy heeft nog zo hier en daar wat oppervlakkige achting; zy zal triomfeeren; u zal men beschuldigen: Wie weet waar van? – Ei, bedenk u nog eens! Gy

Abdruck nach: E. Wolff-Bekker, A. Deken. *Sara Reinert*. Ins Deutsche übersetzt von Johann Gottwerth Müller. Berlin/Stettin: Friedrich Nicolai, 1796, Bd. 1: S. 69–77, 164–173, 164–173, Bd. 2: S. 93–100, Bd. 4: S. 287–304.

Die Briefe werden in der historischen deutschen Übersetzung von Johann Gottwerth Müller aus dem Jahre 1796 wiedergegeben. Die Stellen, an denen aus Gründen der Verständlichkeit in die Fassung von Müller eingegriffen wurde, sind durch eckige Klammern gekennzeichnet. Hinzufügungen von Müller sind kursiv gedruckt.

Zwölfter Brief.
Demoiselle Anna Willis an Sarchen Reinert [im Original: Sara Burgerhart].

Bestes Sarchen!

Hoffte ich nicht, daß Ihre Seele jetzt viel ruhiger sey, als sie bey Absendung Ihrer beyden letzten Briefe war, die ich durch einen Zufall erst gestern Abend, mithin dreyzehn Tage alt empfing: so würde ich wegen meiner Antwort sehr verlegen seyn. Ich zittre vor dem Schritte den Sie thun wollen. Ich kenne mein Sarchen, und weiß, daß sie im Stande ist etwas sehr Romantisches zu unternehmen, wenn sie gereizt wird. Ihr Loos ist unangenehm, – ist hart! Sie kennen den großen Schatz: häusliches Glück. Ihr ganzer Charakter ist völlig dahin gestimmet, daß Sie eben so fähig sind es zu verbreiten als seiner zu genießen. Werden Sie zu hart auf den Fuß getreten, so haben Sie gewiß das Herz, im Vertrauen auf Ihr sittliches Uebergewicht Ihren eigenthümlichen Platz wieder einzunehmen. Alle Ihre Augenmerke sind lauter; alle Ihre Entwürfe sind schuldlos, das weiß ich sehr sicher. Sie sind über alle Verstellung erhaben. Ihr Herz ist frey von Liebe; Sie denken nicht einmal mit einiger Unterscheidung an die jungen Leute, von denen Sie auf ihre Weise geliebet werden. „Freyheit und Freude," – mehr fodern Sie nicht. Dies alles sagt Ihnen Ihr eignes unverderbtes Herz. Liebstes Sarchen, je besser ich Ihre Unschuld kenne, und je tiefer ich in Ihre Lage blicke, desto mehr Liebe, Sorge, und Mitleid habe ich für Sie und mit Ihnen.

Gott sey es gedankt, ich kenne keinen häuslichen Verdruß; zugleich aber glaube ich, daß es geheime Leiden geben kann, die weit quälender sind, als manches stark ins Auge fallende Ungemach. Wer kennt in diesem Falle unsere Tugend? Wer bewundert sie? – Und ist sie wohl, in unsern Jahren, standhaft, wenn man ihr diese beyden Stützen nimmt?

Mögten Sie sich irgends entschließen können, noch Geduld zu üben! .... Mein liebes Mädchen, sie genießt hin und wieder noch einiger oberflächlichen Achtung; sie wird triumphiren, und Ihnen wird man, wer weiß was alles, anschuldigen. Ueberlegen Sie die Sache lieber noch ein wenig! Sie sind reich, meine

zyt ryk, myne Vriendin: Hoe laf deeze lof eener vrouw is by veelen, ik moet het u zeggen – gy zyt mooi – meer dan mooi – zo bevallig, dat myne Moeder zelf dit zegt, en gy kent haren fynen smaak. Mooglyk maakt een gelukkig Huwlyk eerlang een einde aan uw droevig leven. Dan raakt gy met alle fatsoen, ja, met goedkeuring, van haar ontslagen. Bedenk ook, dat uw goede naam er vast by zal lyden: kunt gy, grootsch meisje, dit denkbeeld dulden?

In uwen tweeden Brief zyn verscheiden dingen, die een gezet antwoord vorderen: by de eerste gelegenheid zal ik antwoorden. Gy zyt nu niet zeer geschikt om met bedaartheid te luisteren.

"Gy wilt uwe Tante verlaten; ik moet u dit niet afraden." Goed, myn hartje, ik zal niet: maar is dit oogmerk uitvoerbaar, zo gy niet gaat inwonen by iemand, die gy zo heel weinig kent? Zonder u op nieuw te verbinden met eene Juffer, die gy, by geval, ontmoet? Eene jonge Dame, die gy zelf *wat luchtig* noemt? Weet myn Heer uw Voogd alles? stemt hy in uw voornemen? Weet gy niemand anders, om by in te gaan? Is Tante uwe mede–Voogdes niet? Kan zy u, uw Voogd uitlandig zynde, niet doen te rug keeren? Zult gy het dan beter hebben? Wat zal de Waereld zeggen? Waar komt gy zo ras aan geld, aan modieuse kleêren; want zó als gy nu zyt, kunt *gy* niet gezien worden, in een huis, daar alle de Dames *du Ton* schynen. Als gy nu uitgaat, lachen uwe Buuren nooit om uwe kleding; zy hebben u lief, zy hebben medelyden met u; gy wordt beklaagt, en uwe Tante, die daar maar gansch niet in eenen reuk van heiligheid is, krygt al de schuld. Nog eens! waarom juist dáár? Legt u zo verbaast veel aan eene Juffrouw de Brunier gelegen? Kent gy de Weduw dan genoeg, om uw naam, uw persoon, in hare magt te stellen? Ik begryp wel, Engel lief, dat men dáár geheel anders leeft dan by uwe Tante: maar, zal uwe ziel, die smagt naar zinnelyke vermaken, en die daar aan zo lang gebrek geleden heeft, zich niet, by de ruime en keurige opdissing daarvan, overladen? Kan dit uwe zedelyke gezontheid niet benadeelen? En, zal myne waarde Saartje gelukkig zyn, als zy zich iets te verwyten heeft? wanneer zy zo volkomen zedelyk welvarent niet meer is als nu? Hebt gy met Juffrouw de Brunier álléén te doen? Zyn er nog niet

Freundinn, und, so schaal dieses Lob eines Frauenzimmers auch bey vielen Leuten seyn mag, so muß ichs Ihnen doch sagen, Sie sind schön, – mehr als schön! Sie sind reizend; Sie sind so einnehmend, daß selbst meine Mutter das sagt; und Sie kennen ihren feinen Geschmack. Vielleicht macht ein glückliches Eheband in kurzem Ihrer widrigen Lebensart ein Ende. Dann kommen Sie auf eine anständige Art, ja, selbst mit Tantens Genehmigung von ihr los. Bedenken Sie Ihren guten Namen, meine Liebe! Wie wollen Sie es anfangen, daß der bey einem raschen Schritte nicht ins Gedränge komme? – Können Sie, stolzes Mädchen, diese Idee ertragen?

In Ihrem zweyten Briefe kömmt manches vor, das eine wohl überdachte Antwort erfodert; bey erster Gelegenheit werde ich Ihnen schreiben. Jetzt sind Sie wohl nicht sehr aufgelegt, mich mit ruhiger Fassung anzuhören.

Sie wollen Ihre Tante verlassen, und das soll ich Ihnen nicht widerrathen? – Gut, mein Herzchen, ich werde es nicht thun; aber können Sie Ihren Vorsatz wohl ausführen, ohne sich in ein Haus einzuquartiren, von dem Sie so viel wie nichts wissen? – ohne Ihre Verbindung mit einer Demoiselle zu erneuen, die Ihnen von Ungefähr in den Wurf kam? – mit einem jungen Frauenzimmer, welches Sie selbst etwas lüftig nennen? – Ist Ihr Herr Fürmund von allem unterrichtet, und haben Sie seine Zustimmung? Wissen Sie niemand anders, bey dem Sie sich ins Haus geben können? Ist Tante nicht Ihre Mitfürmünderinn? Kann sie, da Ihr Fürmund abwesend ist, Sie nicht zwingen wieder zu Ihr zu kommen? und würden Sie es dann besser haben? – Was wird die Welt sagen? Wie werden Sie so geschwind zu Gelde, zu modernen Kleidern gerathen? denn in ihrer Beginentracht [so, wie Sie nun gekleidet sind] können Sie sich doch nicht füglich in einem Hause zeigen, wo alle Damen vom Ton [modisch gekleidet] zu seyn scheinen. – Wenn Sie jetzt ausgehen, so wird kein Nachbar über Ihren Anzug [Ihre Kleidung] lachen, denn er hat Sie lieb, er hat Mitleid mit Ihnen; Sie werden bedauert, und Ihre Tante, die bey der Nachbarschaft gewiß nicht im Geruche der Heiligkeit stehet, bekömmt alle Schuld. Noch einmal, warum wollen Sie gerade dorthin? Ist Ihnen so außerordentlich viel an einer Demoiselle de Brünier gelegen? Kennen Sie die Wittwe denn hinlänglich, um Ihren Namen und Ihre Person in ihre Macht zu geben? – Freylich, lieber Engel, begreife ich, daß man dort ganz anders lebt als bey Ihrer Tante; aber wird Ihre Seele, die so sehr nach sinnlichen Ergötzlichkeiten schmachtet, und derselben so lange entbehren mußte, wird die sich nicht überladen, wenn ihr die ausgesuchtesten Freuden im Uebermaaß aufgetischet werden? Könnte das Ihrer sittlichen Gesundheit nicht nachtheilig seyn? Und wird meine theuere Sara glücklich seyn können, wenn sie sich selber etwas vorzuwerfen hat? wenn sie nicht mehr so vollkommen moralisch gesund ist, als jetzt? Haben Sie es mit Demoiselle de Brünier allein zu thun? Sind nicht noch zwo andere Damen da, von

twee Dames, die gy in 't geheel niet kent? Hebben die ook, om dezelfde reden, dit Logement genomen? Kunt gy eene *luchtige* Brunier genoeg achten, om haar tot uwe innigste, personeele gemeenzaamheid toe te laten? Zult gy dit echter niet moeten doen? Vraag dit alles eens aan uw eigen hart.

Waart gy lelyk – onbevallig; maar, nog geen twintig jaar, onuitspreeklyk beminlyk, zoet van zeden, vrolyk van aart, gul, gedienstig, hartlyk, altoos het best denkende, ô! gy moet volstrekt behagen aan yder welgesteld oog, aan yder braaf gemoed. Uw lief hart is zo goed; maar is, in uwe jaren, een *goed* hart, niet wel eens een *zwak* hart? Zyt gy sterk genoeg om te blyven staan, daar gy verkiezen zoudt te blyven ... ach! myn lief meisje!

Ik merk dat gy met Salomon nog, als voormaals, de kennis onderhoudt. Wel heeft uw Koninglyke Wysgeer u dan niet eens gezegt: "dat hy die op zyn hart vertrouwt een dwaas is?" Salomon zegt: "dat het beter is te wonen aan den hoek van een dak, dan by eene kyfagtige huisvrouw." Wat dunkt u, Saartje, zou Salomon ook gezegt hebben: "Het is *beter*, voor een jong, bevallig meisje, te wonen in een huis van *vermaak*, dan by eene knorrige Tante"?

Geef my vryheid om myne waarde Moeder alles te zeggen; zy bemint u, zy kent uwe Tante van ouds, en heeft ook van haar veel verdragen, schynt het. Mooglyk, zo zy er geene onoverkomelyke zwarigheden in ziet, neemt zy u in; immers tot uw Voogd anders beveelt. Wat zegt gy daar van?

Wat gy ook besluit, acht u zelf, en ik blyf u achten. Gy weet, het geluk is de gezellinne der Deugd; schyn bedriegt. Ik moet eindigen; ô! hoe vol bekommering ben ik ... Leef gelukkig en dus beveiligt voor alles kwaads. Ik ben altoos Uwe ware Vriendin,

ANNA WILLIS.

PS. Zo als ik aen uwen ontfing, heb ik die beantwoort. Onze Willem is gister avond gezont en fris gearriveert.

[...]

denen Sie ganz nichts wissen? Haben die vielleicht aus eben solchen Ursachen diese Wohnung gewählt? Können Sie eine lüftige Brünier genug achten, um sie zu Ihrer innigsten, personellen Vertraulichkeit zuzulassen? Werden Sie sich aber nicht hierzu bequemen müssen? – Legen Sie einmal alle diese Fragen Ihrem eigenen Herzen vor.

Ja, wären Sie häßlich, – widrig! Aber so, noch keine zwanzig Jahr, unaussprechlich liebenswürdig, sanft von Sitten, fröhlichen Sinnens, weichgeschaffen, gefällig, herzlich, stets das Beste denkend, – o, Sie müssen jedes gesunde Auge entzücken, jede bessere Seele für sich einnehmen! Ihr liebes Herz ist so gut! Aber ist in Ihren Jahren ein gutes Herz nicht mit unter einmal ein schwaches Herz? Sind Sie stark genug, da stehen zu bleiben, wo Sie stehen bleiben müssen? .... O mein liebes Mädchen!

Ich bemerke, daß Sie mit Salomo noch immer die alte Bekanntschaft unterhalten. Nun? hat Ihr gekrönter Philosoph Ihnen denn nicht irgend einmal gesagt, daß, „wer sich auf sein Herz verläßt, ein Narr sey?" – Salomo sagt freylich, daß es besser sey, im Winkel des Daches und im wüsten Lande wohnen, als bey einem zänkischen und bösen Weibe. Aber was meynen Sie, Sarchen, sollte Salomo auch wohl gesagt haben: „Es ist einem jungen liebenswürdigen Mädchen besser, in einem Hause der Freude zu wohnen, als bey einer mürrigen Tante?"

Erlauben Sie mir, meiner werthen Mutter die ganze Sache mitzutheilen; sie liebt Sie, sie kennt Ihre Tante von Alters her, und hat auch, scheint es, viel von ihr erlitten. Vielleicht, wenn ihr keine unübersteigliche Schwierigkeiten im Wege sind, nimmt sie selber ihr Sarchen zu sich, – vorausgesetzt, daß Ihr Fürmund es genehmigt. Was sagen Sie dazu?

Was Sie auch beschließen, respektiren Sie sich selbst, und seyn Sie dann meiner Hochachtung versichert. Sie wissen, das Glück ist eine Gefährtinn der Tugend, und dem Scheine ist nicht zu trauen. Ich muß schließen. O wie bekümmert bin ich! .... Leben Sie glücklich, und so geschützt vor jedem Unfalle! Ich bin unaufhörlich

Ihre wahre Freundinn

Anna Willis.

N. S. So wie ich den Ihrigen empfieng, habe ich ihn gleich beantwortet. Unser Wilhelm ist gestern Abend frisch und gesund angelangt.

[...]

Zes en twintigste brief.
Mejuffrouw Sara Burgerhart aan Mejuffrouw Anna Willis.

Hooggeachte vriendin!

Ontfang myne dankbaarheid voor den waarden Brief, dien ik gisteren ontfing. Ja, ik zie dat gy myne Vriendin zyt; gy neemt belang in my; en gy zyt altoos zeer verre uitziende. Ik geniet hier zo vele beleeftheden; de Weduwe toont, dat zy my lief heeft; ik vinde in haar en in Letje zo veel goeds; ik heb zelf zo veel gebreken: hoe kan ik dan anders handelen? Men moet zich in 't huislyke leven óók zeer toeleggen op de beminlyke deugd der inschiklykheid. Yder heeft zyn eigen manieren, deugden, zwakheden. Het karakter ontleent zo verbaast veel van het temperament, van de opvoeding, van de gewoonte; en waar niet van? [...]

Juffrouw Cornelia Hartog is in de dertig; zo zegt zy zelf, en ik geloof het. Zy is lang, mager, heeft een manlyk voorkomen, (dat ik zo haat in eene Vrouw,) haar oogen staan my ook niet te breet aan. Zy staan my te wilt, te agterhoudent, en, lieve hemel! wat heeft eene brave meid toch te verbergen? hare stem is grof, zwaar, onaangenaam. Zy spreekt by schokken, nu véél, dan geen enkel woord. Zy is droevig nieuwsgierig, maar zy kan my niet uithoren; ik ben afkeerig van haar. Hare kuren vallen ook niet in mynen smaak. By voorbeeld, zy kann zich somtyds zo afgetrokken van gedagten houden, dat zy haar theekopje, in plaats van uittedrinken, in de spoelkom uitgiet, en een snuifje neemt uit het suikerbosje, u driemaal iets laat vragen, eer zy antwoordt. Zy heeft reeds drie jaar aan een lub zitten konkelen, (zegt Letje.) Haar snuifdoos en haar zakdoek zyn altoos in hare handen. Ik geloof niet, dat zy iemand kan beminnen buiten haren schoothond. Zy is slordig en echter prachtig. Zy loopt veel uit, ook in de Kerk; kent vele grote lieden, wordt er dikwyls by verzogt; leest geleerde Autheuren, in vier of vyf talen. Zy is ook ervaren in vele, mag ik het zo eens noemen, onvrouwlyke kundigheden, en krygt veel Brieven van geleerde Mannen. Zy wil by ons zich eene meerderheid

Sechs und zwanzigster Brief.
[Sara Burgerhart] an Demoiselle Anna Willis.

Ihr gestriger Brief, meine schätzbare Willis, für den ich herzlich danke, beweiset mir, daß Sie meine Freundinn sind, daß Sie Anteil an mir nehmen und immer sehr weit vorwärts sehen. Ich genieße hier so viele Höflichkeiten; die Wittwe zeigt, daß sie mich liebt; ich finde an ihr und Antoinetten [im Original: Letje] so viel Gutes; ich selbst habe so manche Gebrechen: wie kann ich denn anders handeln? Die Fertigkeit sich in einander zu schicken gehört unter die liebenswürdigen Tugenden, auf die man sich im häuslichen Leben sehr ernstlich legen muß. Jeder hat seine eigenen Manieren, seine eignen Tugenden und Schwachheiten. Der Charakter entlehnt so ungemein viel vom Temperamente, von der Erziehung, von der Gewohnheit, und wovon nicht? [...]

Meine zweyte Hausgenossinn, Mamsell Esther [im Original: Cornelia] Hartog ist *eine alte Jungfer; wenigstens gesteht sie selber Dreißig ein, und man darf sie nur ansehen, um ihr überschwenglichen Glauben beyzumessen* [in den Dreißigern, so sagt sie selbst, und ich glaube es ihr]. Sie ist eine lange hagere Figur, und hat viel Männliches in ihrem Wesen; mir scheint das sehr widrig an einem Frauenzimmer, und über das gefallen mir ihre Augen nicht sonderlich. Sie sind mir zu lauersam, zu hinterhaltig, und, lieber Gott was hätte ein braves Mädchen doch zu verhehlen? Ihre unbiegsame und widrige Stimme ist ein Mittelding zwischen Tenor und Baß. Zuweilen mißbraucht sie diese rauhe Stimme zur unerträglichsten Redseligkeit, zu andern Zeiten kann man keine einzelne Sylbe aus ihr ziehen. Sie besitzt eine leidige Neugier, aber mich kann sie nicht aushorchen, denn ich traue ihr nicht. Ihre Possen sind nicht nach meinem Geschmacke; sie kann z. B. manchmal so in Gedanken verlohren – oder was mir wahrer scheint, so gedankenlos seyn, daß sie ihre Theetasse, statt sie auszutrinken, in den Spühlkump schüttet; die Tabacksdose in der Hand hat und eine Prise aus der Zuckerdose nimmt; drey, viermal fragen läßt ehe sie antwortet, einen Strumpf statt des Handschuhes anzieht, u.s.w. Schon seit drey Jahren, sagt mir [Letje], sitzt sie und kunkelt an dem nemlichen Wocken, und bis jetzt ist an dem Flachse nicht viel Abgang zu spühren [pfuscht an einem Spitzenkragen herum] . Man sieht sie schwerlich, ohne daß sie entweder die Dose oder das Schnupftuch in der Hand hätte. Ich glaube nicht, daß sie außer ihrem Schooßhunde irgend ein Wesen lieben kann. Sie ist schlotterig und prächtig. Sie läuft viel aus, auch in die Kirche; sie ist mit vielen großen Leuten bekannt, wird manchmal zu ihnen geladen, lieset gelehrte Autores in vier oder fünf Sprachen, ist hocherfahren in vielen – wenn ich so sagen darf – unweiblichen Kenntnissen, und erhält viel Briefe von gelehrten Männern. In Hinsicht auf uns giebt sie sich ein *Air* von Ueberlegenheit, die wir ihr herzlich gern las-

geven, die wy haar gaarn laten: met één woord, Juffr. Hartog is eene Scavante van de alleronaange naamste soort, die alle Dichters, Rymers, en alle Nederduitsche Poezy vodden noemt.

[...]

Zes en vyftigste brief.
Mejuffrouw Sara Burgerhart aan Mejuffrouw Anna Willis.

Lieve Willis!

Allemaal menschen! – dit zeide ik, toen ik uwen vrolyken en my zo regt smakelyken Brief gelezen had. De Liefde is al een grappig ding, geloof ik. 't Schynt dat zy de peinzende vrolyk, en de ydeltuiten statig kan maken. Mooglyk, om dat zy het levensvonkje in de dikbloedige gestellen helder doet opflikkeren, en de zorgeloze onverschilligheid der volmaakt gezonde meisjes iets aan de hand geeft, dat haar van belang genoeg schynt, om er over te willen denken. Hoe het zy, 't is zeker dat Juffrouw Willis my nu veel meer bevalt, om dat zy my wat nader komt, dan wanneer zy met zekere ernsthaftigheid, niet altoos geheel vry van styfheid en bedilzucht, my myne les voorzegt. Uw Vriend Smit heb ik regt lief, zo wel om het geen gy van zyne conversatie, als om 't geen gy my nopens zyne manier van denken omtrent u mededeelt. Ik hoop hem spoedig wel geplaatst, wel gehuist, en wel getrouwt te zien. Ik beken dat gy, buiten uw nadeel, een ruim hart hebt, als gy ons, eenzamen in den lande, zulk een zegen toewenscht. Maak u vrienden, Naatje, door zo veel gy kunt dien wensch ten uitvoer te brengen. Wat my aangaat: *Pour moi keen warme Bier*, zei de Franschman: *Pour moi geen man*. Een flinke bol, om my, zo als ik zeg, te brengen waar ik zyn wil; dat is wel, doch meer niet. Uw Advocaat is des aan u; geef hem aan haar, die zo een meubeltje nodig heeft, en laat myn devies zyn: *Vryheidblyheid*. Maar om u eens wat zakelykers te schryven, ik heb met Letje uit geweest, om dat nieuwmodiesch Gaas. Het stuk was byna weg; doch men wagtte alle daag nog fraaijer, als ook heerlyke Taffen, enz. Men heeft my verzogt dat te komen zien: en ik heb aanstaanden maandag daar toe bepaalt. 't Is een besloten winkel; men ziet er niets dan een modieus huis, moderne meubelen, en drie zeer wel gemanierde, taamlyk lelyke, reeds wat bedaarde Demoiselles, die

sen. Mit Einem Worte, Mademoiselle [Cornelia] Hartog ist eine *Savante* von dem allerunangenehmsten Schlage, die jeden unserer Dichter einen Reimer, und alle Niederländische Poesie Lumpenzeug nennt.

[...]

Sechs und f[ü]nfzigster Brief.
[Sara Burgerhart] an Demoisselle Willis.

Beste Nanette [Anna]!

Immer Menschen! – So sprach ich, als ich Ihren fröhlichen und mir so recht behaglichen Brief gelesen hatte.
 Die Liebe, glaube ich, mag doch wohl ein recht hübsches Ding seyn. Es scheint, daß sie den Denker fröhlich, und den unbesonnenen Flatterhans stätig zu machen versteht. Läßt sie vielleicht das Lebensfünkchen in den dickblütigen Temperamenten heller aufglimmen? Und giebt sie der sorglosen Gleichgültigkeit vollkommen gesunder Mädchen irgend Etwas an die Hand, das ihnen erheblich genug scheint, um darüber nachdenken zu wollen?
 Wie dem sey, gewiß ist es, daß die Demoiselle [Anna] Willis mir jetzt ungleich besser gefällt, nun sie mit einer gewissen Gravität, und nicht allemal ganz frey von einer etwas ungeschmeidigen – lassen Sie mich sagen Kathederhaftigkeit und Tadelsucht mir meine Lektion vorsagte. Ihrem Freunde Smit bin ich recht gut, so wohl wegen dessen was Sie mir aus seiner Unterredung mittheilten, als auch wegen seiner Denkart in Beziehung auf Sie. Ich hoffe ihn mit dem ehesten gut beamtet, gut behauset, und gut beweibt zu sehen. Ich bekenne, daß Sie, ohne Ihren Nachtheil ein geräumiges Herz besitzen, indem Sie uns Einsamen im Lande einen solchen Segen anwünschen. Machen Sie sich Freunde, liebe [Anna], dadurch, daß Sie diesen Wunsch so viel Ihnen möglich ist realisieren! Was mich betrifft: *Pour moi* keine warme Bier! sagte jener Franzmann; *Pour moi* kein Mann! sage ich. Ein flinker Bursch, der mich, wie ich sage, hinbringen kann wohin ich will, das ist gut; aber mehr nicht. Geben Sie Ihren Advokaten einer, die ein solches Möbelchen nöthig hat, und erlauben Sie mir den Wahlspruch: Freyheit und Föhlichkeit!
 Aber um Ihnen etwas Wesentlicheres zu schreiben: ich bin mit [Letje] wegen des neumodischen Milchflohrs [Gaze] ausgewesen. Das Stück war weg bis auf ein Restchen, aber man erwartete alle Tage noch hübscheren, so wie auch herrliche Taffte und dergleichen mehr. Man ersuchte mich, wiederzukommen, und sie zu besehen, und so habe ich das auf künftigen Montag festgesetzt. Es ist kein offner Laden; man sieht da nichts als ein modernes Haus, Möbeln im neuesten Geschmack, und drey sehr manierliche, ziemlich häßliche, und bereits etwas be-

niets dan Fransch spreken: 't kwam wel, dat ik die taal kende.

In 't naar huis gaan, gingen wy Coos logement voorby, en spraken Mademoiselle G – eens toe; die zeer verblyt scheen ons te zien, en vriendelyk innodigde. Wy voldeden ook aan haar verzoek. Letje vroeg schielyk, of haar Broêr niet t'huis was; neen, zei zy, maar hy zal wel dra t'huis zyn. Kom, zei Letje, dan gaan wy zo lang op zyn kamer: ik volgde, zeer benieuwt zynde, hoe of het toch op de kamer van een Petitmaître er mogt uitzien. Naatje! nooit hebt gy zo een huishouden gezien! myn oog viel eerst op zyn Toilet, dat in de volmaaktste desordre lag. Poeijer en Snuif bedekten alles. Hairkammen, Wenkbraauwkammetjes, verscheiden Verfjes, Tandenschuijertjes, Tandpoeijer, een half glas vol water, zo smerig als een eend, een stuk uitgedoofde Waskaers, eenige Fransche boekjes, die niet van de strengste zedekunde schenen te handelen, een morsige Inktkoker, een vuile Slaapmuts en een pot Pommade, maakte de misselykste vertoning, die ik ooit zag. Al zyn kleêren hingen over stoelen. Eenige paren zyden koussen slingerden er tusschen. Schoenen, muilen, laerzen, een hartsvanger, lagen door malkander: al zyne Boeken konden wel in een brood – mand, en zagen er vuil en smerig uit. Letje zag dit lieve boeltje, met beschaamtheid, eens over, en ik was geheel nieuwsgierigheid. "Kyk me zo een sloddervink eens, zo een slons van een jongen, en die altoos er uit ziet of hy uit een doosje komt." Kom! zei ik, hy zal ervoor hebben. Daar op deden wy zo veel kattekwaad, en naaiden zo veel mouwen en zakken en koussen toe, en verstopten zo veel goed, als de tyd ons toeliet. Toen gingen wy naar beneden, en zie daar, daar kwam de Vorst van Tour en Taxis, wip wip wip den stoep op; gevolgt door nog een vlasbaard of drie, die hier alle logeeren. Myn Chevalier weet te wel te leven, (zo hy meent, och arm!) om ons vryheid te laten zo terstond te vertrekken; en dewyl Mademoiselle G – hier sterk op aandrong, traden wy in de eetkamer. Terstond presenteerde men 't een en ander. De gure dag gaf Coo den inval om een Bowl Punch te maken. Fiat Punch! Toen hadt hy 't op zyn lyf! de Arak, de Citroenen, enz., alles kwam uit den hoek. De drank was smakelyk, het gezelschap vrolyk, Mademoiselle G – kluchtig, en Saartje haar zelf.

tagte Demoissellen, die nichts als Französisch sprechen, so, daß mir mein bischen Kenntnis dieser Sprache sehr gut zu Statten kam.

Unser Rückweg führte uns vor Kootje's Wohnung vorbey, und wir trafen Mamsell Guéret an ihrer Thür, die sehr erfreuet schien uns zu sehen, und uns freundlich herein nöthigte. Wir nahmen die Einladung an. Auf einmal fragt [Letje], ob ihr Bruder zu Hause sey? – »Nein, antwortete sie, aber er wird den Augenblick kommen.« – [Letje] nahm mich bey der Hand: »Kommen Sie! wir wollen einmal auf sein Zimmer gehen.« – Aus Neugier, einmal zu sehen wie es auf der Stube eines Petitmaitre wohl zustehen mag, folgte ich ihr. [Anna]! solch eine Wirthschaft müssen Sie Zeit Ihres Lebens nicht gesehen haben! Mein erster Blick fiel auf seine Toilette, die in der abscheulichsten Unordnung war. Alles lag Fingersdick mit Puder und Schnupftabak bedeckt. Frisierkämme, Augenbrauenkämme mancherley Farben, Zahnbürstchen, Zahnpulver, ein dick mit Schmutz überzognes Glas halb voll Wasser, ein Endchen Wachslicht umgekehrt auf dem Leuchter, etliche französische Bücher, die wohl nicht in das Fach der strengsten Sittenlehre zu gehören schienen, ein schmieriges Tintenfaß, eine schmutzige Nachtmütze, ein paar Rasiermesser und ein Krügelchen mit Pomade gaben den wunderlichsten Anblick, der mir je zu Gesichte kam. Seine ganze Garderobe hing auf den Stühlen herum, mit Manschettenhemden und seidnen Strümpfen untermengt. Schuhe, Pantoffeln, Stiefel, ein Hirschfänger, eine dicke Hauspostille halb vielleicht zu Haarwickeln verbraucht, ein paar Bouteillen und ein Chapeaubas lagen in bürgerlicher Eintracht in einem Winkel unter einander. Seine übrige Bibliothek, die man gewiß in einem Brodtkorbe hätte wegtragen können, lag theils in einem andern Winkel, theils in den Fenstern und auf den Tischchen herum.

[Letje] übersah die liebe Herrlichkeit mit Beschämung, und ich war ganz Neugier! »Seh dir einer den Lotterbuben an! Solch ein Schlunz von einem Jungen, und wenn man ihn sieht, sollte man glauben, daß er aus dem Putzkästchen genommen wäre!« – Lassen Sie das gut seyn, rief ich, er soll sein Theilchen dafür kriegen. – Und nun verübten wir so viel Schabernack, und näheten so viel Ermel, Taschen und Strümpfe zu, als die Zeit nur erlaubte. Darauf giengen wir hinunter, und siehe da! da kamen Seine Wohlgebohrnen wip, wip, wip, die Treppe herauf, und hinter ihm drein noch so ein Stück oder drey Flachsbärte, die hier alle ihre Wohnung haben. Mein Chevalier weiß zu gut zu leben, (wie das arme Blut sich einbildet,) als daß er uns hätte erlauben sollen wegzugehen; und weil Mamsell Guéret sehr darauf drang, ließen wir uns erbitten in ihr Speisezimmer zu treten. Hier wurde nun eins dem andern präsentiret. Der rauhe Tag gab meinem Kobus d[e]n Einfall, eine Bowle Punch zu machen. *Fiat Punch!* Nun war er so geschäfftig wie Mäuschen im Kindelbette!! Arrak, Citronen, Zucker u.s.w. alles schleppte er herbey. Der Punch war gut, die Gesellschaft fröhlich, Mamsell Guéret aufgeräumt, und

Ensin, Naatje, wy diverteerden ons als Vorsten; wy raakten aan 't musiceeren, en 't was wel negen uuren, voor onze Vriend ons t'huis bragt.

De lieve Buigzaam wagtte reeds met eeten. De Hartog keek, als of zy zeide: "Wat die Kleuters! moet ik daar naarwagten?" Lotje zat met een Almenak van 't voorleden Jaar, en hield zich of zy las; doch ik weet niet, of zy wel eens spelden kan. Wy waren zo dartel, dat de lieve Vrouw niet wist, wat zy van ons denken moest; en Letje was ongemeen woordenryk. Ik was niet heel gemaklyk, want Juffrouw Hartog my iets, 't geen ik haar verzogt, wat onbeleeft aanreikende, en er by voegende: "ei, altyd dat gelach, 't zal wat te beduiden hebben, als wy't wisten!" gaf ik haar een antwoord, 't welk aantoonde, dat ik haar, schoon veel ouder, niet voor myne Voogdes begeerde.

Ik heb u nog niet gezegt, dat de Heer Edeling hier alweêr geweest is. Juffrouw Buigzaam spreekt met de uiterste achting van hem, en met zo veel onderscheiding, dat, zo zy tien jaar jonger was, ik zou denken, dat hy de man zyn zoude, dien zy haar hart wilde geven: nu denk ik dat niet. Mooglyk heeft hy zin aan Letje. Hy is door haar Broêr hier althans gebragt. 't Is een zeer fraai man: hy heeft mooije manieren, en ik hoor, dat hy veel verstand heeft. Als hy weêrkomt, zal ik hem eens *Philosophiesch betrachten;* zeide uw Pedant Gekje zo niet?

Omhels uwe dierbare Moeder; groet uw Vriend Smit; faluëer uw Tante voor haar, die gy weet dat is,

Uwe hoogachtende Vriendin,

SARA BURGERHART.

[...]

Agt en vyftigste brief.
Mejuffrouw Anna Willis aan Mejuffrouw Sara Burgerhart.

Myne waarde Saartje!

Dat gy meer smaak hebt in myn laatsten, en dus ook in my, dan voorheen, om dat ik u thans wat nader koom, is niet onmooglyk; 't is vry natuurlyk: maar ik moet u met eenen zeggen, dat ik nog nooit een Brief van u ontfing, die my zo weinig beviel dan die, dien gy my ten antwoorde schreeft: ja, dat gy my daar in zó sterk

Sarchen war sie selbst. Kurz, [Anna], wir vergnügten uns königlich; wir fingen an zu musicieren, und es wurde fast neune, ehe unser Freund uns zu Hause brachte.

Unsere liebe Leenig [im Original: Buigzaam] wartete bereits mit dem Essen, Die Hartog sah aus als sagte sie: »Was? dergleichen Dinger da? darauf muß ich warten?« – Lottchen saß mit einem Almanach vom verwichenen Jahre, und that als ob sie lese; ich weiß aber würklich nicht, ob sie nur einmal buchstabieren kann. Wir schäkerten, wir waren so ausgelassen, daß die liebe Frau nicht wußte, was sie von uns denken sollte, und [Letje] war ungemein wortreich. Ich ertrug es nicht so ganz gelassen, als mir Mamsell Hartog auf mein Ersuchen [etwas, das] vor ihr stand, mit einiger Unhöflichkeit herreichte, und dabey sagte: »Das ewige Lachen! Es mag wohl seine Ursachen haben, die wir just nicht wissen.« Ich gab ihr in meiner Antwort zu vernehmen, daß ich sie, ihrer vielen Jahre ungeachtet, die sie vor mir voraus hat, weder als Hofmeisterin anerkenne, noch zur Fürmünderinn begehre.

Ich habe Ihnen noch nicht gesagt, daß Herr Edeling zum zweyten male hier gewesen ist. Madame [Buigzaam] spricht mit der äußersten Hochachtung von ihm, und mit einer solchen Auszeichnung, daß, wenn sie zehn Jahr weniger zählte, ich auf den Gedanken gerathen könnte, er sey der Mann, den sie ihr Herz zu geben geneigt sey. Jetzt aber fällt mir das nicht ein. Vielleich hat er Absichten auf [Letje]. Sie ist würklich ein hübsches Mädchen, und ihr Bruder hat ihn hier eingeführt. Er ist ein sehr schöner Mann, der viel Lebensart, und wie man sagt, viel Verstand besitzt. Kömmt er wieder, so will ich ihn einmal philosophisch betrachten! – sagte Ihr pedantisches Hasenfüßchen nicht so? –

Umarmen Sie Ihre theure Mutter, grüßen Sie Ihren Freund Smit, und sagen Sie Ihrer Tante viel Verbindliches von

Ihrer Aufrichtigen Freundinn

Sara [Burgerhart]

[...]

Acht und f[ü]nfzigster Brief.
Demoiselle Anna Willis an [Sara Burgerhart].

Mein werthes Sarchen!

Daß Sie an meinem letzteren, mithin auch an mir, weil ich Ihnen dermalen etwas näher komme, mehr Geschmack finden als vordem, ist nicht unmöglich; es ist vielmehr sehr natürlich; ich aber muß Ihnen gerade heraus sagen, daß ich noch nie einen Brief von Ihnen erhielt, der mir so wenig gefallen hätte als der, den Sie mir zur Antwort schrieben; ja, daß Ihre Aktien durch diese Antwort in eben dem

zyt afgevallen, als ik u, door den mynen, méér behaaglyk ben.

Dit zult gy zeker niet aan myn bekrompen hart toéschryven. Zelfzoekenheid, die alleen haar zelf poogt te bevoordeelen, is zeer opgeschikt met den lof, dien men haar toezwaait. Doch zy zal my nu niet beletten u te zeggen, dat ik zeer verstoort op u ben. Foei, Juffrouw Burgerhart, welk een Ydeltuit wordt gy! Gy legt aan met een' kwant, dien gy zelf met kleinachting beschouwt: Gy regt op zyne kamer kuren aan, die mooglyk in den *Ton* zyn, doch die u geen eere aandoen. Nu heeft hy, dunkt my, aanmoediging om zyn hof by u te maken. Gy geeft u dan reeds de moeite, om eene slorssigheid te verbeteren, die hem, zo hy uw man wordt, zeer zoude hinderen. 't Zal op die stoeiparty met zulke knaapjes fraai zyn toegegaan: voor al, toen de Punch hare uitwerking deedt.

Hoe dikwyls heb ik u wel gezegt, dat, zo men eenen lossen aart toegeeft, men ongemerkt van de eene zotheid tot de andere komt. Hoe rasch krygt men dan eene hebbelykheid, om onze daden niet meer te schikken naar het snoer der Reden! Dit blykt in u; alles is drift. Nu waakt men, tot vermoeijens toe, by eene zieke Vrouw, waar voor wy ingenomen zyn; naauwlyks begint die te herstellen, of men vliegt uit, en spant met nog eene onbedagte Vriendin aan, om zich met een drie vier dartele Vlasbaarden te vermaken; en blyft, ten koste eener nog zwakke vrouw, die men uit hare rust houdt, en met eeten laat wagten, tot negen uuren uit. O, daar denkt men niet om. Vermaak gaat boven alles; en welk een vermaak! Vindt men, dat iets goed te doen ons vermaakt; fiat, goed doen! Vindt men vermaak in onbetaamlykheid, men offert de welvoeglykheid daaraan op. Men loopt voort tot aan de uiterste grenzen der Deugd, of, wilt gy? van het geöorloofde. Glipt men uit, dan moet een, "och, daar had ik geen erg in," alles goedmaken. My dunkt ook, dat Juffrouw Buigzaam, die, schynt het, zo veel van u houdt, als gy van haar, u dáár over hadt behoren aan te spreken. Men moet geen ongeregeltheid in jonge Juffrouwen door de vingeren zien. Mooglyk is zy ook niet zeer ergdenkende. Juffrouw Hartog moge een wysneuze geleerde zyn, maar nu hadt zy geen ongelyk. 't Zou eene fraaije huishouding geven, indien de eene Juffrouw ten negen uuren, en de andre ten elf uuren soupeerde. Een verwildert hoofd en een kribbig humeur schynen ook de gevolgen deezer heerlyke Party geweest te zyn; anders hadt gy haar niet zo

Verhältnisse bey mir gefallen sind, in welchem die Meinigen bey Ihnen durch meine Zuschrift stiegen.

Dies werden Sie gewiß nicht auf Rechnung eines engen Herzens schreiben. Selbstsucht, der nur ihr eignes Ich am Herzen liegt, brüstet sich sehr mit dem Lobe, welches man ihr zinset: mich aber soll sie diesesmal nicht abhalten Ihnen zu sagen, daß ich sehr ungehalten auf Sie bin. Pfuy, Mamsell [Burgerhart], welch ein leichtsinniges Geschöpf werden Sie! Sie lassen sich mit einem Kumpen [Burschen] ein, den Sie selbst mit Geringschätzung ansehen; Sie richten Unfug auf seinem Zimmer an, der vielleicht *du Ton* seyn mag, Ihnen aber keine Ehre macht. Nunmehro hätte er doch, sollt ich meynen, Aufmunterung genug, Ihnen seinen Hof zu machen? Sie geben sich ja bereits die Mühe ihn von einer Schlotterigkeit zu heilen, die Ihren Gemal dereinst sehr übel kleiden würde. – Eine Schäkerpartie mit dergleichen Bürschgen! Nu, da mag es allerliebst hergegangen seyn! besonders als der Punch seine Würkung that! –

Wie oft habe ich Ihnen nicht gesagt, daß, wenn man sich erst Einen unbedachtsamen Schritt erlaubt, man unvermerkt von einer Thorheit zur andern fortschreite? Ehe man sichs versieht, ist man dann zu einer leidigen Fertigkeit gelangt, in allen seinen Handlungen von der Richtschnur der Vernunft abzuweichen. Diese Wahrheit bestätigen Sie jetzt sehr einleuchtend! Alles an Ihnen ist Drang! Jetzt wacht man bis zur Erschöpfung bey einer kranken Frau, für die man eingenommen ist. Kaum beginnt diese zu genesen, so fliegt man aus, und spannt mit noch einer unbedachtsamen Freundinn zusammen, um sich mit drey oder vier ausgelassenen Gelbschnäbeln zu divertiren, und bleibt auf Kosten einer noch schwachen Frau, die man von ihrer Ruhe abhält, und die mit dem Abendessen passen mag, bis in die sinkende Nacht aus. O, an dergleichen giebt man sich nicht die Mühe zu denken! Zeitvertreib geht über alles; und welch ein Zeitvertreib!! Fügt sichs, daß etwas Gutes [zu tun] uns amüsiren kann? Ih nu: *Fiat* [Gutes tun]! – Verspricht man sich Vergnügen von einer Unanständigkeit? *Eh bien!* so opfert man ihr den Wohlstand auf! – Man läuft bis an die äußerste Grenze der Tugend, oder wenn Sie wollen, des Erlaubten. Gleitet man aus? Nu, dann soll ein: „Ach! ich hatte kein Arges daraus!" alles gutmachen. –

Es nimmt mich Wunder, daß Madame [Buigzaam], die, so viel von Ihnen zu halten scheint als Sie von ihr, Ihnen nicht, wie sichs doch wohl gebühret hätte, ein Wörtchen darüber gesagt hat. Jungen Frauenzimmern muß man bey keiner einzigen Unordnung durch die Finger sehen. Möglich ist sie ebenfalls nicht sehr argdenkend? – Mamsell Hartog kann meinetwegen eine naseweise *Savante* seyn: aber diesesmal hatte sie nicht Unrecht. Es würde eine feine Wirtschaft abgeben, wenn die Eine Demoiselle um neune, und die Andre um eilf soupirte! Ein wüster Kopf und eine kribbeliche Laune scheinen gleichfals die Folgen dieser herrlichen

onbescheiden kunnen beäntwoorden, om dat zy u iets, niet zeer beleeft, toereikte! Zo dartelt men uit zyne goedäartigheid: Het blykt aan u.

Weet gy wat, Vriendin? Dwaze vermaken zullen uwe behoefte worden; en zo u dit niet ten valstrik zal verstrekken, zult gy wat meer voorzigtigheid moeten hebben dan gy immer bezat: Hoe zal uwe Tante nu in 't gelyk gestelt worden!

ô, Ik geloof zéér wél, dat myn Advocaat u niet bevalt. Zo een denkent, verstandig man kan, u niet amuseeren: Gy hebt de keur van Heertjes! Een verächtlyk Gekje, indien het Punch kan maken, en u doen lachen, behoeft geene andere verdiensten, by een meisje, dat zelf, denk ik, trouwen zal, om zich te kunnen diverteeren, en de Waereld te zien.

En wat is dat nu weêr voor een fraai huis, daar gy die Gazen gingt kopen, en daar gy zulke kostelyke Taffen zaagt? Draag zorg, dat de stroom van zinnelyke vermaken, die, zo als gy eens zeide, over uw hart heen moest vloeijen, u niet onherstelbaar bederft!

Ik weet wél, dat ik weêr voor eene styve Klik zal gehouden worden. Zonder zulk een woord zoudt gy u niet kunnen redden. Maar bynamen geven is geen redeneeren, en lachen geen betogen. Ik weet, dat gy stekelig vernuftig zyn kunt; ik wapen my daar in voorraad op: maar dus zult gy, voor uw eigen reden, uw gedrag echter nooit goed maken, of my begooglen. Vindt gy 't goed; doe uw zin: 't is uw zaak.

Myne Moeder laat u vriendelyk groeten, ook myne Tante. Er is een Brief van Willem gekomen, die u van zyne byzonderste achting daar in verzekert. Gister avond ben ik, met den Heer Smit (die zeer verlangt u te zien, en u ook groet,) op een groot Concert geweest. Deezen avond zyn wy verzogt by een Neef van hem, op Oesters, met den Advocaat en de Juffrouw, daar ik u over schreef. Het uitgaan wordt my al wat heel druk; ik verlang naar huis, maar noch meer om u te zien en te spreken. Smit zal aanstaanden Zondag, op een bygelegen Dorp, des namiddags preken; ik geloof, dat ik hem ga hooren.

De Heer Smit kent den Heer Cornelis Edeling byzonder; zy hebben een jaar of drie te samen gestudeert; hy zegt veel goeds van hem: trouwens, hy zegt van alle menschen goed! De Heer Hendrik is ouder dan zyn Broeder, en wordt gehouden voor een onzer allerbeste jonge lieden. Maar ik ken hem in geenen opzichte. Ik ben, in den waren zin des woords,

Uwe Vriendin,

ANNA WILLIS.

Partie gewesen zu seyn, sonst würden Sie ihr nicht haben so unbescheiden antworten können, weil sie Ihnen Etwas nicht eben mit der größten Höflichkeit hinreichte! So kann man sich aus aller Gutmütigkeit herausquackeln, wie Ihr Beyspiel beweiset!

Soll ich Ihnen was sagen, Freundinn? Thörichte Freuden werden Ihnen zum Bedürfniß werden! Sollen diese Ihnen nicht zum Fallstricke gereichen, so werden Sie wahrlich mehr Vorsicht brauchen müssen, als Sie bisher besaßen. Wie wird Ihrer Tante jetzt beygepflichtet werden!

O, ich glaube es von Herzen, daß mein Advokat Ihnen nicht gefällt! Wie könnte solch ein denkender, vernünftiger Mann Sie amüsiren? Sie haben Ja die Auswahl unter jungen Herrchen! – Ein kleiner verächtlicher Hasenfuß, wenn er nur Punch machen und Sie zum Lachen bringen kann, bedarf keiner weiteren Verdienste bey einem Mädchen, welches, wie es mir vorkömmt, sogar heyrathen würde um sich zu belustigen und die Welt zu sehen.

Und was ist das nun wieder für ein hübsches Haus, wohin Sie giengen um Milchflor zu kaufen, und so herrliche Taffte besahen? – Tragen Sie doch Sorge, daß der Strom sinnlicher Freuden, der, wie Sie einmal sagten, über Ihr Herz hinfluthen muß, Sie nicht unwiederbringlich zu Grunde richte!

Ich weiß wohl, daß ich wieder für ein steifes Geschöpf werde gehalten werden. Ohne ein solches Wort würden Sie sich nicht helfen können. Aber Beynamen geben ist nicht Räsönniren, und Lachen ist nicht Erweisen. Daß Sie beißend witzig seyn können, weiß ich, und wappne mich zum voraus dagegen; damit aber werden Sie so wenig vor Ihrer eignen Vernunft Ihr Betragen rechtfertigen, als mir ein X für ein U machen können. Indessen finden Sie es gut, so folgen Sie Ihrem Sinne; es ist Ihre Sache.

Meine Mutter und Tante grüßen Sie freundschaftlich. Von Wilhelm ist ein Brief eingelaufen, in welchem er von Ihnen mit der vorzüglichsten Hochachtung spricht. Gestern Abend war ich mit dem Herrn Smit, der sich Ihnen gleichfalls empfielt und Ihre Bekanntschaft wünscht, auf einem großen Concerte. Diesen Abend sind wir bey einem seiner Verwandten nebst dem Advokaten und der Demoiselle, von der ich Ihnen schrieb, auf Austern gebeten. Das Ausgehen wird mir nachgerade schon ordentlich zur Last; mich verlangt nach Hause; und noch mehr, Sie zu sehen und zu sprechen. Smit wird am künftigen Sonntage auf einem nahe gelegenen Dorfe die Nachmittagspredigt halten. Ich glaube, ich werde hingehen und ihn hören.

Herr Smit kennt den Herrn Friedrich [im Original: Cornelis] Edeling genau; sie haben zwey oder drey Jahre mit einander studiret. Er sagt viel Gutes von ihm. Traun, er spricht von allen Menschen gut! Herr Heinrich Edeling ist älter als sein

Honderd–drie en zestigste brief.
Mevrouw Sara Edeling aan Mevrouw de Weduwe Spilgoed.

Allerdierbaarste vriendin!

Ja, ik ben gelukkig! Nimmer kan ik de goede en wyze Voorzienigheid genoeg dankbaar zyn. Nimmer kan ik u, beste der Vrouwen, genoeg blyken geven van die liefde, en die achting, die myn hart voor u vervult. Met huiverende beangstheid zie ik op dat grote en zo veel bevattende gedeelte myns levens, waar in ik uit mistroostigheid en trotschheid wierd aangedreven, om een huis te verlaten, daar ik zo slegt wierd behandelt. Hemel! wat kon het gevolg van zulk eene ligtzinnigheid geweest zyn? Myn altoos blyde geest wordt met nevelen omwonden, als ik my dáár op bepaal. Hoe vele jonge meisjes worden er op de wegen der zedeloosheid gezien, die nimmer dagten om het pad der deugd te verlaten! Myne Letje behoefde maar geen goed karakter gehad te hebben; en waar zoude zy my niet hebben kunnen geleiden? Laat ik des God danken, dat ik in uwe bescherming kwam; en niets my laten voorstaan op myne eige voorzorg; die had ik niet. Hoe konde ik die hebben, daar ik geheel geen ervaarnis bezat, en zo genegen was, om alles van de beste zyde te beschouwen. De Brief myner Vriendin Willis, over dat onderwerp geschreven, kwam my niet ter hand, dan na ik reeds myne Tante ontvlugt was.

Bruder, und wird für einen unserer vorzüglichsten jungen Leute gehalten; aber ich kenne ihn in keiner Hinsicht.

Ich bin im wahren Sinne des Wortes

Ihre Freundinn

Anna Willis.

[...]

Hundert drey und sechzigster Brief.
Madame Sara Edeling an Madame [Buigzaam].

Ja, meine theuerste, meine allertheuerste Freundinn, ich bin glücklich! Nie kann ich die Huld der weisen Fürsehung dankbar genug erkennen! Nie kann ich Ihnen, Beste der Frauen, genug Beweise der Liebe und der innigen Hochachtung geben, die mein Herz für Sie empfindet! Mit schaudernder Beklemmung blicke ich auf jene wichtige und so viel umfassende Periode meines Lebens zurück, in welcher ich von Mißmuth und trotziger Erbitterung getrieben wurde ein Haus zu verlassen, in dem man mich zu unartig behandelte. Gütiger Gott, was für entsetzliche Folgen hätte dieser freylich rechtmäßige, freilich notwendige, aber mit allem möglichen Leichtsinne ausgeführte Schritt nicht nach sich ziehen können! Mein sonst immer so froher Geist ist in Nacht und Nebel gehüllet, wenn ich mich diesem Gedanken überlasse! Wie manches junge Mädchen sieht man nicht auf dem Pfade der Sittenlosigkeit, dem es niemals nur im Traume eingefallen war von der Bahn der Tugend abzuweichen! – *Ich dachte bloß, daß ich in jedem anderen Hause vor harter Behandlung sicher seyn würde, weil ich sicher war in keinem eine Person zu treffen, welche die Rechte einer Tante und Fürmünderinn mißbrauchen könne. An irgend einige Gefahr für meine Sitten, für meine Tugend, für meine Unschuld, ja, für meinen guten Namen dachte ich ganz nicht. Ich stürzte mich blindlings in Ihre Arme ohne andre als die Bürgschaft einer Person, die ich, wie ich ein Kind von neun oder zehn Jahren war, als ein Kind von eilf oder zwölf Jahren in der Schule gekannt, und seitdem nicht wieder gesehen hatte.* Meine [Letje] durfte demnach nur von einem schlechten Charakter seyn [hätte nur von schlechtem Charakter sein müssen], und wozu würde sie mich haben verleiten können? Wie viele Ursache habe ich folglich nicht, Gott auf den Knieen zu danken, daß ich unter Ihre Aufsicht kam, und mir auf meine eigne Weisheit nichts einzubilden? denn ach! mir selbst mangelte es an aller Klugheit. Und wie konnte ich die haben, da ich ganz keine Erfahrung besaß, und so geneigt war, Alles von der besten Seite zu betrachten? Den Brief meiner Freundinn Willis über diese Angelegenheit erhielt ich erst, nachdem ich bereits ohne einen Moses aus dem Tantischen Egypten entflohen war.

Het geval met den Heer R. was mooglyk hoogst nodig, om my in staat te stellen uit volle overtuiging uwe vermaningen te volgen! Ik wil voor u niets verbergen. Weet dan, dat myne zucht tot het bywonen van vermaken zo sterk by my was toegenomen, dat, ik zeg het met schaamte, dat ik uwe lessen alleen uit liefde en eerbied voor u goedkeurde, en moest goedkeuren; doch dat ik vreesde, die niet bestendig genoeg te zullen volgen, als de verzoeking eens wat sterk aanbondt! Maar toen ik zag, in welk een gevaar ik, zorgeloos meisje, my had laten leiden, langs eenen weg, met bloemen bestrooit, en door de betaamlykheid afgeperkt, toen, ô myne Vriendin, toen verloor de betovering al hare kragt; myne oogen gingen open; helaas! 't was om my te doen zien, dat ik aan den steilen rand myns bederfs gestoten wierd, door de schurkagtige pogingen eens mans, dien ik van niets het allergeringste kwaad, of slinksche oogmerken konde verdenken. En wat zou my nu, nu nog daar over kunnen troosten, dan de bewustheid, dat dit vernederende geval niet het uitwerkzel myner ligtvaardigheid, maar myner zorgeloosheid was: dan de verzekering, die ik toen nopens my zelf kreeg, van mynen allersterksten afkeer van daden, die ik my niet zonder blozen en verontwaardiging kan voorstellen. Maar zoude dit my voor de opspraak eener Waereld, die my al zo weinig kende, als ik haar kende, bewaart hebben? Zou ik niet in het uiterste gevaar gekomen zyn, om niet naar myne onnozelheid, maar naar de uitkomst beoordeelt te worden? Heeft ook de menigte wel verstand genoeg, om een geestig meisje te onderscheiden van eene verstandige vrouw? Ik vrees neen. Beschuldigt men zo een meisje niet nog te vuilaartiger, juist om dat geen, dat haar verschoonlyk maakt? Dit alles is door de genadige bestiering diens Gods, die myne oprechtheid kende, verhoet. Ik heb geen Beoordeelers dan in u, ô myne tedergeliefde Vriendin; in myn zoetaartig Letje; en in dien man, die, om het zo uittedrukken, myne Reden zelf is. Wie van u kan belang stellen, in my te vernederen? Hoe dikwyls werken onbermhartige menschen echter uit dit verfoeilyk beginzel, terwyl zy de Waereld diets maken, dat hun yver voor de deugd dit vonnis velt.

 Heb nu nog, en zo lang ik ademe, dank, voor die medelydenheid, waar mede gy myn gegrieft hart vertroostte, ook vóór gy wist, in welk eenen staat ik den snoden kaerel ontkwam. Geloof my, ik spreek niet eens van harde bejegening;

Der häßliche Vorfall mit van Donker [im Original: dem Herrn R.] war vielleicht höchstnothwendig, wenn ich dahin kommen sollte Ihren so mütterlichen Ermahnungen aus voller Ueberzeugung zu folgen. – Ihnen, würdige Frau, will ich nichts verhehlen; erfahren Sie, daß mein Hang zu Belustigungen so stark zugenommen hatte, daß – ich sage es mit Beschämung! – daß ich Ihre Lehren, die sich schlechterdings nicht mißbilligen ließen, einzig aus Liebe und Achtung für Sie billigte; daß ich aber befürchtete, in Befolgung derselben nicht standhaft genug zu seyn, wenn mir heute oder morgen die Versuchung ein wenig stark zusetzte. Aber wie ich sah, in was für eine Gefahr ich sorgenloses Mädchen mich, einen mit Blumen bestreueten, und rechts und links durch Anständigkeit eingehegten Weg entlang, hatte leiten lassen: da, o meine Freundinn! da verlohr der Zauber alle seine Kraft! da öffneten sich meine Augen, – ach! um zu sehen daß ich an den schrofen Rand meines Verderbens gestoßen wurde; und wodurch? durch die ehrlosen Bübereyen eines verworfnen Menschen, eines künstlich versteckten Heuchlers, dem ich nicht das mindeste Arge zutrauen, bey dem ich nicht die allergeringste strafbare Absicht argwöhnen konnte. Und noch jezt, – was könnte mich wohl noch jezt über diesen demüthigenden Vorfall einigermaßen beruhigen, als das Bewußtseyn, daß ich ihn mir nicht durch eine leichtfertige Denkart zugezogen hatte, sondern bloß durch meine guthmüthige Sorglosigkeit? – als die innere Ueberzeugung, die ich dadurch von meinem unbegrenzten Widerwillen gegen Handlungen erwarb, die ich mir nicht ohne Erröthen und Abscheu vorstellen kann? – Aber würde mich das wohl vor der üblen Nachrede einer Welt, die mich so wenig kennt als ich sie kannte, bewahret haben? Hätte ich nicht die äußerste Gefahr gelaufen, nicht nach meiner Unschuld, sondern nach dem Ausgange beurtheilt zu werden? Hat mancher auch wohl Verstand genug, um zwischen dem Mädchen von einigem Geist und der verständigen Frau zu unterscheiden? Ich fürchte, Nein! Beschuldigt man solch ein Mädchen nicht vielmehr gerade um desto boshafter wegen dessen was ihm als Entschuldigung zu Statten kommen müßte? Dieses alles ist durch die gnadenvolle Lenkung des Gottes, der meine Aufrichtigkeit kannte, verhütet. Ich habe keine andern Beurtheiler als Sie, meine zärtlichgeliebte Freundinn, als meine holde, sanfte [Letje], und als den edlen Mann, der, so zu sagen, meine Vernunft selbst ist. Wer von Ihnen kann ein Interesse darein setzen, mich herabzuwürdigen? Wie oft würken gleichwohl unbarmherzige Menschen nicht aus diesem verabscheuu[n]gswürdigen Grunde, während sie der Welt weiß machen, ihr Eifer für die Tugend diktire ihnen ihre Urtheile!!

Haben Sie nun noch, und so lange ich athme, Dank für das Mitleid, womi[t] Sie mein verwundetes Herz trösteten, auch ehe Sie noch wußten in was für einem Zustande ich dem schnöden Buben entkommen sey. Glauben Sie mirs, von harter Behandlung ist bey mir gar nicht einmal die Rede, denn die ist nicht in Ih-

daar toe zyt gy onbekwaam, maar uwe koele ontmoeting zoude my den dood gedaan hebben.

In den grootsten angst, waar in ik, gedurende myn gedwongen verblyf op de Plaats was, doorsneedt niets zo zeer myn hart, dan te moeten denken, dat gy my zoudt verachten, dat gy zoudt geloven in my bedrogen te zyn. Dit maakte my woedent! ô Myne Vriendin, hoe afkerig ik ook van den dood ben, (en dit is zeer natuurlyk,) ik geloof, dat ik, ten minsten in eene vlaag van drift, uwe achting met levensgevaar zoude hebben kunnen kopen. Ik wist toen ook nog niet, dat ik Edeling beminde. Ik geloofde, dat ik alleen vriendschap voor hem had; doch nu voelde ik liefde voor hem; want ik vreesde al zo zeer zyne liefde, als de uwe te zullen verliezen. Ik wist wél, dat hy my niet zou verachten, vóór hy wist, dat ik zulks verdiende; maar kon hy my lief hebben? was hy geen gevoelig man? niet zo kiesch, zo zedig als beminlyk?

Heb dank, ô myne waartste Vriendin, voor de geschiktheid, die gy my gegeven hebt, om hem recht te doen; maar, hoe wel gy ook over den Heer Edeling denken moogt, hy is nog boven uwe denkbeelden verheven.

[...]

Ik omhels u met tederheid; ook myn lieve Letje: en ben met onuitdrukkelyke liefde en achting,

Uwe Vriendin,

    SARA EDELING,

    geb. BURGERHART.

rem Charakter; schon eine bloß frostige Behandlung würde mir den Tod gegeben haben.

In der grösten Angst, worinn ich während meines gezwungenen Aufenthalts auf dem Garten schwebte, wurde mein Herz durch nichts so schmerzlich zerrissen, als durch den Gedanken daß Sie mich verachten würden; daß Sie glauben würden sich in mir betrogen zu haben. Das setzte mich in Wuth! O meine Freundinn, so lieb mir auch das Leben ist, (und natürlicherweise muß es mir lieb seyn,) so glaube ich doch daß ich, wenigstens in einem Anfalle von Heftigkeit, Ihre Achtung mit Lebensgefahr würde haben erkaufen können. Bis dahin hatte ich mirs noch nicht gestanden, daß ich meinen Edeling liebte. Ich glaubte nur, viele Freundschaft für ihn zu haben: aber jezt fühlte ich daß ich ihn liebte, denn ich fürchtete eben so sehr, seine Liebe, als die Ihrige zu verlieren. Verachten, das wusste ich wohl, würde er mich nicht, ohne vorher zu wissen ob ich Verachtung verdiene? aber konnte er mich noch lieben? War er nicht ein Mann voll feinen Gefühls? nicht eben so delikat und eben so rein von Sitten, als liebenswürdig? –

Haben Sie Dank, o meine wertheste Freundinn, für die Fähigkeit die Sie mir gaben, ihm Gerechtigkeit widerfahren zu lassen! wissen Sie aber, daß, so vorteilhaft Sie auch über den Herrn Edeling denken mögen, er doch noch über Ihre Vorstellung erhaben sey.

[...]

Zärtlich umarme ich Sie und meine eigne [Letje], und bin mit unaussprechlichen Gefühlen der Liebe und Hochachtung

Ihre

treue Freundinn,

Sara Edeling.

6 Multatuli, *Max Havelaar*

Multatuli, *Max Havelaar of De koffiveilingen der Nederlandsche Handelmaatschappy*. Hg. Mimi Douwes Dekker. 9. Aufl. Amsterdam: Elsevier, 1900. S. 41–51 und 253–257.

[Textausschnitt 1, 5. Kapitel, S. 41–51]

Op de grens tusschen *Lebak* en *Pandeglang* dan, was op zekeren morgen een ongewone beweging. Honderden gezadelde paarden bedekten den weg, en duizend menschen voor 't minst – wat veel was voor die plek – liepen in bedryvig wachten heen-en-weer. Hier zag men de hoofden der dorpen, en de distriktshoofden uit het *Lebaksche*, allen met hun gevolg, en te oordeelen naar den schoonen bastertarabier die in zyn ryk tuig op den zilveren watertrens knabbelde, was ook een hoofd van hoogeren rang op deze plaats aanwezig. Dit was dan ook het geval. De Regent van *Lebak*, *Radhen Adhipatti Karta Natta Negara*,[1] had met groot gevolg *Rangkas-Betoeng* verlaten, en ondanks zyn hoogen ouderdom de twaalf of veertien palen afgelegd, die zyn woonplaats scheidden van de grenzen der naburige afdeeling *Pandeglang*.

Er werd een nieuwe adsistent-resident verwacht, en het gebruik, dat in Indie meer dan ergens kracht van wet heeft, wil dat de beambte die met het bestuur eener afdeeling belast is, feestelyk worde ingehaald by zyn aankomst. Ook de kontroleur, een man van middelbaren leeftyd, die sedert eenige maanden na den dood van den vorigen adsistent-resident, als eerstopvolgende in rang het bestuur had waargenomen, was daar tegenwoordig.

Zoodra het tydstip der komst van den nieuwen adsistent-resident bekend was, had men in-aller-yl een *pendoppo* doen oprichten, een tafel en eenige stoelen daarheen gebracht, en eenige ververschingen gereed gezet. In deze *pendoppo* wachtte de Regent met den kontroleur de aankomst van den nieuwen chef af.

Na een hoed met breeden rand, een regenscherm, of een hollen boom, is een *pendoppo* zeker de eenvoudigste uitdrukking van het denkbeeld: *dak*. Verbeeld u vier of zes bamboezen palen in den grond geslagen, die aan de boveneinden met elkander verbonden zyn door andere bamboes, waarop een deksel is vastgehecht van de lange bladen van den waterpalm die in deze streken *atap* heet, en ge zult u dusdanige *pendoppo* kunnen voorstellen. Het is, zooals ge ziet, zoo eenvoudig mogelyk, en het moest hier dan ook slechts dienen als *pied à terre* voor de europesche en inlandsche beambten die daar hun nieuw opperhoofd kwamen verwelkomen aan de grenzen.

Ik heb me niet volkomen juist uitgedrukt, toen ik den adsistent-resident het opperhoofd, ook van den Regent, noemde. Een uitweiding over 't mechanismus

Abdruck nach: Multatuli, *Max Havelaar oder die Kaffee-Versteigerungen der Niederländischen Handels-Gesellschaft*. Ins Deutsche übersetzt von Karl Mischke. Halle a.d.S.: Otto Hendel, 1900. S. 59–71, 290–295.

[Textausschnitt 1, 5. Kapitel, S. 59–71]

Auf der Grenze also zwischen L e b a k und P a n d e g l a n g war an jenem Morgen eine ungewöhnliche Bewegung. Hunderte von gesattelten Pferden bedeckten den Weg, und mindestens tausend Menschen, was für diesen Fleck viel war, liefen in betriebsamer Erwartung hin und her. Da sah man die Dorfhäupter und die Distriktsoberhäupter aus dem Lebakschen alle mit ihrem Gefolge, und nach dem schönen Araber-Bastard zu urteilen, der in seinem reichen Geschirr auf der silbernen Trense nagte, war auch ein Haupt von höherem Range anwesend. So war es wirklich. Der R e g e n t von Lebak, Radhen Adhipatti Karta Natta Negara, hatte mit großem Gefolge Rangkas-Betung verlassen, um trotz seines hohen Alters die zwölf oder vierzehn Palen[1] zurückzulegen, die seinen Wohnort von dem Nachbargebiet Pandeglang trennten.

Es wurde ein neuer Adsistent-Resident erwartet; und das Herkommen, das in Indien mehr denn irgendwo Gesetzeskraft hat, verlangt, daß der Beamte, der mit der Verwaltung eines Bezirkes beauftragt ist, bei seiner Ankunft festlich eingeholt wird. Auch der K o n t r o l e u r[2], ein Mann von mittleren Jahren, der seit einigen Monaten, seit dem Tode des vorigen Adsistent-Residenten, die Verwaltung als Stellvertreter wahrgenommen hatte, war anwesend.

Sobald die Ankunft des neuen Adsistent-Residenten bekannt wurde, hatte man in aller Eile eine „P e n d o p p o" aufgerichtet, ein Tisch und einige Stühle waren da hingebracht, einige Erfrischungen bereitgestellt, und in der Pendoppo erwartete der Regent mit dem Kontroleur die Ankunft des neuen Vorgesetzten.

Nächst einem Hut mit breitem Rand, einem Regenschirm oder einem hohlen Baum, ist eine „Pendoppo" sicher der einfachste Ausdruck des Gedankens „Dach." Denkt euch vier oder sechs Bambusstangen in den Erdboden geschlagen, die an ihrem oberen Ende durch andere Bambusstangen miteinander verbunden sind, worauf eine Decke aus den langen Blättern der Wasserpalme, dort „Atap" genannt, befestigt ist, und ihr werdet euch sothane, „Pendoppo" vorstellen können Es ist, wie ihr seht, so einfach wie möglich, und es soll auch lediglich als kurzer Aufenthalt für die europäischen und inländischen Beamten dienen, die da ihr neues Oberhaupt an der Grenze bewillkommnen wollen.

Ich habe nicht ganz richtig den Adsistent-Residenten das Oberhaupt auch des Regenten genannt. Eine Abschweifung über den Mechanismus der Verwaltung in

van het bestuur in deze landstreken is hier, tot juist begrip van hetgeen volgen zal, noodzakelyk.[2]

Het dusgenaamd *Nederlandsch Indie* – 't adjektief *nederlandsch* komt me eenigszins onnauwkeurig voor, doch 't werd officieel aangenomen[3] – is, wat de verhouding van het moederland tot de bevolking aangaat, te splitsen in twee zeer verschillende hoofddeelen. Een gedeelte bestaat uit stammen welker vorsten en vorstjes de opperheerschappy van Nederland als *suzerein* erkend hebben, doch waarby nog altyd het rechtstreeksch bestuur, in meer of minder mate gebleven is in handen van de ingeboren Hoofden zelf. Een ander gedeelte, waartoe – met een zeer kleine, wellicht maar schynbare, uitzondering – geheel *Java* behoort, is rechtstreeks onderworpen aan *Nederland*. Van cyns of schatting of bondgenootschap is hier geen spraak. De *Javaan* is *nederlandsch onderdaan*. De Koning van Nederland is *zyn* koning. De afstammelingen zyner vorige vorsten en heeren zyn *nederlandsche* beambten. Ze worden aangesteld, verplaatst, bevorderd, door den Gouverneur-generaal die in-naam van den *Koning* regeert. De misdadiger wordt veroordeeld en gevonnist naar een wet die van *'s Gravenhage* is uitgegaan. De belasting die de Javaan opbrengt, vloeit in de schatkist van *Nederland*.

Van dit gedeelte slechts der nederlandsche bezittingen, dat alzoo inderdaad deel uitmaakt van het *Koningryk der Nederlanden*, zal in deze bladen hoofdzakelyk sprake zyn.

Den Gouverneur-generaal staat een Raad ter-zyde, die echter op zyn besluiten geen *beslissenden* invloed heeft. Te Batavia zyn de onderscheidene bestuurstakken verdeeld in 'departementen' aan welker hoofd Direkteuren geplaatst zyn, die den schakel uitmaken tusschen het opperbestuur van den Gouverneur-generaal en de Residenten in de provincien. By behandeling evenwel der zaken van *politieken aard*, wenden zich deze beambten rechtstreeks tot den Gouverneur-generaal.

De benaming *Resident* is herkomstig uit den tyd toen *Nederland* nog slechts *middellyk* als *leenheer* de bevolking beheerschte, en zich aan de hoven der nog regeerende Vorsten door *Residenten* liet vertegenwoordigen. Die Vorsten bestaan niet meer, en de residenten zyn, als gewestelyke Gouverneurs of *Praefecten*, bestuurders van landschappen geworden. Hun werkkring is veranderd, doch de naam is gebleven.

Het zyn deze residenten, die eigenlyk het nederlandsch gezag tegenover de javaansche bevolking vertegenwoordigen. Het volk kent noch den Gouverneur-generaal, noch de Raden van Indie, noch de Direkteuren te Batavia. Het kent slechts den *Resident*, en de beambten die onder hem het besturen.

[...]

De verhouding tusschen europesche ambtenaren, en dusdanige hooggeplaatste javaansche grooten, is van zeer kieschen aard. De adsistent-resident eener

diesen Landstrichen ist unentbehrlich.

Das sogenannte „Niederländisch Indien" – ich finde die Bezeichnung sprachlich nicht richtig, aber sie ist offiziell angenommen – ist, was die Beziehungen des Mutterlandes zu der Bevölkerung betrifft, zu trennen in zwei sehr verschiedene Hauptteile. Ein Teil besteht aus Stämmen, deren Fürsten oder Häuptlinge die Oberherrschaft von Niederland als Suzerän anerkannt haben; doch ist noch immer die eigentliche Regierung in größerem oder geringerem Maße in den Händen der eingeborenen Häupter selbst geblieben. Ein anderer Teil, zu dem J a v a gehört, mit einer sehr kleinen vielleicht bloß scheinbaren Ausnahme[3], ist ganz und geradezu Niederland unterworfen. Von Tribut oder Schatzung oder Bundesgenossenschaft ist hier keine Rede. Der J a v a n e ist n i e d e r l ä n d i s c h e r U n t e r t h a n. Der König von Niederland ist sein König. Die Nachkommen seiner einstmaligen Fürsten und Herren sind niederländische Beamte; sie werden angestellt, versetzt und befördert, abgesetzt durch den General-Gouverneur, der im Namen des Königs regiert. Der Missethäter wird verurteilt und bestraft nach einem Gesetz, das von ' s G r a v e n h a g e ausgegangen ist. Die Steuer, die der Javane aufbringt, fließt in die Schatzkammer N i e d e r l a n d s.

Von diesem Teil der niederländischen Besitzungen, das demnach einen wirklichen Teil des Königreichs ausmacht, soll in diesen Blättern hauptsächlich die Rede sein.

Dem General-Gouverneur steht ein „Rat" zur Seite, welcher indessen keine b e s c h l i e ß e n d e Stimme hat. Zu Batavia sind die verschiedenen Regierungszweige in Departements verteilt, an deren Spitze Direktoren stehen, welche das Bindeglied zwischen der Oberleitung des General-Gouverneurs und den Residenten in den Provinzen bilden. Bei Behandlung von Dingen p o l i t i s c h e r Natur indessen wenden sich diese Beamten direkt an den General-Gouverneur.

Die Bezeichnung „R e s i d e n t" kommt noch von der Zeit her, da Niederland bloß m i t t e l b a r Herr der Bevölkerung war, als Lehnsherr, und sich an den Höfen der noch regierenden Fürsten durch Residenten vertreten ließ. Die Fürsten sind nicht mehr; die Residenten sind die Verwalter der Landschaften geworden; sie sind distriktweise Gouverneure, Präfekten. Ihr Wirkungskreis ist verändert, aber der Name ist geblieben.

Es sind die Residenten, die eigentlich die n i e d e r l ä n d i s c h e Macht gegenüber der j a v a n i s c h e n Bevölkerung vertreten. Das Volk kennt weder den General-Gouverneur noch den Rat von Indien, noch die Direktoren zu Batavia; das Volk kennt bloß den Residenten und die Beamten, die es unter ihm regieren.

[...]

Das Verhältnis zwischen europäischen Beamten und solchen hochgestellten javanischen Großen ist von sehr delikater Art. Der A d s i s t e n t-R e s i d e n t

afdeeling is de verantwoordelyke persoon. Hy heeft zyn instruktien, en wordt verondersteld het hoofd der afdeeling te zyn. Dit belet echter niet dat de Regent, door plaatselyke kennis, door geboorte, door invloed op de bevolking, door geldelyke inkomsten en hiermede overeenstemmende levenswyze, ver boven hem verheven is. Bovendien is de Regent, als vertegenwoordiger van 't *javaansch element* eener landstreek, en verondersteld wordende te spreken uit naam der honderd – of meer duizend zielen, die zyn regentschap bevolken, ook in de oogen van 't Gouvernement een veel belangryker persoon, dan de eenvoudige *europesche* beambte, wiens ontevredenheid niet behoeft gevreesd te worden, daar men voor hem vele anderen in de plaats bekomen kan, terwyl de minder goede stemming van een Regent wellicht de kiem zou kunnen worden van beroering of opstand.

Uit dit alles vloeit dus de vreemde omstandigheid voort, dat eigenlyk de *mindere* den *meerdere* beveelt. De adsistent-resident gelast den Regent, hem opgaven te doen. Hy gelast hem, volk te zenden tot het arbeiden aan bruggen en wegen. Hy gelast hem, belastingen te doen innen. Hy roept hem op, zitting te nemen in den landraad, waarin hy adsistent-resident voorzit. Hy berispt hem, waar hy schuldig is aan plichtverzuim. Deze zeer eigenaardige verhouding wordt alleen mogelyk gemaakt door uiterst beleefde vormen, die evenwel noch hartelykheid, noch, waar 't noodig blyken mocht, strengheid behoeven uittesluiten, en ik geloof dat de toon die in deze verhouding heerschen moet, vry wel wordt aangegeven in 't officieel voorschrift dienaangaande: de *europesche* ambtenaar hebbe den *inlandschen* beambte die hem ter-zyde staat, te behandelen als zyn *jonger broeder.*

Maar hy vergete niet dat deze *jonger broeder* by de ouders zeer bemind – of gevreesd – is, en dat, by voorkomend geschil, zyn meerdere jaren zouden worden in rekening gebracht als beweegreden om hem euvel te nemen dat hy zyn *jonger broeder* niet met meer inschikkelykheid of takt behandelde.

De aangeboren hoffelykheid van den javaanschen groote – zelfs de geringe Javaan is veel beleefder dan zyn europesche standgenoot – maakt evenwel deze schynbaar moeielyke verhouding dragelyker dan ze anders wezen zou.

[...]

De Javaan is uit den aard der zaak landbouwer. De grond waarop hy geboren werd, die veel belooft voor weinig arbeids, lokt hem hiertoe uit, en vooral is hy met hart en ziel overgegeven aan het bebouwen zyner rystvelden, waarin hy dan ook zeer bedreven is. Hy groeit op te-midden zyner *sawah*'s en *gagah*'s en *tipar*'s,[4] vergezelt reeds op zeer jeugdigen leeftyd zyn vader naar 't veld, waar hy hem behulpzaam is in den arbeid met ploeg en spade, aan dammen en aan waterleidingen tot het bevochtigen zyner akkers. Hy telt zyn jaren by oogsten, hy rekent den tyd naar de kleur zyner te veld staande halmen, hy voelt zich te-huis onder de makkers die met hem *padie* sneden,[5] hy zoekt zyn vrouw onder de meisjes der *dessah*,[6] die

eines Bezirks ist die verantwortliche Person; er hat seine Instruktion und wird als das Haupt des Bezirkes betrachtet. Das hindert indes nicht, daß der R e g e n t, durch lokales Ansehen, durch Geburt, durch Einfluß auf die Bevölkerung, durch Vermögen und Einkünfte und dementsprechende Lebensweise, sich weit über jenen erhebt. Ferner ist der Regent, der das „javanische Element" eines Landstrichs vertritt und im Namen der hunderttausend oder mehr Seelen spricht, die seine Regentschaft bevölkern, auch in den Augen des Gouverneurs eine viel w i c h t i g e r e Person als der einfache e u r o p ä i s c h e Beamte, um dessen Unzufriedenheit man sich nicht zu kümmern braucht, da man an seine Stelle tausend andere bekommen kann; während die Mißstimmung des Regenten den Keim zu Unruhen oder Aufständen in sich tragen kann.

Aus alledem ergibt sich der auffallende Umstand, daß eigentlich der Geringere der Vorgesetzte des Größeren ist. Der Adsistent-Resident befiehlt dem Regenten, ihm Bericht zu erstatten; er befiehlt ihm, Volk zur Arbeit an Brücken und Wegen zu senden; er befielt ihm, Steuern einzutreiben; er beruft ihn, im Rate Platz zu nehmen, wo der Adsistent-Resident den Vorsitz führt; er rügt ihn, wenn er sich einer Pflichtversäumnis schuldig gemacht hat. Dieses sehr eigenartige Verhältnis wird nur durch äußerst höfliche Formen ermöglicht, die weder Herzlichkeit noch, wenn es sein muß, Strenge auszuschließen brauchen; und ich glaube, der Ton, der in dieser Beziehung herrschen soll, wird ziemlich richtig in der offiziellen Vorschrift angegeben: „Der europäische Funktionär habe den inländischen Beamten, der ihm zur Seite steht als seinen j ü n g e r e n B r u d e r zu behandeln."

Aber er vergesse nicht, daß der jüngere Bruder bei den Eltern sehr beliebt – oder auch gefürchtet – ist, und daß bei etwaigen Zwistigkeiten sein höheres Alter sofort in Anschlag gebracht wird, um es ihm übel zu nehmen, daß er seinen j ü n g e r e n Bruder nicht mit mehr Nachgiebigkeit behandelt hat.

Die angeborene Höflichkeit der javanischen Großen – selbst der niedere Javane ist unendlich höflicher als sein europäischer Standesgenosse – macht übrigens diese scheinbar schwierige Beziehung erträglicher, als sie es sonst wäre.

[...]

Der Javane ist von Natur Landbauer; der Grund und Boden, auf dem er geboren ist, der viel verspricht für wenig Arbeit, lockt ihn dazu, und vor allem widmet er sich mit Herz und Seele der Bebauung seiner Reisfelder, worin er denn auch sehr geschickt ist. Er wächst auf inmitten seiner S a w a h s und G a g a h s und T i p a r s;[4] er begleitet seinen Vater bereits in sehr jungen Jahren aufs Feld, wo er ihm mit Pflug und Spaten behilflich ist, und an Dämmen und Wasserleitungen zur Bewässerung der Äcker. Er zählt seine Jahre nach Ernten, er rechnet die Jahreszeit nach der Farbe seiner im Felde stehenden Halme; er fühlt sich zu Hause bei den Gesellen, die mit ihm Padi schneiden; er sucht seine Frau unter den Mädchen der

's avends onder vroolyk gezang de ryst stampen om ze te ontdoen van den bolster... het bezit van een paar buffels die zyn ploeg zullen trekken, is 't ideaal dat hem aanlacht... kortom, de rystbouw is voor den Javaan, wat in de Rynstreken en in het zuiden van Frankryk, de wynoogst is.

Doch daar kwamen vreemdelingen uit het Westen, die zich heer maakten van het land. Ze wenschten voordeel te doen met de vruchtbaarheid van den bodem, en gelastten den bewoner een gedeelte van zyn arbeid en van zyn tyd toetewyden aan het voortbrengen van andere zaken, die meer winst zouden afwerpen op de markten van *Europa*. Om den geringen man hiertoe te bewegen, was niet meer dan een zeer eenvoudige staatkunde noodig. Hy gehoorzaamt zyn hoofden, men had dus slechts deze hoofden te winnen door hun een gedeelte van de winst toetezeggen, en... het gelukte volkomen.

Als men let op de ontzettende massa javasche produkten die in Nederland worden te-koop geveild, kan men zich overtuigen van het doeltreffende dezer staatkunde, al vindt men ze niet edel. Want, mocht iemand vragen of de landbouwer zelf eene met deze uitkomst evenredige belooning geniet, dan moet ik hierop een ontkennend antwoord geven. De Regeering verplicht hem op *zyn* grond aantekweeken wat *haar* behaagt, ze straft hem wanneer hy het aldus voortgebrachte verkoopt aan wien het ook zy buiten háár, en *zyzelf* bepaalt den prys dien ze hem daarvoor uitbetaalt. De kosten op den overvoer naar Europa, door bemiddeling van een bevoorrecht handelslichaam, zyn hoog. De aan de Hoofden toegelegde aanmoedigingsgelden bezwaren daarenboven den inkoopprys, en... daar toch ten-slotte de geheele zaak winst afwerpen *moet*, kan deze winst niet anders worden gevonden dan door juist zóóveel aan den Javaan uittebetalen, dat hy niet sterve van honger, hetgeen de voortbrengende kracht der natie verminderen zou.

Ook aan de europesche beambten wordt een belooning uitbetaald in evenredigheid met de opbrengst.[7]

Wel wordt dus de arme Javaan voortgezweept door dubbel gezag, wel wordt hy dikwyls afgetrokken van zyn rystvelden, wel is hongersnood vaak 't gevolg van deze maatregelen, doch... vroolyk wapperen te Batavia, te Samarang, te Soerabaja, te Passaroean, te Bezoeki, te Probolingo, te Patjitan, te Tjilatjap, de vlaggen aan boord der schepen, die beladen worden met de oogsten die Nederland ryk maken.

Hongersnood? Op het ryke vruchtbare gezegende Java, *hongersnood*? Ja, lezer. Voor weinige jaren zyn geheele distrikten uitgestorven van honger.[8] Moeders boden hun kinderen te-koop voor spyze. Moeders hebben hun kinderen gegeten...

Maar toen heeft zich 't moederland met die zaak bemoeid. In de raadzalen der

D e s s a h, die abends unter frohem Gesang den Reis stampfen, um ihn zu enthülsen; der Besitz von ein Paar Büffeln, die seinen Pflug ziehen sollen, ist das Ideal, das ihn anlacht; – der Reisbau ist für den Javanen, was in den Rheingegenden und in Südfrankreich die Weinlese ist.

Doch da kamen Fremde aus dem Westen, die sich zu Herren des Landes machten. Sie wünschten von der Güte des Bodens Vorteil zu ziehen und verlangten von dem Eingeborenen, er solle einen Teil seiner Arbeit und seiner Zeit der Erzeugung anderer Dinge widmen, die auf den Märkten E u r o p a s mehr Gewinn abwerfen würden. Um den kleinen Mann dazu zu bewegen, brauchte man nicht mehr als eine sehr einfache Politik. Er gehorcht seinen Häuptern; man hatte also lediglich die Häupter zu gewinnen, indem man ihnen einen Teil des Gewinnes zusagte – und es glückte vollkommen.

Wenn man die erstaunliche Menge javanischer Erzeugnisse sieht, die in Niederland auf den Markt kommen, kann man sich von der Zweckmäßigkeit dieser Politik überzeugen, findet man sie schon nicht edel. Denn wenn jemand fragt, ob der Landbauer selbst eine verhältnismäßige Entlohnung davon hat, so muß ich das verneinen. Die Regierung zwingt ihn, auf s e i n e m Grund und Boden zu pflanzen, was i h r behagt; sie bestraft ihn, wenn er das so Gewonnene verkauft, an wen es auch sei, außer an sie selbst; und s i e   s e l b s t bestimmt den Preis, den sie ihm dafür zahlt. Die Transportkosten nach Europa, durch Vermittlung einer bevorrechteten Handelskörperschaft, sind hoch, die Ermunterungsgelder an die Häupter beschweren obendrein den Einkaufspreis – und da doch schließlich der ganze Handel Gewinn abwerfen muß, kann dieser Gewinn nicht anders erzielt werden als dadurch, daß man dem Javanen gerade so viel auszahlt, daß er nicht geradezu verhungert, was ja die produzierende Kraft der Bevölkerung vermindern würde.[5]

Auch an die europäischen Beamten wird eine Belohnung im Verhältnis zur Produktion gezahlt.

Wohl wird also der arme Javane durch doppelte Gewalt vorwärts gepeitscht; wohl wird er von seinen Reisfeldern fortgezogen; wohl ist Hungersnot die Folge dieser Maßregeln; aber fröhlich flattern zu Batavia, zu Samarang, zu Surabaja, zu Passaruan, zu Besuki, zu Probolingo, zu Patjitan, zu Tijlatjap die Flaggen an Bord der Schiffe, die beladen werden mit den Ernten, die Niederland reich machen.

H u n g e r s n o t ... ? Auf dem reichen, fruchtbaren Java[6] Hungersnot? Ja, Leser, vor wenigen Jahren sind ganze Distrikte ausgestorben vor Hunger: Mütter boten ihre Kinder zur Speise feil, Mütter haben ihre Kinder verzehrt ...

Aber dann hat sich das Mutterland mit der Sache befaßt. In den Sälen der

volksvertegenwoordiging is men daarover ontevreden geweest, en de toenmalige Landvoogd heeft bevelen moeten geven, dat men de uitbreiding der dusgenaamde *europesche-marktprodukten* voortaan niet weder zou voortzetten tot hongersnood toe...

Ik ben daar bitter geworden. Wat zoudt ge denken van iemand die zulke zaken kon neerschryven *zonder* bitterheid?

My blyft over te spreken van de laatste en voornaamste soort der inkomsten van inlandsche hoofden: het willekeurig beschikken over personen en eigendommen hunner onderhoorigen.

Volgens het algemeen begrip in byna geheel Azie, behoort de onderdaan met al wat hy bezit, aan den vorst. Dit is ook op Java het geval, en de afstammelingen of verwanten der vroegere vorsten maken gaarne gebruik van de onkunde der bevolking, die niet recht begrypt dat haar *Tommongong* of *Adhipatti* of *Pangerang* thans een *bezoldigd ambtenaar* is, die zyn eigen en hare rechten voor een bepaald inkomen verkocht heeft, en dat dus de schraal beloonde arbeid in koffituin of suikerveld, in de plaats getreden is van de belastingen die vroeger door de heeren des lands van de opgezetenen gevorderd werden. Niets is dus gewoner dan dat honderde huisgezinnen van verren afstand worden opgeroepen om *zonder betaling* velden te bewerken, die den Regent toebehooren. Niets is gewoner dan het onbetaald verstrekken van levensmiddelen ten-behoeve der hofhouding van den Regent. En wanneer die Regent een gevallig oog mocht slaan op het paard, den buffel, de dochter, de vrouw, van den geringen man, zou men 't ongehoord vinden, als deze den onvoorwaardelyken afstand van het begeerd voorwerp weigerde.

Er zyn Regenten, die van zoodanige willekeurige beschikkingen een matig gebruik maken, en niet meer van den geringen man vorderen, dan tot het ophouden van hun rang volstrekt noodig is. Anderen gaan iets verder, en geheel-en-al ontbreekt deze onwettigheid nergens. Het is dan ook moeielyk, ja onmogelyk, zoodanig misbruik *geheel* uitteroeien, daar het diep geworteld is in den aard der bevolking zelf die er onder lydt. De Javaan is gul, vooral waar het te doen is om een bewys te geven van gehechtheid aan zyn Hoofd, aan den afstammeling van hen wien zyn vaderen gehoorzaamden. Ja, hy zou meenen te-kort te doen aan den eerbied dien hy aan zyn erfelyken heer verschuldigd is, wanneer hy zonder geschenken diens *kratoon* betrad. Zulke geschenken zyn dan ook dikwyls van zoo weinig waarde, dat het afwyzen iets vernederends zou in zich sluiten, en vaak is alzoo deze gewoonte eerder te vergelyken met de hulde van een kind dat zyn liefde tot den vader tracht te uiten door 't aanbieden van een klein geschenk, dan optevatten als schatting aan dwingelandsche willekeur.

Maar... aldus wordt door een *lief gebruik*, de afschaffing van *misbruik* belemmerd.

Volksvertretung ist man damit unzufrieden gewesen, und der damalige Landvogt hat befehlen müssen, daß man die Ausbreitung der sogenannten „Europäischen Markt-Produkte" nicht wieder bis zu einer Hungersnot fortsetzen solle ...

Ich bin bitter geworden. Was würdet ihr von jemand denken, der solche Dinge o h n e Bitterkeit niederschreiben könnte?

Ich habe noch von der letzten und vornehmsten Art der Einkünfte inländischer Häupter zu sprechen: von ihrer willkürlichen Bestimmung über Person und Eigentum ihrer Unterthanen.

Nach den in ganz Asien herrschenden Begriffen gehört der Unterthan mit allem, was er besitzt, dem Fürsten. Die Nachkommen oder Verwandten der früheren Fürsten machen gern Gebrauch von der Unkenntnis der Bevölkerung, die nicht recht begreift, daß ihr Tommongong, Adhipatti oder Pangerang jetzt ein b e - s o l d e t e r Beamter ist, der seine eigenen und ihre Rechte für eine feste Rente verkauft hat, und daß daher die filzig bezahlte Arbeit in der Kaffee-oder Zucker-Plantage an die Stelle der Lasten getreten ist, die sie früher für ihre Herren aufbrachten. Nichts ist daher gebräuchlicher, als daß Hunderte von Familien aus weiter Entfernung herbeigerufen werden, um ohne Bezahlung Felder zu bearbeiten, die dem Regenten gehören: nichts ist gebräuchlicher als die unbezahlte Lieferung von Lebensmitteln für die Hofhaltung des Regenten, und wenn der Regent ein gnädiges Auge wirft auf das Pferd, den Büffel, die Tochter, die Frau des kleinen Mannes, würde man es ungehörig finden, wenn dieser sich weigerte, den begehrten Gegenstand bedingungslos abzutreten.

Es giebt Regenten, die von solcher willkürlichen Bestimmung einen mäßigen Gebrauch machen und nicht mehr von dem kleinen Mann sondern als durchaus nötig ist, um ihren Rang aufrechtzuerhalten Andere gehen etwas weiter, und gänzlich fehlt die Gesetzlosigkeit nirgends. Es ist auch schwer, ja unmöglich, solchen Mißbrauch gänzlich auszuroden, denn er liegt in der Natur des Volkes begründet, das darunter leidet. Der Javane ist sanft, vor allem, wo es ihm darum zu thun ist, seinem Regenten, dem Abkömmling derer, dem seine Väter unterthan waren, einen Beweis von Ergebenheit zu geben: ja er würde glauben, der Ehrerbietung, die er seinem angestammten Herrn schuldig ist, zu wenig zu thun, wenn er dessen „Kratoon" ohne Geschenke beträte. Diese Geschenke sind oft von so geringem Werte, daß das Abweisen etwas Erniedrigendes in sich schließen würde, und diese Gewohnheit ist eher mit der Hingebung eines Kindes zu vergleichen, das seine Liebe zum Vater im Anbieten einer kleinen Gabe äußern möchte, denn als Tribut an tyrannische Willkür aufzufassen.

Aber so macht das Bestehen einer liebenswürdigen Sitte das Abschaffen eines Mißbrauchs sehr schwierig.

Indien de *aloen-aloen*⁹ voor de woning van den Regent in verwilderden staat lag, zou de nabywonende bevolking hierover beschaamd wezen, en er ware veel gezags noodig om haar te *beletten* dat plein van onkruid te reinigen, en het te brengen in een staat die met den rang des Regents overeenstemt. Hiervoor eenige betaling te geven, zou algemeen als een beleediging worden aangemerkt. Maar naast dien *aloen-aloen*, of elders, liggen *Sawah*'s die op den ploeg wachten, of op een leiding die het water daarheen moet voeren, dikwyls van mylen ver... deze *Sawah*'s behooren den Regent. Hy roept, om *zyn* velden te bewerken of te besproeien, de bevolking van gansche dorpen op, wier eigen *Sawah*'s evenzeer behoefte hebben aan bearbeiding... ziedaar het *misbruik*.

Dit is aan de Regeering bekend, en wie de staatsbladen leest, waarin de wetten, instruktien en handleidingen voor de ambtenaren bevat zyn, juicht de menschlievendheid toe, die by het ontwerpen daarvan schynt te hebben voorgezeten. Alom wordt den Europeaan, met gezag in de binnenlanden bekleed, als een zyner duurste verplichtingen op 't hart gedrukt, de bevolking te beschermen tegen haar eigen onderworpenheid en de hebzucht der Hoofden. En, als ware het niet genoeg, deze verplichting voorteschryven *in 't algemeen*, er wordt nog van de *adsistent-residenten*, by de aanvaarding van 't bestuur eener afdeeling, een *afzonderlyke eed* gevorderd, dat zy deze vaderlyke zorg voor de bevolking zullen beschouwen als een eersten plicht.

Dit is voorzeker een schoone roeping. Rechtvaardigheid voortestaan, den geringe te beschermen tegen den machtige, den zwakke te beschutten tegen de overmacht van den sterke, het ooilam van den arme terug te vorderen uit de stallen des vorstelyken roovers... zie, 't is om 't hart te doen gloeien van genot, by 't denkbeeld dat men geroepen is tot iets zóó schoons! En wie in de javasche binnenlanden soms ontevreden moge zyn met standplaats of belooning, hy sla het oog op den verheven plicht die op hem rust, op 't heerlyk genoegen dat de vervulling van *zulk* een plicht met zich brengt, en hy zal geen andere belooning begeeren.

Maar... gemakkelyk is deze plicht niet. Vooreerst hebbe men juist te beoordeelen, waar het *gebruik* heeft opgehouden om voor *misbruik* plaats te maken? En... waar het misbruik *bestaat*, waar inderdaad roof of willekeur gepleegd *is*, zyn veelal de slachtoffers zelf hieraan medeplichtig, hetzy uit te ver gedreven onderwerping, hetzy uit vrees, hetzy uit wantrouwen op den wil of de macht der persoon die hen beschermen moet. Ieder weet dat de *europesche* beambte elk oogenblik kan geroepen worden tot een andere betrekking, en dat de *Regent, de machtige Regent*, dáár blyft. Voorts zyn er zoo véél manieren om zich het eigendom van een arm onnoozel mensch toeteëigenen! Als een *mantrie*¹⁰ hem zegt dat de Regent zyn paard begeert, met dit gevolg dat het begeerde dier weldra plaats

Wenn der „A l o o n - a l o o n" vor dem Wohnsitz des Regenten verwildert daläge, so würde sich die Nachbarschaft darüber schämen, und es wäre viel Gewalt nötig, um sie zu v e r h i n d e r n, den Platz von Unkraut zu säubern und in einen Stand zu bringen, der dem Range des Regenten angemessen ist. Bezahlung dafür zu geben, würde man als eine allgemeine Beleidigung empfinden. Aber in der Nähe dieses Aloon-aloon oder sonstwo liegen S a w a h s, die warten auf den Pflug oder auf eine Wasserleitung, die oftmals meilenweit das befruchtende Naß herbeischaffen soll: – die S a w a h s gehören dem Regenten. Er ruft, um seine Sawahs zu bewirtschaften, die Insassen ganzer Dörfer auf, deren eigene Sawahs die Arbeit ebenso sehr brauchen ... Sieh da den M i ß b r a u c h.

Der Regierung ist das bekannt, und wer die Staatsblätter liest, die die Gesetze, Weisungen und Instruktionen für die Beamten enthalten, dem geht das Herz auf bei all der Menschenliebe und Rechtschaffenheit, die bei der Ausarbeitung dieser Vorschriften den Vorsitz geführt haben. Überall wird dem Europäer, der mit der Gewalt im Binnenlande bekleidet ist, als eine seiner treuesten Pflichten ans Herz gebunden, die Eingeborenen gegen ihre eigene Unterwürfigkeit und die Habsucht ihrer Häupter zu schützen, und als wäre es noch nicht genug, diese Pflicht a l l - g e m e i n vorzuschreiben, wird noch den Adsistent-Residenten, beim Antritt der Verwaltung eines Bezirks, ein b e s o n d e r e r E i d abgenommen, daß sie die väterliche Sorge für die Bevölkerung als eine erste Pflicht betrachten werden.

Eine schöne Aufgabe. Gerechtigkeit üben; den Geringen beschirmen gegen den Mächtigen, den Schwachen schützen gegen die Übermacht des Starken, das Lamm des Armen aus den Ställen des k ö n i g l i c h e n R ä u b e r s zurückfordern – ja, es ist, um das Herz glühen zu machen vor Freude, bei dem Gedanken, daß man zu etwas Schönem berufen ist! – Und wer im javanischen Binnenlande mit seiner Stellung oder Belohnung unzufrieden ist, der erhebe seine Augen zu der erhabenen Pflicht, die auf ihm ruht, auf das herrliche Bewußtsein, das die Erfüllung s o l c h e r Pflicht mit sich bringt, und er wird keine andere Belohnung begehren.

Aber leicht ist die Pflicht nicht. Zuerst hätte man genau zu unterscheiden: wo hat die S i t t e aufgehört, um dem M i ß b r a u c h Platz zu machen? – und, wo der Mißbrauch b e s t e h t, wo in der That Raub oder Willkür h e r r s c h t, da sind oftmals die Schlachtopfer selbst mitschuldig, sei es aus zu weit getriebener Unterwürfigkeit, sei es aus Furcht, sei es aus Mißtrauen gegen den Willen oder die Kraft desjenigen, der sie beschirmen soll. Jeder weiß, daß der europäische Beamte jeden Augenblick in ein anderes Amt berufen werden kann, und daß der Regent, der m ä c h t i g e R e g e n t, dableibt. Ferner giebt es so viele Arten, um sich das Eigentum eines armen einfältigen Menschen anzueignen. Wenn ein M a n t r i ihm sagt, daß der Regent sein Pferd begehrt, mit der Folge, daß das

heeft gekregen in de stallen van den Regent, bewyst zulks nog volstrekt niet dat deze niet van voornemen was – o, zeker! – daarvoor een hoogen prys te betalen ... te-eeniger-tyd. Als honderden arbeiden op de velden van een Hoofd, zonder daarvoor betaling te ontvangen, volgt hieruit geenszins dat hy dit liet geschieden ten *zynen* behoeve. Had niet zyn bedoeling kunnen zyn, hun den oogst overtelaten uit de menschlievende berekening dat zyn grond beter gelegen was, vruchtbaarder dan de hunne, en dus hun arbeid milder beloonen zou?

Bovendien, vanwaar haalt de europesche beambte de getuigen die den moed hebben een verklaring te doen tegen hun heer, den gevreesden Regent? En, waagde hy een beschuldiging, *zonder die te kunnen bewyzen*, waar blyft dan de verhouding van *ouder broeder*, die in zulk geval zyn *jongeren broeder* zonder grond zou hebben gekrenkt in zyn eer? Waar blyft de gunst van de Regeering, die hem brood geeft voor dienst, maar hem dat brood opzegt, hem ontslaan zou als onbekwaam, wanneer hy een zoo hooggeplaatst persoon als een *Tommongong, Adhipatti* of *Pangerang* had verdacht of aangeklaagd met ligtvaardigheid?

Neen, neen, gemakkelyk is die plicht niet! Dit blykt reeds hieruit, dat de neiging der inlandsche Hoofden om de grens van 't geoorloofd beschikken over arbeid en eigendom hunner onderhoorigen te overschryden, overal volmondig erkend wordt... dat alle adsistent-residenten den eed doen die misdadige hebbelykheid te-keer te gaan, en... dat toch slechts *zeer* zelden een Regent wordt aangeklaagd wegens willekeur of misbruik van gezag.

Er schynt dus wel een byna onoverkomelyke moeielykheid te bestaan, om gevolg te geven aan den eed: *'de inlandsche bevolking te beschermen tegen uitzuiging en knevelary.'*

[Textausschnitt 2, 20. Kapitel, S. 253–257]

Ik vind onder Havelaars papieren de minuut van een brief dien hy aan den aftredenden Gouverneur-generaal schynt geschreven te hebben op den laatsten avend voor diens vertrek naar 't moederland. Op den rand staat met potlood aangeteekend: *'niet juist'* waaruit ik opmaak dat sommige zinsneden by 't afschryven veranderd zyn. Ik doe dit opmerken, om niet uit het gemis aan *letterlyke* overeenstemming van *dit* stuk, twyfel te doen geboren worden aan de echtheid der andere *officieele* stukken die ik meedeelde, en die allen door een vreemde hand *voor eensluidend afschrift* zyn geteekend. Misschien heeft de man aan wien deze brief gericht was, lust den *volkomen*-juisten tekst daarvan publiek te maken.[11] Men zou door vergelyking kunnen zien hoever Havelaar is afgeweken van zyn minuut. *Zakelyk* korrekt was de inhoud aldus:

begehrte Tier bereits einen Platz in den Stallungen des Regenten erhalten hat, so beweist das noch nicht, daß dieser nicht die Absicht hatte, dafür einen hohen Preis zu zahlen – in einiger Zeit. Wenn Hunderte auf den Feldern eines solchen Großen arbeiten, ohne dafür bezahlt zu werden, folgt daraus keineswegs, daß er das zu s e i n e m Vorteil geschehen ließ. Konnte nicht seine Meinung sein, ihnen die Ernte zu überlassen, aus der gutherzigen Berechnung, daß sein Grund und Boden besser gelegen wäre, fruchtbarer als der ihrige, und deshalb ihre Arbeit besser lohnen würde?

Außerdem, woher bekommt der europäische Beamte die Zeugen, die den Mut haben, eine Aussage gegen ihren Herrn, den Regenten, abzugeben? Und, wagte er eine Anklage, ohne sie beweisen zu können, wo bleibt da das Verhältnis des ä l - t e r e n   B r u d e r s, der ja in einem solchen Falle seinen j ü n g e r e n   B r u - d e r grundlos in seiner Ehre gekränkt hätte? Wo bleibt die Gunst der Regierung, die ihm Brot giebt für seinen Dienst, die ihm aber das Brot aufkündigt, die ihn als ungeschickt entläßt, wenn er eine so hochgestellte Persönlichkeit wie einen A d h i p a t t i oder P a n g e r a n g leichtfertig verdächtigt oder angeklagt hat?

Nein, nein, leicht ist diese Pflicht nicht! Das ergiebt sich schon daraus, daß jeder überzeugt ist, daß jedes inländische Haupt die Grenze der erlaubten Verfügung über Arbeit und Eigentum überschreitet, daß alle Adsistent-Residenten den Eid leisten, Wandel zu schaffen, und daß doch sehr selten ein Regent des Mißbrauchs der Gewalt oder der Willkür angeklagt wird.

Es scheint also eine unüberwindliche Schwierigkeit zu bestehen, um dem Eid Folge zu geben: „d i e   E i n g e b o r e n e n   z u   b e s c h i r m e n   g e g e n   A u s s a u g u n g   u n d   E r p r e s s u n g."

[Textausschnitt 2, 20. Kapitel, S. 290–295]

Ich finde unter Havelaars Papieren das Konzept eines Briefes, den er an den abziehenden General-Gouverneur geschrieben zu haben scheint, am letzten Abend vor dessen Rückkehr ins Mutterland. Am Rande steht mit Bleistift vermerkt „nicht genau", woraus ich vermute, daß er beim Abschreiben noch einige Sätze verändert hat. Ich merke das an, um nicht, aus dem Mangel buchstäblicher Übereinstimmung in diesem Stück, Verdacht entstehen zu lassen an der Echtheit der übrigen o f f i z i e l l e n Stücke, die ich mitteilte, und die alle durch eine fremde Hand „als gleichlautend mit dem Original" bezeichnet sind. Vielleicht hat der, der diesen Brief empfing, Lust, den richtigen Text zu veröffentlichen; dann wird man durch Vergleichung ersehen können, inwieweit Havelaar von seinem Konzept abgewichen ist.

'*Batavia, 23 Mei* 1856.

Excellentie! Myn ambtshalve by missive van 28 Februari gedaan verzoek om aangaande de *Lebaksche* zaken te worden gehoord, is zonder gevolg gebleven.

Evenzoo heeft Uwe Excellentie niet gelieven te voldoen aan myn herhaalde verzoeken om audientie.

Uwe Excellentie heeft dus een ambtenaar die *gunstig by het Gouvernement bekend stond* – dit zyn uwer Excellentie's eigen woorden! – iemand die zeventien jaren het Land in deze gewesten diende, iemand die niet alleen niets misdeed, maar zelfs met ongekende zelfverloochening het goede beoogde en voor eer en plicht alles veil had... zóó iemand heeft Uwe Excellentie gesteld beneden den misdadiger. Want dien *hoort* men ten-minste.

Dat men Uwe Excellentie omtrent my misleid heeft, begryp ik. Maar dat Uwe Excellentie niet de gelegenheid heeft aangegrepen om die misleiding te ontgaan, begryp ik niet.

Morgen gaat uwe Excellentie van hier, en ik mag haar niet laten vertrekken zonder nog eenmaal gezegd te hebben *dat ik myn* PLICHT *heb gedaan*, GEHEEL-EN-AL MYN PLICHT, *met beleid, met bezadigdheid, met menschlievendheid, met zachtheid en met moed.*

De gronden waarop gebazeerd is de afkeuring in Uwer Excellentie's kabinetsmissive van 23 Maart, zyn *geheel-en-al verdicht en logenachtig.*

Ik kan dit *bewyzen*, en dit ware reeds geschied, als Uwe Excellentie my één half uur gehoor had willen schenken. Als Uwe Excellentie één half uur tyd had kunnen vinden *om recht te doen*!

Dit is zoo niet geweest! Een deftig gezin is daardoor tot den bedelstaf gebracht...

Hierover evenwel klaag ik niet.

Maar Uwe Excellentie heeft *gesanktioneerd*: HET STELSEL VAN MISBRUIK VAN GEZAG, VAN ROOF EN MOORD, WAARONDER DE ARME JAVAAN GEBUKT GAAT, en dáárover klaag ik.

Dàt schreit ten hemel!

Er kleeft bloed aan de overgegaarde penningen van uw dùs ontvangen indisch traktement, Excellentie![12]

Nog éénmaal vraag ik om een oogenblik gehoor, zy het dezen nacht, zy het morgen vroeg! En alweder vraag ik dit niet voor my, maar voor de zaak die ik voorsta, de zaak van rechtvaardigheid en menschelykheid, die tevens de zaak is van welbegrepen politiek.

Batavia, 23. Mai 1856.

Excellenz! Mein von Amts wegen geschehenes Ersuchen vom 28. Februar, in betreff der Lebakschen Angelegenheiten gehört zu werden, ist ohne Folge geblieben.

Ebenso haben Eure Excellenz nicht beliebt, meine Bitte zu erfüllen, als ich wiederholt um eine Audienz ersuchte.

Eure Excellenz haben also einen Beamten, der bei dem Gouvernement in günstiger Weise bekannt war – Eurer Excellenz eigene Worte – jemand, der dem Lande siebzehn Jahre lang in diesen Gegenden diente, einen Mann, der nicht allein keines Verbrechens schuldig ist, der vielmehr mit sonst nicht bekannter Selbstverleugnung das Gute im Auge hatte – der für Ehre und Pflicht alles opferte – einen solchen Mann haben Eure Excellenz unter den Missethäter gestellt, denn den h ö r t man wenigstens.

Daß man Eurer Excellenz über mich falsch berichtet hat, begreife ich – aber daß Eure Excellenz nicht die Gelegenheit ergriffen haben, um dem zu entgehen, begreife ich nicht.

Morgen reisen Eure Excellenz von hier ab und ich kann Sie nicht abziehen lassen, ohne noch einmal gesagt zu haben, daß ich meine Pflicht gethan habe – ganz und gar meine Pflicht, mit Einsicht, mit maßvoller Überlegung, mit Menschenliebe, mit Milde und mit Mut.

Die Gründe, auf denen die Mißbilligung in Eurer Excellenz Kabinettsmissive vom 23. März beruht, sind von Anfang bis zu Ende e r d i c h t e t u n d e r l o g e n .

Ich kann das beweisen, und das wäre längst geschehen, wenn Eure Excellenz mir eine halbe Stunde hätten Gehör schenken wollen, wenn Eure Excellenz eine halbe Stunde Zeit hätten finden können, um R e c h t z u t h u n .

Das haben Sie nicht gethan. Eine anständige Familie ist dadurch an den Bettelstab gebracht.

Indessen darüber klage ich nicht.

Aber Eure Excellenz haben das System des Raubes und Mordes, des Amts- und Machtmißbrauchs sanktioniert, unter dem der arme Javane gebückt geht. Und darüber klage ich.

Das schreit zum Himmel!

Es klebt Blut an den übrig behaltenen Pfennigen von dem dafür erhaltenen indischen Gehalt, Excellenz!

Noch einmal bitte ich um einen Augenblick Gehör, sei es diese Nacht, sei es morgen früh! Und wiederum bitte ich nicht für mich, sondern für die Sache, die ich vertrete, die Sache der Rechtlichkeit und Menschlichkeit, die gleichzeitig auch die Sache wohlverstandener Politik ist.

Als uwe Excellentie het met haar geweten kan overeenbrengen, van hier te vertrekken zonder my te hooren, het myne zal gerust zyn by de overtuiging al het mogelyke te hebben aangewend om de treurige, bloedige gebeurtenissen te voorkomen, die weldra 't gevolg zullen wezen van de eigenwillige onkunde waarin de Regeering wordt gelaten ten-opzichte van hetgeen er omgaat onder de bevolking.[13]

MAX HAVELAAR.'

Havelaar wachtte dien avend. Hy wachtte den ganschen nacht.

Hy had gehoopt dat misschien verstoordheid over den toon van zyn brief bewerken zou, wat hy vergeefs getracht had te bereiken door zachtheid en geduld. Zyn hoop was ydel! De Gouverneur-generaal vertrok zonder Havelaar te hebben gehoord. Er was weder een Excellentie ter-ruste gegaan in 't moederland!

Havelaar doolde arm en verlaten rond. Hy zocht...

***

Genoeg, myn goede Stern! Ik, Multatuli, neem de pen op. Ge zyt niet geroepen Havelaars levensgeschiedenis te schryven. Ik heb u in 't leven geroepen... ik liet u komen van Hamburg... ik leerde u redelyk goed hollandsch schryven, in zeer korten tyd... ik liet u Louise Rosemeyer kussen, die in suiker doet... het is genoeg, Stern, ge kunt gaan!

***

Die Sjaalman en zyn vrouw...

Halt, ellendig produkt van vuile geldzucht en godslasterlyke femelary! Ik heb u geschapen... ge zyt opgegroeid tot een monster onder myn pen... ik walg van myn eigen maaksel: stik in koffi en verdwyn!

***

Ja, ik, Multatuli 'die veel gedragen heb' neem de pen op. Ik vraag geen verschooning voor den vorm van myn boek. Die vorm kwam my geschikt voor ter bereiking van myn doel.

Dit doel is tweeledig:

Ik wilde in de eerste plaats het aanzyn geven aan iets dat als heilige *poesaka* zal kunnen bewaard worden door kleinen Max en zyn zusje, als hun ouders zullen zyn omgekomen van ellende.

Ik wilde aan die kinderen een adelbrief geven van myne hand.

En in de tweede plaats: *ik wil gelezen worden.*

Wenn Eure Excellenz es mit Ihrem Gewissen vereinbaren können, von hier abzureisen, ohne mich zu hören, – mein Gewissen wird ruhig sein in der Überzeugung, alles, was möglich war, gethan zu haben, um den trauervollen, blutigen Ereignissen zuvorzukommen, die bald die Folge sein werden der eigenwilligen Unkenntnis, in der die Regierung gelassen wird, im Hinblick auf das, was im Volke vorgeht.

(gez.) Max Havelaar.

Havelaar wartete diesen Abend. Er wartete die ganze Nacht. Er hatte gehofft, daß vielleicht der Ärger über den Ton seines Briefes bewirken würde, was er vergebens mit Milde und Geduld zu erreichen gesucht hatte.

Seine Hoffnung war eitel. Der General-Gouverneur zog ab, ohne Havelaar gehört zu haben – es war wieder eine Excellenz zur Ruhe gegangen in das Mutterland!

Havelaar irrte arm und verlassen umher. Er suchte ...

***

G e n u g , m e i n g u t e r S t e r n ! Ich, Multatuli, nehm die Feder auf. Du bist nicht berufen, Havelaars Lebensgeschichte zu schreiben. Ich habe dich ins Leben gerufen, ich ließ dich von Hamburg kommen, ich brachte dir leidliches Holländisch bei, in sehr kurzer Zeit; ich ließ dich Luise Rosemeyer küssen, die in Zucker macht – es ist genug, Stern, du kannst gehen!

***

Dieser Shawlmann und seine Frau ...

H a l t , du elendes Produkt von schmutziger Geldsucht und gotteslästerlicher Heuchelei! Ich habe dich geschaffen – du bist zu einem Ungeheuer ausgewachsen unter meiner Feder – mich ekelt vor meinem eigenen Geschöpfe – ersticke in Kaffee und verschwinde!

***

Ja, ich, M u l t a t u l i , „der ich viel getragen habe," ich nehme jetzt die Feder in die Hand! Ich verlange keine Nachsicht für die Form meines Buches ... diese Form schien mir geeignet, mein Ziel zu erreichen.

Dies Ziel ist doppelt.

Zum ersten wollte ich etwas schaffen, was als heilige P u s a k a wird bewahrt werden können von dem „kleinen Max" und seinem Schwesterchen, wenn ihre Eltern werden umgekommen sein vor Elend.

Ich wollte diesen Kindern einen Adelsbrief geben von meiner Hand.

Und zum zweiten: i c h w i l l g e l e s e n w e r d e n !

Ja, ik wil gelezen worden! Ik wil gelezen worden door staatslieden, die verplicht zyn te letten op de teekenen des tyds... door letterkundigen, die toch ook eens 't boek moeten inzien waarvan men zooveel kwaads spreekt... door handelaren, die belang hebben by de koffiveilingen... door kameniers, die me huren voor weinige centen... door Gouverneurs-generaal in-ruste... door Ministers in bezigheid[14]... door de lakeien van die Excellentien... door bidprediķers, die *more majorum* zullen zeggen dat ik den Almachtigen God aantast, waar ik slechts opsta tegen 't godje dat *zy* maakten naar hun beeld... door duizenden en tienduizenden van exemplaren uit het droogstoppelras, die – voortgaande hun zaakjes op de bekende wys te behartigen – 't hardst zullen meeschreeuwen over de mooijigheid van m'n geschryf[15]... door de leden der Volksvertegenwoordiging, die weten moeten wat er omgaat in 't groote Ryk over zee, dat behoort tot het Ryk van Nederland...

Ja, ik *zal* gelezen worden!

Als dit doel bereikt wordt, zal ik tevreden zyn. Want het was me niet te doen om *goed* te schryven... ik wilde zóó schryven dat het gehoord werd. En, even als iemand die roept: 'houdt den dief!' zich weinig bekommert over den styl zyner geïmprovizeerde toespraak aan 't publiek, is 't ook my geheel om 't even hoe men de wyze zal beoordeelen waarop ik *myn* 'houdt den dief' heb uitgeschreeuwd.

Het boek is bont... er is geen geleidelykheid in... jacht op effekt... de styl is slecht... de schryver is onbedreven... geen talent... geen methode...

Goed, goed, alles goed! Maar... DE JAVAAN WORDT MISHANDELD!

Want: *wederlegging* der HOOFDSTREKKING *van myn werk is onmogelyk*![16]

Hoe luider overigens de afkeuring van myn boek, hoe liever 't my wezen zal, want des te grooter wordt de kans *gehoord te worden*. En dit *wil* ik!

Doch gy, die ik stoor in uw 'drukten' of in uw 'rust', gy Ministers en Gouverneurs-generaal, rekent niet te zeer op de onbedrevenheid myner pen. Ze zou zich kunnen oefenen, en met eenige inspanning misschien geraken tot een bekwaamheid die ten-laatste zelfs de waarheid zou doen gelooven door 't Volk!

Dan zou ik aan dat Volk een plaats vragen in de Vertegenwoordiging,[17] al ware 't alleen om te protesteeren tegen certifikaten van rechtschapenheid, die door Indische specialiteiten *vice versa* worden uitgereikt,[18] misschien om op 't vreemd denkbeeld te brengen dat men zelf waarde hecht aan die hoedanigheid...

Om te protesteeren tegen de eindelooze expeditien en heldendaden tegen arme ellendige schepsels, die men vooraf door mishandeling dwong tot opstand.

Om te protesteeren tegen de schandelyke lafhartigheid van cirkulaires die de

Ja, ich will gelesen werden! Ich will gelesen werden von Politikern, deren Pflicht ist, auf die Zeichen der Zeit zu achten, – von Litteraten, die doch wohl auch einmal das Buch zur Hand nehmen müssen, von dem man so viel Schlechtes spricht; – von Händlern, die Interesse haben an den Kaffeeversteigerungen; – von Kammerjungfern, die mich für wenige Cent aus der Leihbibliothek entnehmen, – von General-Gouverneuren im Ruhestande und von Ministern im Amte, – von den Lakaien dieser Excellenzen, – von Bittpredigern, die „nach altem Brauche" sagen werden, daß ich den allmächtigen Gott angreife, wo ich doch nur gegen den Gott ausstehe, den sie sich machten nach ihrem Vorbild, – durch die Mitglieder der Volksvertretung, die wissen müssen, was da vorgeht in dem großen Reiche über See, das gehört zu dem Reiche Niederland ...

Ja, ich w e r d e gelesen werden!

Wenn d a s Ziel erreicht ist, werde ich zufrieden sein. Denn es war mir nicht darum zu thun, g u t zu schreiben – ich wollte schreiben, sodaß es gehört wird; – wie einer, der „Halt den Dieb!" ruft, sich wenig um den Stil seiner improvisirten Anrede an das Publikum kümmert, so ist es auch mir ganz gleichgültig, wie man die Art und Weise beurteilen wird, auf die ich mein „Halt den Dieb!" hinausgeschrien habe.

„Das Buch ist bunt zusammengewürfelt – es fehlt an Disposition – Effekthascherei – der Stil ist schlecht – der Schreiber ist ein Anfänger – kein Talent – keine Methode –"

Schön! schön! alles sehr schön – aber d e r J a v a n e w i r d m i ß h a n d e l t !

Denn eine W i d e r l e g u n g d e r T e n d e n z meines Werkes ist u n m ö g l i c h !

Je lauter übrigens der Tadel, die Mißbilligung meines Buches, je lieber soll es mir sein, desto größer wird ja die Aussicht, gehört zu werden – und das will ich.

Doch ihr, die ich störe in eurer „Überlastung" und in eurer „Ruhe," Minister und General-Gouverneure! rechnet nicht so stark auf die Ungeübtheit meiner Feder. Sie kann sich vielleicht noch üben, und mit einiger Anstrengung kann sie es vielleicht zu einer Fertigkeit bringen, die dem Volk selbst die Wahrheit glaubhaft machen könnte. Dann werde ich vielleicht das Volk um einen Sitz in der Volksvertretung bitten, und wäre es auch nur, um die Zeugnisse der Rechtschaffenheit zu beleuchten, die die indischen Spezialitäten und Autoritäten sich g e g e n s e i t i g austeilen, vielleicht um sich schließlich den sonderbaren Gedanken einzuimpfen, daß sie selber auf diese Qualität Wert legen; – um zu protestieren gegen die endlosen Feldzüge und Heldenthaten gegen arme elende Geschöpfe, die man vorher durch Mißhandlung zum Aufstand zwang; – um zu protestieren gegen die schand-

eer der Natie schandvlekken door 't inroepen *van publieke liefdadigheid* voor de s l a c h t o f f e r s van *kronischen zeeroof*.[19]

't Is waar, die opstandelingen waren uitgehongerde geraamten, en die zeeroovers zyn weerbare mannen!

En als men my die plaats weigerde... als men my by voortduring *niet* geloofde...

Dan zou ik myn boek vertalen in de weinige talen die ik ken, en in de vele talen die ik leeren kan, om te vragen aan Europa, wat ik vruchteloos zou hebben gezocht in Nederland.

En er zouden in alle hoofdsteden liederen worden gezongen met refreinen als dit: *er ligt een roofstaat aan de zee, tusschen Oostfriesland en de Schelde!*

En wanneer ook dit niet baatte?

Dan zou ik myn boek vertalen in 't *maleisch, javaansch, soendasch, alfoersch, boegineesch, battaksch*...

En ik zou *klewang*wettende krygszangen slingeren in de gemoederen van de arme martelaren wien ik hulp heb toegezegd, ik, Multatuli.

Redding en hulp, op wettelyken weg, waar het *kan*... op w e t t i g e n weg van geweld, waar het *moet*.

En *dit zou zeer nadeelig werken op de* K o f f i v e i l i n g e n v a n d e N e d e r l a n d s c h e H a n d e l m a a t s c h a p p y![20]

Want ik ben geen vliegenreddende dichter, geen zachtmoedige droomer, zooals de getrapte Havelaar die zyn plicht deed met den moed van een leeuw, en honger lydt met het geduld van een marmot in den winter.

Dit boek is een inleiding...

Ik zal toenemen in kracht en scherpte van wapenen, naarmate het noodig zal wezen...

God geve dat het niet noodig zy!

Neen, 't *zal* niet noodig zyn! Want aan *U* draag ik myn boek op, Willem den derden, Koning, Groothertog, Prins... meer dan Prins, Groothertog en Koning... KEIZER van 't prachtig ryk van INSULINDE dat zich daar slingert om den evenaar, als een gordel van smaragd...

Aan U durf ik met vertrouwen vragen of 't uw keizerlyke wil is:

Dat Havelaar wordt bespat met den modder van *Slymeringen* en *Droogstoppels?*

En dat daarginds Uw meer dan *dertig millioenen* onderdanen worden MISHANDELD EN UITGEZOGEN in *UWEN* naam?[21]

bare Feigheit der Cirkulare, die die Ehre der Nation beflecken, indem sie die öffentliche Liebesthätigkeit aufrufen für die Opfer des chronischen Seeraubs!

Freilich, die Aufständischen waren arme verhungerte Gerippe und die Seeräuber sind wehrhafte Männer ...

Und wenn man mir den Sitz verweigerte – wenn man mir fortgesetzt n i c h t glaubte? ...

Dann werde ich mein Buch übersetzen in die wenigen Sprachen, die ich kenne – und in die vielen, die ich noch lernen kann, und ich werde von Europa verlangen, was ich in Niederland vergeblich gesucht habe.

Und in allen Hauptstädten werden Lieder gesungen werden mit Refrains wie der:

„Es liegt ein Raubstaat an der See, zwischen Ostfriesland und der Schelde!"

Und wenn das auch nicht hülfe? ...

Dann werde ich mein Buch übersetzen in das Malayische, Javanische, Sundasche, Alfursche, Bugineesche, Battahsche ...

Und ich werde Klewang-wetzende Kriegslieder in die Gemüter der Märtyrer werfen, denen ich Hilfe zugesagt habe, ich, Multatuli.

Rettung und Hilfe, auf rechtmäßigem Wege, wenn es sein k a n n, – auf dem g e s e t z l i c h e n Wege der Gewalt, wenn es sein muß.[7]

Und das würde dann sehr nachteilig wirken auf die K a f f e e v e r s t e i g e r u n g e n d e r N i e d e r l ä n d i s c h e n H a n d e l s g e s e l l s c h a f t!

Denn ich bin kein fliegenrettender Dichter, kein sanfter Träumer, wie der getretene Havelaar, der seine Pflicht that mit Löwenmut, und Hunger litt mit der Geduld eines Murmeltiers im Winter.

Dies Buch ist eine Einleitung ...

Ich werde zunehmen an Kraft und Waffen, je nachdem es nötig sein wird.

Gebe Gott, daß es nicht nötig sei! ...

***

Nein! es w i r d nicht nötig sein! Denn vor Dir lege ich mein Buch nieder, W i l l e m d e r D r i t t e, König, Großherzog, Prinz – mehr als Prinz, Großherzog und König: K a i s e r des prächtigen Reiches I n s u l i n d e, das sich, wie ein Gürtel von Smaragd, um den Äquator schlingt! ...

Dich frage ich mit Vertrauen, ob es Dein kaiserlicher Wille ist:

Daß die Havelaar beschmutzt werden durch den Schlamm der Slijmeringe und Droogstoppel; –

u n d d a ß d a d r ü b e n D e i n e m e h r a l s d r e i ß i g M i l l i o n e n U n t e r t h a n e n m i ß h a n d e l t u n d a u s g e s o g e n w e r d e n i n D e i n e m N a m e n? ...

Anmerkungen zu
Multatuli, *Max Havelaar of De koffiveilingen der Nederlandsche Handelmaatschappy*

1   *Radhen Adhippatti Karta Natta Negara.* De drie laatste woorden zyn de *naam*, de twee eersten drukken den *titel* uit. Het spreekt vanzelf dat de juiste vertaling van zoodanigen titel moeilyk is. Toch heeft het de oude Valentyn in z'n werken over Oost-Indie beproefd. Hy spreekt van 'hertogen' en 'graven'. Hierin ligt voor iemand die de Inlandsche Hoofden kent, iets zonderlings. Na de velerlei titels van meer of min schynbaar-onafhankelyke Vorsten is die van *Pangérang* de hoogste. Zoo'n *Pangérang* zou men met eenigen kans op juistheid, *Prins* kunnen noemen, omdat deze rang ontleend is aan verwantschap met een der regeerende huizen van *Solo* (Soerakarta) en *Djokja* (Djokjakarta), schoon hierop, naar ik meen, uitzonderingen bestaan, waarmee we nu niet te maken hebben. De naastvolgende titel is die van *Adhipatti,* of, voluit *Radhen Adhipatti. Radhen* alleen duidt 'n rang van lager orde aan, doch die nog vry hoog boven 't gemeen staat. Iets lager dan *Adhipatti* staan de *Tommongongs.*

De adel speelt in de javasche huishouding een groote rol. Het Gouvernement heeft zich 't recht aangematigd adelyke titels toetekennen, iets dat eigenlyk met het grondbegrip van onderscheiding *door geboorte* in stryd is. Ook in Europa evenwel zien wy 't zelfde verschynsel. Stipt genomen kan een regeering iemand toestaan zekeren titel te voeren, de voorrechten te genieten die aan zekeren stand verbonden zyn, maar geen macht ter-wereld kan bewerken dat iemand wiens voorouders onbekend waren, op-eenmaal de afstammeling wordt van een geslacht dat reeds eeuwen geleden in aanzien was. Wat Java aangaat, de gebeneficeerden berusten vry geduldig in 't hun toegeworpen voordeel. Men beweert echter dat er onder de minder gunstig bedeelden – en misschien ook onder de Bevolking, die voor echte stamregisters religieuzen eerbied heeft – plan bestaat om de diplomen welke de oude O.I. Kompagnie uitreikte, en die welke door de Buitenzorgsche Sekretarie verleend werden, by de eerste gelegenheid te herzien. Er zyn weinig of geen adelyke geslachten op Java – de regeerende vorsten van *Solo* en *Djokja* niet uitgezonderd – welker titels en officieele pozitie geen stof leveren zouden tot kontroverse en verzet. Dit wacht maar op 't breken van een der mazen van 't net waaronder de geheele javaansche huishouding gevangen ligt.

2   *Mechanismus van 't Bestuur.* Jonge lieden die den *Havelaar* voor 't eerst lezen in *deze* uitgaaf, kunnen zich geen denkbeeld maken, hoe volstrekt noodig in 1860 de schets was van de inrichting onzer heerschappy in Indie, die in de volgende bladzyden van den tekst gegeven wordt. En meer nog: op de hoofdplaatsen in Indie zelf was, kort geleden nog, 't mechanisme van ons Bestuur een gesloten boek. Van deze onkunde zou ik vreemdklinkende voorbeelden kunnen aanhalen. Tot juist begrip evenwel van de zeer kunstige – en toch eenvoudige! – wyze waarop 't machtig Insulinde door een zwakke natie onder de knie wordt gehouden, verwys ik naar m'n beide brochures over *Vryen arbeid.* De fout der Nederlanders is dat ze aan 't vreemde van onze verhoudingen daarginds zoo gewoon zyn geraakt, dat ze er niets byzonders meer in zien, en meenen dat alles van zelf zoo blyven zal.

Wat overigens de inrichting van het *Binnel. Bestuur* aangaat, mag ik niet onvermeld laten dat sedert eenige jaren de Residenten als Voorzitters van den Landraad vervangen zyn door z.g.n. *rechterlyke ambtenaren.* Deze splitsing van gezag – ook vooral noodlottig uit 'n politiek oogpunt draagt ruimschoots het hare by tot den ellendigen toestand waarin 't *Inlandsch Rechtswezen* op Java verkeert. Veiligheid van personen en goederen heeft sedert dien baarschen maatregel schrikbarend afgenomen. Het *Ketjoe*-wezen neemt by den dag in omvang toe. [...]

3   *Nederlandsch Indie.* Sommigen rekenen de eilandgroep die misschien eenmaal Nieuw-Holland aan de vaste kust van Indie verbond, mèt dit laatste tot *Australie.* Anderen spreken van *Polynesie* en *Melanesie.* Elders weer lezen wy van *Oceanie.* In al deze gevallen staat het aan ieders willekeur om de toepassing van zulke benamingen al dan niet uittestrekken tot *Gezelschaps* – en *Markiezen*-eilanden. Maar die verdeelingen zyn en blyven konventioneel. Van meer gewicht is de vraag of onze bezittingen in die streken *Nederlandsch* zyn? In politieken zin, ja. In *socialen* zin echter even weinig als in geografische beteekenis. Niets is minder *nederlandsch* dan de bodem, 't klimaat, de *fauna,* de *flora,* van al die eilanden. Niets is ook minder *nederlandsch* dan de geschiedenis der bewoners, dan hun traditien, hun godsdienst, hun begrippen, hun karakter, hun zeden en... hun belangen. Ook zonder de minste politieke nevengedachte stuitte my altyd een kwalifikatie die zulke onjuiste denkbeelden in 't leven roept, en daaraan heeft men de invoering te danken van 't woord Insulinde, waarmee de lezer nu wel eenigszins gemeenzamer wezen zal dan Droogstoppel bleek te zyn, toen hy die benaming voor 't eerst ontmoette in Sjaalmans pak. (bl. 26).

4   *Sawah's, gagah's, tipar's.* Rystvelden, onderscheiden naar ligging en wyze van bewerking, vooral met het oog op de mogelykheid om ze al of niet van water te voorzien.

5   *Padie.* Ryst in den bolster.

6   *Dessah.* Dorp. Elders: *negrie.* Ook: *kampong.*

7   *Kultuur-emolumenten.* Deze zyn, wat de europesche ambtenaren aangaat, afgeschaft. 't Spreekt vanzelf dat ik, die op de noodlottige werking van deze perspompmekaniek gewezen had, niet genoemd werd by de beraadslagingen over dat onderwerp. Of de maatregel overigens de bedoelde verlichting voor den Javaan ten-gevolge heeft, valt te betwyfelen, daar men verzuimd heeft de vaste inkomsten der europesche ambtenaren in de binnenlanden te verhoogen. Zy zyn en blyven *genoodzaakt* diensten en leveringen van den Javaan te vorderen, die nergens beschreven staan.

8   *Geheele distrikten uitgestorven van honger.* Waarschynlyk doelde ik hier op den hongersnood die 't Regentschap *Demak* en *Grobogan* ontvolkte. Na '60 evenwel – en thans vooral niet minder dan vroeger – zyn de berichten omtrent dergelyke kalamiteiten zoo menigvuldig, dat het de moeite niet loont daarvan geregelde opgave te doen. De bewering dat er op Java telkens hongersnood heerscht, is 'n *truism* geworden. Wat *Lebak* in 't byzonder aangaat, daar waren ze geregeld periodisch. Hierop zal ik terugkomen.

9   *Aloen-aloen. Kraton. Kotta Radja.* De *aloen-aloen* is 'n uitgestrekt voorplein voor de groep gebouwen, die de woning van 'n Regent uitmaken. Gewoonlyk staan er

op zoo'n plein twee statige *waringi*-boomen, uit welker ouderdom blykt dat zy niet op den *aloen-aloen* geplant zyn, maar dat de Regentswoning in hunne nabyheid, en waarschynlyk juist dáár om die nabyheid is opgericht.

Daar ik verzuimd heb op deze zelfde bladzyde een noot te plaatsen by 't woord *Kratoon - Kraton, Kratoen, Keratoe-an*, om 't even - wil ik die fout hier herstellen te meer omdat ze my aanleiding geeft tot het bespreken van zeker bedrog dat onlangs van officieele zyde weder jegens 't nederlandsche Volk gepleegd is, en nog altyd by sommigen z'n werking doet. Men heeft, om de atjinesche krygsbedryven in 'n chauvinistisch licht te stellen, den *Kraton* des Sultans van Atjin doen voorkomen als 'n *vesting* welker verovering zeker schitterend succes beteekende. Ik *gis* dat er te Atjin nooit 'n *Kraton* geweest is, en zelfs dat de Atjinezen dit *woord* nooit gehoord hadden, daar de *zaak* zeer speciaal 'n Javanismus is. Doch ook wanneer ik me hierin mocht bedriegen, een *vesting*, een 'militair punt' is zoo'n *Kraton* gewis niet. Het veroveren van een *Kraton* is 'n wapenfeit, nagenoeg gelykstaande met het innemen eener omheinde of desnoods ommuurde hollandsche buitenplaats. Als gewoonlyk hebben de Bestuursmannen in deze zaak 't Volk weer gepaaid met 'n klank!

Ik bespeur dan ook dat men van-lieverlede 't woord *Kraton* is gaan overzetten in *Kotta Radja*, 'n woord dat met wat goeden wil als de *Maleische* vertaling van 't *Javaansch* begrip: *Keratoean* kan worden opgevat, mits men niet met de woordenboeken 't woord *Kotta* overzette in *stad* -insulindische 'steden' zyn er niet - maar opvatte als: *woningsgroep* of iets dergelyks, al of niet op zekere wyze, *maar niet uit 'n oogpunt van versterkingskunst*, afgesloten. Dat dit afsluiten soms in oorlogstyd geschiedt, is waar, doch dit maakt *Kotta's* en *Kratons* evenmin tot vestingen als de Buitenplaats waarvan ik zoo-even sprak. Dat wy, Europeanen, soms aan 'n versterking in Indie den naam van *Kotta* geven, is by gebrek aan beter, doch verandert niets aan de waarheid dat het woord *kotta* geen *vesting* beteekent.

Er is dus geen vyandelyke *sterkte* genomen by 't 'betreden' - ik kies dit woord met opzet - by 't *betreden* van des Sultan's *Kraton* of, zooals 't nu heet, z'n *Kotta Radja*, d.i. z'n *vorstenverblyf*. Vandaar dan ook de zonderlinge manier waarop die 'verovering' plaats greep. Onze bevelvoerende generaal bevond zich binnen de 'versterking' *zonder het te weten*. Dat de heer Van Swieten dit in een zyner rapporten met den grootsten eenvoud getuigt, bewyst dat hy niet medeplichtig was aan 't opzet - en dat hy niet deelde in de ministerieele behoefte! - om de Natie zand in de oogen te strooien. Maar uit het gelukken van dat opzet blykt alweer voor de duizendste maal dat die Natie *niet lezen kan!* Want Van Swieten's oprecht en zedig rapport werd gepubliceerd, en toch... tòch moest het heeten dat er 'n *vesting* veroverd was!

10   *Mantrie*: Inlandsen beambte wiens betrekking nagenoeg door 't woord *Opziener* kan worden aangeduid.

11   Dit heeft het niet gedaan. My dunkt dat we, na vyftien jaar wachtens, myn tekst voor den juisten mogen houden.

12   och Specialiteit voor *indische zaken!* Toch Liberaal! Toch Lid van de Eerste-Kamer. Toch eere-voorzitter van *Mettray!* Toch 'bizonder geacht' in 't hoogzedelyk en godvruchtig Nederland! Telkens vraagt men my 'n 'program' van Regeeringsvorm, en sommigen meenen zekeren grond tot ontevredenheid te hebben, omdat ik, bittere

aanmerkingen makende, zoodanig program tot-nog-toe niet mededeelde. Eilieve, welk ander program is *in toestanden als de onze* mogelyk, dan de wenk dien ik gaf in de laatste bladzyden van '*Pruisen en Nederland?*' Wetten en bepalingen baten *niets*, zoo lang men de uitvoering daarvan en het toezicht daarover, opdraagt aan schelmen. Ook hier is de leer toepasselyk die er te halen valt uit het voorval op 'n audientie by den Keizer van Rusland, dat ik aan haalde in m'n eerste brochure over *Vryen-arbeid*, uitgaaf 1874, blz. 137.

13 Vgl. blzz. 263 en 264. Ook de noot op 't woord *amokh* op blz. 294. Moeten dan volstrekt de gruwelen van *Gawnpore* in ons lief Insulinde herhaald worden? En wat anders dan woest uitbersten zal ten-laatste den lang getrapten, – en daardoor gedemoraliseerden – Javaan overblyven? Op welke Buitenplaats zullen dan de Van Twisten zitten, zy die de schuld dragen aan 'n woede zooals voorspeld wordt in *Sentots* vloekzang?

14 *Ministers in bezigheid*. Daaronder waren er die hun verheffing te danken hadden aan de door *Havelaar* te-weeggebrachte 'rilling.' Kort na de verschyning van dat werk benoemde men een indischen rykworder tot Minister van Koloniën. *Hy* zou zorgen dat '*geschiedenissen als van Saïdjah voortaan tol de onmogelykheden behoor en zouden!*' Wat hy gedaan heeft om dien vromen wensch te bereiken weet ik niet. En dat weet niemand. In-plaats daarvan heeft hy de Natie met den liefelyken oorlog op den Sumatraschen noordhoek begiftigd.

15 Deze laatste beide volzinnen zyn later bygevoegd. Ik erken, in 1859 niet voorzien te hebben dat het hier bedoelde volkje my zou toejuichen. Toch had ik het kunnen weten, 't Ligt in den aard der zaak dat schelmen 't luidst meeschreeuwen als er 'houdt den dief' wordt geroepen.

16 Dat weerleggen is dan ook niet beproefd. Op één uitzondering na – die welke ik behandelde in Noot 151 – heeft men nooit *openlyk* eenig in den *Havelaar* vermeld feit in twyfel durven trekken.

17 Nu niet meer, kiezers, ik zou me waarlyk zeer misplaatst voelen in *uwe* Kamer, tegenover *uw* ministers! Ook daaromtrent beroep ik my op m'n werkjen over *Specialiteiten*.

18 Van Twist gaat by zyn medegrondbezitters – onverschillig van welke z.g.n. staatkundige kleur – nog altyd voor byzonder achtenswaardig door. Hy spreekt mee over Indische zaken, niet alleen alsof er niets op hem viel aantemerken, maar zelfs op den toon van 'n deskundige en bevoegde by uitnemendheid. En de Natie neemt er genoegen mee!

19 Nederlanders, *dit is geschied!* Tot schande van uw Regeering in Indie, werd die vuistslag in 't aangezicht uwer Marine gegeven, en de eer der uitvinding van deze laagheid komt weer den verheven Landvoogd toe, die geen tyd had om Havelaar te hooren.

20 Ziehier eindelyk den regel dien den titel van 't boek stempelt tot epigram, 't Is verdrietig schryven voor lezers die men *alles* moet uitleggen.

21 Op de beide vragen die 't boek besluiten, ontving ik nog altyd geen antwoord, waarschynlyk houdt de koning zich bezig met belangryker zaken dan rechtdoen en 't behouden van Insulinde voor Nederland. Ik zal Z.M. 'n exemplaar van deze nieuwe

uitgaaf aanbieden, en in afwachting van beter succes – evenals m'n vriend Chresos uit de *Minnebrieven*, doch altyd *onder protest* – vertellinkjes dichten voor 'n Publiek dat niet lezen kan. Immers, indien dit niet het geval was, zou de Natie hebben aangedrongen op recht in de Havelaarszaak.

Volgens de laatste berichten uit Indiën is Lebak een woesteny. Geheele dorpen zyn uitgestorven.

nieder-ingelheim,
Augustus, 1881.

Anmerkungen zu
Multatuli, *Max Havelaar oder die Kaffee-Versteigerungen der Niederländischen Handels-Gesellschaft*

1. „Pal", indisches Maß = 1 ½ Kilometer.
2. Im Roman heißt er Verbrügge, sein wirklicher Name war van Hemert.
3. Den sogenannten „Vorstenlanden" (Fürstenländern) Djokjokarta und Surakarta an der Südküste, wo noch ein „Sultan" und ein „javanischer Kaiser" existieren und mit indischer Pracht Hof halten.
4. Sawah sind Reisfelder in der Ebene, deren Bewässerung man zumeist dem Regen überläßt, Gagah sind solche auf hochgelegenen Ebenen, die einer Wasserzuleitung bedürfen, Tipar in Gebirgen und Waldungen, auf Rodungen u. dgl. – Padi (weiter untern) ist Reis, Dessah oder Kampong das Dorf.
5. Das sogenannte „Kultursystem", welches seit 1870 etwas eingeschränkt worden ist.
6. Java hat etwa fünfzig Vulkane, von denen über die Hälfte noch thätig sind. Die vulkanischen Produkte, die von den Gebirgen herabgespült werden, sowie der vulkanische Staub, den der Regen aus der Luft herausführt, bilden einen vorzüglichen natürlichen Dünger, mit hohem Phosphor-, Kali- und Kalkgehalt. Die insulare Lage bringt, sogar in der sogenannten trockenen Zeit, reichliche Feuchtigkeit über das Land. Strecken, die durch intensive Kaffeekulturen ausgesogen sind und brach liegen bleiben, bedecken sich infolge dieser Verhältnisse in wenigen Jahren wieder mit üppigem Walde.
7. Phantastische Gedanken dieser Art haben Desser noch späterhin vielfach beschäftigt. Zur Zeit des polnischen Aufstandes 1863 träumte er sich vielfach in die Rolle des Diktators Langiwicz hinein u.s.w. Es wäre natürlich ein aussichtsloses Beginnen gewesen.

7 Louis Couperus, *De stille kracht*

Abdruck nach: L. Couperus: *De stille kracht*. Utrecht/Antwerpen: Veen, 1989. S. 40–47, 136–141.

[Textausschnitt 1, S. 40–47]

De secretaris Onno Eldersma had het druk. De post bracht iederen dag aan het rezidentie-bureau, waaraan twee kommiezen, zes klerken waren verbonden, tal van djoeroe-toelis en magangs [klerken], gemiddeld een paar honderd brieven en stukken en de rezident mopperde dadelijk zoodra er achterstallig werk was. Hij werkte zelve stevig aan, hij verlangde van zijn ambtenaren het zelfde. Maar soms was het een stortvloed van stukken, requesten, aanvragen. Eldersma was het type van den in zijn geschrijf opgaanden bureau-ambtenaar, en Eldersma had het altijd druk. Hij werkte 's morgens, 's middags, 's avonds. Aan siësta deed hij niet. Hij rijsttafelde even om vier uur, en daarna rustte hij even uit. Gelukkig had hij een sterk gestel, frisch, Friesch, maar al zijn bloed, al zijn spieren, al zijn zenuwen waren hem noodig voor zijn werk. Het was niet wat schrijfwerk, wat paperassen-gedoe: het was handenarbeid van de pen, spierarbeid, zenuwarbeid, en altijd, altijd door. Hij brandde op, hij verteerde zichzelven, al schrijvende. Hij had geen andere ideeën meer, hij was niets meer dan ambtenaar, bureau-man. Hij had een lief huis, een allerliefste bizondere vrouw, een aardig kind, maar hij zag ze niet meer, al leefde hij, vaag, in zijn intérieur. Hij werkte maar, nauwgezet, afdoende wat hij kon. Soms zeide hij den rezident, dat het hem onmogelijk was meer te doen. Maar Van Oudijck, op dit punt, was onverbiddelijk, erbarmingloos. Hij was zelve gewestelijk secretaris geweest: hij wist wat het was. Het was werken, het was voortjakkeren als een karrepaard. Het was leven, eten, slapen, met de pen in de hand. Dan toonde Van Oudijck hem dat en dat werk, dat afgedaan moest worden. En Eldersma, die gezegd had, dat hij niet meer kon doen dan hij deed, deed het werk af, en deed dus altijd nog wat meer dan hij dacht te kunnen doen.

Dan zeide zijn vrouw, Eva: mijn man is geen mensch meer, mijn man is geen man meer: mijn man is ambtenaar. Het jonge vrouwtje, zeer Europeesch, vroeger nooit in Indië geweest, nu al een paar jaar te Laboewangi, had nooit geweten, dat men zóó kon werken als haar man deed, in een land zoo warm als Laboewangi was in de Oostmousson. Zij had er zich eerst tegen verzet, zij had eerst hare rechten op hem willen doen gelden, maar toen zij waarlijk zag, dat hij geen minuut te veel had, zag zij van hare rechten af. Zij had dadelijk ingezien, dat haar man niet met

Abdruck nach: L. Couperus: *Die stille Kraft*. Ins Deutsche übersetzt von Christel Captijn-Müller u. Heinz Schneeweiß. Berlin u. Weimar: Aufbau-Verlag, 1993. S. 43–47 u. 145–150.

[Textausschnitt 1, S. 43–47]

Der Sekretär Onno Eldersma hatte viel zu tun. Täglich brachte die Post dem Residentschaftsamt, das zwei Kanzlisten, sechs Unterkanzlisten und viele Djoeroetoelis und Magangs beschäftigte, durchschnittlich einige hundert Briefe und Schriftstücke, und sobald man mit der Arbeit im Rückstand war, brummte der Resident. Er selbst arbeitete angestrengt und verlangte von seinen Beamten dasselbe. Zuweilen war es eine wahre Sturzflut von Schriftstücken, Bittschriften und Gesuchen. Eldersma war ein typischer Bürobeamter, der ganz in seiner Schreibarbeit aufging, und Eldersma hatte stets viel zu tun. Er arbeitete morgens, mittags und abends. Eine Siesta gönnte er sich nicht. Nach einer flüchtigen Reistafel gegen vier Uhr ruhte er sich nur kurz aus. Zum Glück hatte er einen kräftigen Körper; er war ein gesunder Friese; aber all sein Blut, all seine Muskeln, all seine Nerven brauchte er für seine Arbeit. Es war nicht einfach nur Schreibarbeit, einfach nur Papierkram: es war Handarbeit mit der Schreibfeder, Muskelarbeit, Nervenarbeit, fortwährend, ohne Unterbrechung. Er verzehrte sich, brannte aus beim Schreiben. Es kamen ihm keine anderen Ideen mehr, er war nur noch Beamter, Büromensch. Er hatte ein angenehmes Zuhause, eine allerliebste, besondere Frau, ein nettes Kind, aber er sah sie nicht mehr, er lebte, vage, ganz in seinem Interieur. Er arbeitete nur, gewissenhaft, erledigte, soviel er konnte. Manchmal sagte er zum Residenten, er könne unmöglich noch mehr tun. Van Oudijck aber war in dieser Hinsicht unerbittlich, erbarmungslos. Er war selbst Residentschaftssekretär gewesen, er wußte, was das hieß. Es hieß arbeiten, sich wie ein Karrengaul abschuften. Es hieß leben, essen, schlafen, mit der Schreibfeder in der Hand. So zeigte ihm Van Oudijck denn diese und jene Arbeit, die erledigt werden mußte, und Eldersma, der gesagt hatte, er könne nicht noch mehr tun, als er schon tue, erledigte die Arbeit, tat also immer noch etwas mehr, als er glaubte, tun zu können.

Und so sagte seine Frau Eva: Mein Mann ist kein Mensch mehr, mein Mann ist kein Mann mehr, mein Mann ist Beamter. Diese junge, sehr europäische Frau, die vorher nie in Indien gewesen war und nun schon einige Jahre hier in Labuwangi lebte, hatte nie gedacht, daß man in einem Land, das so warm war wie Labuwangi während des Ostmonsuns, so arbeiten könnte, wie ihr Mann es tat. Anfangs hatte sie sich dagegen gewehrt, anfangs hatte sie ihm gegenüber ihre Rechte geltend machen wollen; als sie jedoch erkannte, daß er keine Minute übrig hatte, hatte sie auf ihre Rechte verzichtet. Schon bald hatte sie eingesehen, daß ihr Mann ihr

haar zoû meêleven, en zij niet met haar man, niet omdat hij geen goede man was, die veel van zijn vrouw hield, maar alleen omdat de post iederen dag tweehonderd brieven en stukken aanbracht. Zij had dadelijk gezien, dat zij in Laboewangi – waar niets was – haar troost moest vinden in haar huis, en later, in haar kind. Zij richtte haar huis in als een tempel van kunst en gezelligheid, en zij brak zich het hoofd over de opvoeding van haar kleinen jongen. Zij was een artistiek ontwikkelde vrouw, en zij kwam uit een artistiek milieu. Haar vader was Van Hove, onze beroemde landschapschilder; hare moeder was Stella Couberg, onze beroemde concertzangeres. Eva, opgevoed in een tehuis van kunst en muziek, en die ze geademd had van af klein kindje uit hare prenteboekjes, en in hare kinderliedjes – Eva had een Oost-Indisch ambtenaar getrouwd, en was hem gevolgd naar Laboewangi. Zij hield van haar man, een flinke Friesche kerel, en iemand, genoeg ontwikkeld om belang te stellen in veel. En zij was gegaan, gelukkig om haar liefde, en met groote illuzie over Indië, over al het oriëntalische der tropen. En zij had hare illuzie willen behouden, hoe men haar ook gewaarschuwd had. Reeds in Singapore had haar getroffen de bronzen beeldkleur der naakte Maleiërs en het bonte oriëntalisme der Chineesche en Arabische wijken; de Chrysanthème-poëzie der Japansche theehuizen, die zij voorbijreed... Maar spoedig al, in Batavia, was eene teleurstelling grijs neêrgezeefd over hare verwachtingen, om overal in Indië iets moois te zien, een sprookje, de Duizend-en-Een-Nacht. De zeden van het kleine, het gewone leven van iederen dag dempten al hare frissche lust tot bewonderen, en zij zag in eens al het belachelijke, nog vóor zij het mooie verder zien kon. In haar hôtel de heeren in nachtbroek en kabaai, uitgestrekt op de lange stoelen, de luie been en op de uitgeslagen latten, de voeten – hoewel zeer verzorgd – bloot, en de teenen rustig bewegende in een gemoedelijk spel van groote en kleine teen, zelfs terwijl zij voorbijging... De dames in sarong, kabaai – de eenige praktische morgendracht, die men vlug verwisselt, twee-, driemaal in den morgen, – maar wat zoo weinigen goed staat, en waarvan de rechte slooplijn van achteren vooral rechthoekig en leelijk is, hoe elegant en kostbaar men het ook draagt. De banaliteit der huizen met al hun kalk en hun teer en leelijke rissen bloempotten; het dorre verschroeide van de natuur, het viezige van den inlander... In het Europeesche leven al de kleine belachelijkheidjes: het sinjo-accent met de uitroepjes, de kleinsteedsche deftigheidjes der ambtenaren – de Raden van Indië alléén dragende een hoogen hoed... De streng afgemeten etiquettetjes: op een receptie vertrekt het eerst de hoogst geplaatste ambtenaar, en de anderen volgen na... En de kleine eigenaardigheidjes van tropische praktijk: de Devoe-kisten en blikken van petroleum gebruikt voor alles en nog wat: het hout

Leben nicht teilte, und sie nicht das ihres Mannes, nicht, weil er kein guter Mann war, der seine Frau nicht liebte, sondern nur, weil die Post täglich zweihundert Briefe und Schriftstücke brachte. Sie hatte auch bald eingesehen, daß sie in Labuwangi, wo nichts war, ihren Trost in ihrem Haus und später in ihrem Kind würde finden müssen. Sie machte aus ihrem Haus einen Tempel der Kunst und der Geselligkeit und zerbrach sich den Kopf über die Erziehung ihres kleinen Jungen. Sie war eine künstlerisch gebildete Frau und kam aus einem kunstfreundlichen Milieu. Ihr Vater war Van Hove, unser berühmter Landschaftsmaler, und ihre Mutter Stella Couberg, unsere berühmte Konzertsängerin. Eva war in einem von Kunst und Musik geprägten Zuhause aufgewachsen und hatte Kunst und Musik schon als kleines Kind aus ihren Bilderbüchern und mit ihren Kinderliedern eingeatmet – und diese Eva hatte einen ostindischen Beamten geheiratet und war mit ihm nach Labuwangi gegangen. Sie liebte ihren Mann, der ein stattlicher Friese war, einer, der genügend Bildung besaß, um vielerlei Interessen nachzugehen. Sie war ihm im Glück ihrer Liebe gefolgt, mit großen Illusionen über Indien, über all das Orientalische der Tropen. Sie hatte sich ihre Illusionen bewahren wollen, wie sehr man sie auch gewarnt hatte. In Singapur war sie noch hingerissen gewesen von der bronzenen Hautfarbe der nackten Malaien und vom bunten Orientalismus der Chinesen- und Araberviertel, von der Chrysanthemen-Poesie der japanischen Teehäuser, an denen sie vorbeifuhr ... Doch schon in Batavia hatte sich graue Enttäuschung in ihre Erwartungen gemischt, überall in Indien etwas Schönes zu entdecken, ein Märchen, Tausendundeine Nacht. Die Sitten des gewöhnlichen, des alltäglichen kleinen Lebens dämpften ihre noch ganz frische Lust, zu bewundern, und auf einmal sah sie all das Lächerliche, noch bevor sie tiefer in das Schöne einzudringen vermochte. Die Herren in ihrem Hotel in Pyjamahosen und Kabaja, ausgestreckt auf den Liegestühlen, die Beine faul auf dem Lattengestell, die Füße – wenngleich sehr gepflegt – bloß und die Zehen gelassen und gemütlich bewegt im Spiel der großen und kleinen Zehen, sogar wenn sie vorbeiging ... Die Damen im Sarong, in der Kabaja – der einzigen praktischen Morgenkleidung, die man zwei- oder dreimal am Vormittag rasch wechseln kann, die jedoch nur wenigen gut steht und deren gerade Kante vor allem von hinten eckig und häßlich aussieht, wie elegant und kostbar man sie auch tragen mag. Die Banalität der Häuser mit all ihrem Kalk und Teer und den häßlichen aufgereihten Blumentöpfen; die versengte Dürre der Natur, die Schmutzigkeit der Einheimischen ... Im europäischen Lebenskreis die zahllosen kleinen Lächerlichkeiten: der Sinjo-Akzent mit den kurzen Ausrufen, die kleinstädtische Vornehmheit der Beamten – nur die Räte von Indien trugen einen Zylinder ... Die streng geregelte Etikette: einen Empfang verläßt zuerst der ranghöchste Beamte, die anderen folgen ... Die kleinen Eigenarten des tropischen Alltags: die Devoe-Kisten und Petroleum-

voor ramen van winkels, voor vuilnisbakken en eigengemaakte meubeltjes; de blikken voor dakgoten en gieters en allerlei huiselijk instrument... Het jonge, zeer ontwikkelde vrouwtje, met hare illuzies van den Duizend-en-Een-Nacht, bij die eerste indrukken niet onderscheidende het kolonialistische, – de praktijk van den Europeaan, die zich inburgert in een land, vijandig aan zijn bloed – van het waarlijk poëtische, echt Indische, zuiver Oostersche, louter Javaansche – het jonge vrouwtje had om al die belachelijkheidjes, en om meerdere nog, dadelijk gevoeld hare teleurstelling, als een ieder, artistiek aangelegd, ze voelt in het koloniale Indië, dat in het geheel niet artistiek en poëtisch is, en waar men om de rozen in witte potten, nauwgezet, zooveel paardevijgen maar mogelijk stapelt als mest, zoodat bij een bries de rozengeur zich vermengt met een frisch besproeiden meststank. En zij was onrechtvaardig geworden – als een ieder – echt Hollandsch, echt baar – het wordt voor het mooie land, dat hij zien wil volgens zijn voorbedachte vizie van litteratuur, en dat hem het eerst treft in zijn belachelijke kantjes van kolonialisme. En zij vergat, dat het land zelve, het oorspronkelijk zoo heel mooie land geen schuld had aan die belachelijkheid.

Zij had een paar jaren doorgemaakt, en zij had zich verwonderd, was nu eens geschrikt, dan weêr geschokt, had nu eens gelachen, zich dan weer geërgerd, en had zich eindelijk, met de redelijkheid van hare natuur, – en practische weêrzijde van hare kunstziel, – gewend. Zij had zich gewend aan het spel der teenen, aan de mest om de rozen; zij had zich gewend aan haar man, die geen mensch en geen man meer was, maar ambtenaar. Zij had veel geleden, zij had wanhopige brieven geschreven, zij had van heimwee gesmacht naar het huis harer ouders, zij was op het punt geweest plotseling te vertrekken – maar zij had het niet gedaan, om haar man niet in eenzaamheid achter te laten, en zij had zich gewend, en zij had zich geschikt. Zij had behalve de ziel van een artist – haar pianospel was buitengewoon – het hart van een dapper vrouwtje. Zij was haar man lief blijven hebben en zij wist, dat zij hem toch een gezellig huis gaf. Zij dacht heel ernstig over de opvoeding van haar kind. En toen zij zich had gewend, werd zij rechtvaardiger en zag zij eensklaps veel van het mooie van Indië, waardeerde zij de statieuze gratie van een klapperboom, de exquize paradijssmaak van Indische vruchten, de pracht der bloeiende boomen, en had zij, in de binnenlanden, gezien den grootschen adeldom van die natuur, de harmonieën der berggolvingen, de sprokewouden van reuzevarens, de dreigende ravijnen der kraters, de spiegeltrapterrassen der liquide sawah's, met het teedere groen der jonge paddi, en, als een openbaring van artistieke vizie was haar geweest het karakter van den Javaan: zijne sierlijkheid, zijn gratie, zijn groet en zijn dans, zijn voorname aristocratie,

kanister, die für alles mögliche verwendet werden: das Holz für die Fensterrahmen der Geschäfte, für Abfallkisten und selbstgebaute kleine Möbel; die Blechkanister für Dachrinnen und Gießkannen und allerlei Haushaltsgeräte ... Die junge, sehr gebildete Frau mit ihren Illusionen aus Tausendundeiner Nacht, die bei ihren ersten Eindrücken das Kolonialistische – die Praxis des Europäers, der sich in einem seinem Blut feindlichen Land einbürgert – nicht von dem wahrhaft Poetischen, echt Indischen, rein Östlichen, unverfälscht Javanischen unterschied – diese kleine junge Frau verspürte wegen all dieser und noch anderer Lächerlichkeiten sogleich Enttäuschung, wie jeder künstlerisch veranlagte Mensch sie im kolonialen Indien verspürt, das ganz und gar nicht künstlerisch und poetisch ist, wo man um die Rosen in weißen Töpfen sorgfältig soviel Pferdeäpfel wie möglich als Mist aufhäuft, so daß sich bei einer Brise der Rosenduft mit dem Geruch frisch bewässerten Mistes vermischt. Sie war ungerecht geworden, wie es jeder – echt holländisch, ein Baar – gegenüber diesem schönen Land wird, das er nach seiner aus Büchern gewonnenen Vorstellung sehen will und das ihm zuerst von der lächerlichen Seite des Kolonialismus auffällt. Sie vergaß, daß das Land selbst, das ursprünglich so schöne Land, nicht schuld war an jener Lächerlichkeit.

Sie hatte hier einige Jahre verbracht, und sie hatte sich gewundert, war bald erschrocken, dann wieder schockiert gewesen, hatte bald gelacht, sich dann wieder geärgert, und hatte sich schließlich, mit der Vernünftigkeit ihrer Natur – der praktischen Gegenseite ihrer künstlerischen Seele – an alles gewöhnt. Sie hatte sich an das Spiel der Zehen, an den Mist um die Rosen gewöhnt; sie hatte sich an ihren Mann gewöhnt, der kein Mensch und kein Mann mehr war, sondern Beamter. Sie hatte viel gelitten, sie hatte verzweifelte Briefe geschrieben, sie hatte sich vor Heimweh nach ihrem Elternhaus gesehnt; fast wäre sie plötzlich fortgegangen und hatte es doch nicht getan, weil sie ihren Mann nicht einsam zurücklassen wollte; sie hatte sich an alles gewöhnt und sich gefügt. Sie besaß neben der Seele einer Künstlerin – ihr Klavierspiel war außergewöhnlich – das Herz einer tapferen kleinen Frau. Sie hatte ihren Mann weiterhin lieb, und sie wußte, daß sie ihm trotz allem ein gemütliches Heim schenkte. Sie dachte ernsthaft über die Erziehung ihres Kindes nach. Und als sie sich eingewöhnt hatte, wurde sie gerechter, sah sie auf einmal vieles von der Schönheit Indiens, schätzte sie die würdevolle Anmut einer Kokospalme, den köstlichen, paradiesischen Geschmack indischer Früchte, die Pracht der blühenden Bäume, nahm sie im Landesinnern den erhabenen Adel der Natur wahr, die Harmonie der gewellten Berge, die Märchenwälder von Riesenfarnen, die drohenden Schluchten der Krater, die spiegelnden Stufenterrassen der bewässerten Sawahs mit dem zarten Grün des jungen Padi, und wie in einer künstlerischen Vision offenbarte sich ihr der Charakter des Javaners: seine Zierlichkeit, seine Anmut, sein Gruß und sein Tanz, seine aristokratische Vornehmheit,

zoo duidelijk dikwijls afstammeling van edel geslacht, van een oer-ouden adel, en zich moderniseerend tot diplomatische lenigheid, van nature aanbiddend het gezag, en noodlottig gerezigneerd onder het juk van die heerschers, wier gouden galonnen zijn ingeboren eerbied verwekken.

Om zich had Eva altijd gezien, in haar vaders huis, de eeredienst van het artistieke en van het schoone, zelfs tot decadentie toe; rondom haar had men haar altijd gewezen, in een omgeving van louter mooie dingen, in mooie woorden, in muziek, op de gratie-lijn van het leven, en misschien te uitsluitend op die gratie-lijn alleen. En nu was zij te veel getraind in deze school der schoonheid om te blijven in hare teleurstelling en alleen te zien de kalk en het teer der huizen, de kleine aanstellerijen der ambtenaren, de Devoe-kisten en de paardenvijgen. Haar litteraire geest zag nu het paleis-achtige van die huizen, het typische van dien ambtenaars-hoogmoed, die bijna niet anders zoû kunnen zijn, en al die détails zag zij nauwkeuriger, in geheel die Indische wereld zag zij ruimer, tot het haar openbaring bij openbaring werd. Alleen bleef zij voelen iets vreemds, iets, dat zij niet kon analyzeeren, iets van mysterie, en donker geheim, dat zij voelde aandonzen in de nachten... Maar zij dacht, dat was niet meer dan stemming van duister en heel dicht loof, dat was als heel stille muziek van heel vreemde snaarinstrumenten, een mineur harpgeruisch in de verte, een vage stem van waarschuwing... Een geruisch in den nacht, meer niet, en waarover zij poëtizeerde.

[Textausschnitt 2, S. 136–141]

Eva Eldersma was in een stemming van lusteloosheid en spleen als zij nog nooit in Indië had ondervonden. Na al haar arbeid, drukte, succes van den Fancy-fair – na de huiverende angsten voor opstand – sluimerde het plaatsje gemoedelijk weêr in, als was het weltevreden weer te kunnen dommelen als altijd. Het was December geworden en de zware regens waren begonnen, als altijd, den vijfden December: de regenmoesson, onveranderlijk, trad in op St. Nicolaas. De wolken, die, een maand lang, zich al zwellende en zwellende hadden opgetast aan de laagte der kimmen, gordijnden hare watervolle zeilen hooger tegen de uitspansels aan, en scheurden open als met éene razernij van vèr uitlichtende electriciteiten, plasten kletsstralende neêr als daar niet meer omhoog op te houden rijkdommen van regen, nu de te volle zeilen scheurden en al de waterweelde gietstroomde als uit éen scheur neer. Des avonds was Eva's voorgalerij overvlogen door een dollen zwerm van insecten, die zich, vuurdronken, ten ondergang stortten in de lampen, als in een apotheoze van vlammendood, en met haar wiekbewegende,

war er doch oft unverkennbar ein Abkömmling eines edlen Geschlechts, von uraltem Adel, der in Anpassung an die moderne Zeit diplomatische Geschmeidigkeit erlangt hatte, der von Natur aus die Autorität anbetete und schicksalsergeben resignierte unter dem Joch jener Herrschenden, deren Goldtressen seine angeborene Ehrerbietung weckten.

In ihrem Vaterhaus hatte Eva um sich herum stets die Verehrung der Kunst und des Schönen, bis hin zur Dekadenz, wahrgenommen; sie war in einer Umgebung von lauter schönen Dingen, mit schönen Worten, mit Musik, ständig auf die anmutige Seite des Lebens hingewiesen worden, und vielleicht zu ausschließlich auf diese anmutige Seite allein. Jetzt war sie von dieser Schule der Schönheit zu sehr geprägt, um in ihrer Enttäuschung auszuharren und allein den Kalk und den Teer der Häuser zu sehen, die kleinen Affektiertheiten der Beamten, die Devoe-Kisten und die Pferdeäpfel. Ihr literarischer Geist sah nun, was sich an jenen Häusern mit einem Palast vergleichen ließ, sah nun das Typische an jenem Beamtenhochmut, der sich kaum ändern ließ, und sie sah all diese Details genauer, sah die ganze indische Welt umfassender, bis sie ihr zu einer Offenbarung nach der anderen wurde. Aber sie spürte weiterhin etwas Seltsames, etwas, was sie nicht analysieren konnte, etwas Mysteriöses und dunkel Geheimnisvolles, das sie in den Nächten sacht nahen fühlte ... Doch sie dachte, es sei nichts weiter als eine Stimmung aus Düsternis und dichtem Laub, es kam ihr vor wie sehr leise Musik sehr fremdartiger Saiteninstrumente, ein ferner Harfenklang in Moll, eine leise Stimme der Warnung ... Ein Geräusch in der Nacht, mehr nicht, das in ihr poetische Empfindungen weckte.

[Textausschnitt 2, S. 145–150]

Eva Eldersma befand sich in einer Stimmung von Lustlosigkeit und Schwermut, wie sie sie in Indien noch nie empfunden hatte. Nach all der Arbeit, dem Trubel, dem Erfolg des Fancy-fair – nach der schauderhaften Angst vor einem Aufstand – schlummerte der kleine Ort wieder gemütlich ein, als wäre er ganz und gar zufrieden, wie gewohnt vor sich hin träumen zu können. Es war Dezember geworden, und die heftigen Regenfälle hatten wie immer am fünften Dezember begonnen: unveränderlich setzte der Regenmonsun genau zu Sankt Nikolaus ein. Die Wolken, die sich schon seit einem Monat, mehr und mehr anschwellend, tief am Horizont aufgetürmt hatten, zogen ihre wassergefüllten Segel, Vorhängen gleich, höher gegen das Himmelsgewölbe auf und zerplatzten wie in einer Raserei von weithin aufleuchtenden Blitzen; nicht mehr aufzuhaltende Sturzregen prasselten nun, da die vollen Segel zerrissen und die ganze Wasserfülle sich wie aus einem einzigen Riß ergoß, klatschend herab. Am Abend überfiel ein Schwarm toll gewordener Insekten Evas Vordergalerie; sie stürzten sich feuertrunken, wie in einer Apotheose

stervende lichamen de lampenglazen vulden en bestrooiden de marmeren tafels. Een koelere lucht ademde Eva in, maar een waasmist van vocht, uit aarde en bladeren, sloeg aan op de muren, scheen te zweeten uit meubels, te tanen op spiegels, te vochtvlakken op zijde, te schimmelen op schoenen, of de neêrrazende stroomenkracht der natuur al het kleine en fijn-glinsterende en bevallige van menschenwerk zoû bederven. Maar boomen en loover en gras leefden op, leefden uit, woekerden welig omhoog, in duizende tintelingen van nieuw groen en in de oplevende zege van de groene natuur was de neêrduikende menschenstad van open villa-huizen nat en paddestoelvochtig, verweerde tot schimmelgroen al de blankheid der gekalkte pilaren en bloemepotten.

Eva zag aan de langzame, geleidelijke ruïne van haar huis, hare meubels, hare kleêren. Dag aan dag, onverbiddelijk, bedierf er iets, rotte wat weg, beschimmelde, verroestte er iets. En geheel de esthetische filozofie, waarmede zij eerst zich geleerd had van Indië te houden, te waardeeren het goede in Indië, te zoeken ook in Indië naar de mooie lijn, uiterlijk, en naar het inwendige mooi, van ziel, was niet meer bestand tegen het stroomen van het water, tegen het uit-een kraken van haar meubels, tegen het vlakkig worden van haar japonnen en handschoenen, tegen al de vocht, schimmel en roest, die haar bedierf hare exquize omgeving, die zij om zich heen als troost had ontworpen, geschapen, als troost voor Indië. Al het beredeneerde, verstandelijke van zich te schikken, van tòch iets liefs en moois te vinden in het land van al te overmachtige natuur en geld- en pozitie-zoekende menschen, verongelukte, stortte in, nu zij elk oogenblik gedwongen werd kribbig te zijn, als huisvrouw, als elegante vrouw, als artistieke vrouw. Neen, onmogelijk was het in Indië zich te omringen met smaak en exquiziteit. Zij was hier nog slechts een paar jaar, en zij voelde nog wel wat kracht te strijden voor hare Westersche beschaving, maar toch begreep zij al beter dan de eerste dagen van hare aankomst het zich-maar-laten-gaan, van de mannen na hun drukke werk, van de vrouwen in hare huishouding. Zeker, de geluideloos loopende bedienden, werkende met zachte hand, gewillig, nooit brutaal, zij trok ze voor boven de luidruchtig stampende meiden in Holland, maar toch voelde zij in geheel haar huis een Oosterschen tegenstand tegen hare Westersche ideeën. Het was altijd een strijd, om niet onder te gaan in het-maar-laten-gaan, in het maar laten verwilderen van het te groote erf, achter onvermijdelijk behangen met groezelig waschgoed der bedienden, en bestrooid met afgeknabbelde manga's; in het maar laten vervuilen en ontverven van haar huis, te groot, te open, te bloot aan

des Flammentods, in ihren Untergang in den Lampen und füllten mit ihren flügelschlagenden sterbenden Körpern die Lampenzylinder und bedeckten die Marmortische. Wohl atmete Eva kühlere Luft ein, aber ein feuchter Dunsthauch aus Erde und Blättern schlug sich an den Wänden nieder, trat wie Schweiß aus den Möbeln, trübte die Spiegel, bildete Stockflecken auf der Seide, ließ die Schuhe schimmeln, als ob die herniederrasende Wasserkraft der Natur all das Kleine und fein Glitzernde und Anmutige, das menschliche Arbeit geschaffen hatte, verderben wollte. Doch die Bäume und die Blätter und das Gras lebten auf, lebten sich aus, wucherten in tausendfaltigen Schattierungen von frischem Grün üppig empor, und im auflebenden Sieg der grünen Natur wurde die sich niederduckende Menschenstadt aus offenen Villenhäusern naß und pilzfeucht, verwitterte all das Weiß der getünchten Säulen und Blumentöpfe zu schimmeligem Grün.

Eva beobachtete den langsamen, allmählichen Verfall ihres Hauses, ihrer Möbel, ihrer Kleider. Tag für Tag, unerbittlich, verdarb etwas, verfaulte, verschimmelte, verrostete etwas. Und die ganze ästhetische Philosophie, mit deren Hilfe sie sich dazu gebracht hatte, Indien zu lieben, das Gute an Indien zu schätzen, auch in Indien die schöne äußere Linie zu suchen und die innere Schönheit, die der Seele, war dem Strömen des Wassers, dem Auseinanderbrechen ihrer Möbel, dem Fleckigwerden ihrer Kleider und Handschuhe, all der Feuchtigkeit, dem Schimmel und dem Rost nicht mehr gewachsen, die ihre so erlesene Umgebung vernichteten, die sie um sich herum als Trost entworfen, geschaffen hatte, als Trost für Indien. Jetzt, wo sie jeden Augenblick Grund hatte, gereizt zu sein, als Hausfrau, als elegante Frau, als kunstverständige Frau, brach jede verstandesmäßige Motivation, sich zu fügen, trotz allem etwas Liebenswertes und Schönes zu finden in diesem Land der übermächtigen Natur und der nach Geld und einer Position suchenden Menschen, in sich zusammen. Nein, es war unmöglich, sich in Indien mit Geschmack und Erlesenheit zu umgeben. Sie war erst ein paar Jahre hier, und noch spürte sie einen Rest Kraft in sich, für ihre abendländische Kultur zu kämpfen, aber sie begriff nun schon besser als in den ersten Tagen nach ihrer Ankunft, weshalb sich die Männer nach ihrer schweren Arbeit, die Frauen in ihrem Haushalt einfach gehenließen. Gewiß zog sie die sich lautlos bewegenden Diener, die mit sanfter Hand arbeiteten, fügsam waren und niemals frech, den geräuschvoll trampelnden Dienstmädchen in Holland vor; dennoch spürte sie in ihrem ganzen Haus einen Widerstand des Fern-Östlichen gegen ihre abendländischen Ideen. Es bedeutete einen ständigen Kampf, nicht unterzugehen im Sichgehenlassen, das große Grundstück nicht einfach verwildern zu lassen, dessen hinterer Teil unvermeidlich mit der schmuddeligen Wäsche der Diener vollgehängt und mit abgeknabberten Mangokernen bestreut war; ihr Haus nicht verschmutzen und unansehnlich werden zu lassen, jenes Haus, das zu groß, zu offen, zu sehr dem Einfluß

weêr en wind om met Hollandsche zindelijkheid te worden verzorgd; in het maar blijven schommelen ongekleed, in sarong en kabaai, de bloote voeten in muiltjes, omdat het heusch te warm, te zwoel was zich te kleeden in een japon of peignoir, die men doortranspireerde. Voor haar was het, dat aan tafel 's avonds haar man steeds gekleed was, zwart jasje en hoogen boord, maar als zij zag zijne vermoeide trekken, waaruit al meer en meer de strakke oververmoeide bureau-trek staarde, boven dien hoogen boord, maande zij hem zelve een volgenden keer aan zich maar niet te kleeden na zijn tweede bad, en duldde zij hem aan tafel in een wit jasje, of zelfs in nachtbroek en kabaai. Zij vond dat iets vreeslijks, iets onzegbaar verschrikkelijks, het schokte geheel hare beschaving, maar heusch, hij was te moê, en het was te drukkend zwoel om anders van hem te vergen. En zij – pas twee jaren in Indië – begreep meer en meer het zich laten gaan – in kleeding, in lichaam, in ziel – nu zij iederen dag iets meer verloor van haar Hollandsche frissche bloed en haar Westersche energie, nu zij wel toegaf, dat men in Indië werkte als misschien in geen ander land, maar alleen werkte, met dat doel voor oogen: pozitie – geld – ontslag – pensioen – en terug, terug naar Europa. Wel waren er anderen, geboren in Indië, nauwlijks één enkel jaar eens uit Indië weg geweest, die niets van Holland wilden hooren, die aanbaden hun land van zon. Zoo wist zij, waren de de Luce's, en zoo – wist zij – waren er anderen. Maar in haar kring van ambtenaren en planters was het bij iedereen het zelfde levensdoel – pozitie – geld – en dan weg, weg naar Europa. Iedereen rekende uit de jaren, die hij nog zoû werken moeten. Iedereen zag in de toekomst de illuzie van de Europeesche rust. Een enkele, als Van Oudijck – een ènkele ambtenaar, die misschien zijn werk liefhad òm zijn werk, en omdat het harmonieerde met zijn karakter – vreesde den toekomstigen pensioen-tijd, die dom vegeteeren zoû zijn. Maar Van Oudijck was een uitzondering. De meesten dienden en plantten, voor een latere rust. Haar man immers ook, beulde zich af, om als hij assistent-rezident was geworden, over enkele jaren zijn pensioen te nemen; beulde zich af voor zijne illuzie van rust. Nu, zij voelde haar energie haar ontzinken, met iederen druppel bloed, dien zij voelde trager door haar matte aderen vloeien. En in deze eerste dagen van de natte moesson, nu de gooten van het huis onophoudelijk waterden de dik klaterende stralen, die haar irriteerden met hun gekletter, nu zij zag bederven in vocht en schimmel, al dat materieele, dat zij met smaak om zich heen koos, als hare artistieke troost in Indië, nu kwam zij in eene ontstemming van lusteloosheid en spleen als zij nog nimmer had doorgemaakt. Zij had niet genoeg aan haar kindje, te klein nog om iets van ziel voor haar te zijn. Haar man werkte,

von Wind und Wetter ausgesetzt war, um es mit holländischer Reinlichkeit zu pflegen; sich nicht nachlässig zu kleiden beim Schaukeln, in Sarong und Kabaja, die bloßen Füße in winzigen Pantoffeln, weil es einfach zu warm, zu schwül war, um ein Kleid oder einen Morgenrock anzuziehen, die man durchschwitzte. Ihretwegen trug ihr Mann abends bei Tisch stets die schwarze Jacke und den Stehkragen; aber als sie sein müdes Gesicht bemerkte, das über dem Stehkragen immer öfter den starren Ausdruck der Übermüdung durch die Büroarbeit zeigte, ermahnte sie ihn selbst, er solle sich das nächstemal nach dem zweiten Bad nicht wieder ankleiden, duldete sie ihn bei Tisch in einer weißen Jacke oder sogar in Pyjamahose und Kabaja. Sie fand es zwar schrecklich, unsagbar gräßlich, es schockierte sie in all ihrer Kultiviertheit, aber ach, er war zu müde und es war zu drückend schwül, um es anders von ihm zu verlangen. Und obwohl sie erst zwei Jahre hier in Indien war, verstand sie nun dieses Sichgehenlassen, was die Kleidung, den Körper, die Seele betraf, immer besser; nun, da sie jeden Tag mehr verlor von ihrem holländischen frischen Blut und von ihrer abendländischen Energie; nun, da sie zugab, daß man in diesem Indien arbeitete wie vielleicht in keinem anderen Land, jedoch nur mit einem einzigen Ziel vor Augen: Position – Geld – Entlassung – Pension – und zurück, zurück nach Europa. Wohl gab es auch andere, die in Indien geboren waren, die kaum ein Jahr aus Indien fort gewesen waren, die von Holland nichts wissen wollten, die ihr Land der Sonne anbeteten. So, wußte sie, waren die de Luce, und so – wußte sie – waren auch andere. Doch in ihrem Kreis von Beamten und Pflanzern hatte jeder das gleiche Lebensziel: Position – Geld – und dann fort, fort nach Europa. Jeder zählte die Jahre, die er noch würde arbeiten müssen. Jeder sah in der Zukunft die Illusion der europäischen Ruhe. Einzelne nur, wie Van Oudijck – ein einzelner Beamter, der vielleicht seine Arbeit um ihrer selbst willen liebte und weil sie seinem Charakter entsprach –, fürchteten die auf sie zukommende Pensionszeit, die ein dumpfes Dahinvegetieren sein würde. Aber Van Oudijck war eine Ausnahme. Die meisten versahen ihren Dienst oder pflanzten für den späteren Ruhestand. Ihr Mann tat es ja auch; er schuftete, um sich, wenn er Assistent-Resident geworden war, einige Jahre später pensionieren zu lassen; er schuftete für seine Illusion der Ruhe. Jetzt fühlte sie mit jedem Tropfen Blut, der träger durch ihre matten Adern floß, ihre Energie schwinden. Und in diesen ersten Tagen des nassen Monsuns – nun, da die Dachrinnen am Haus unaufhörlich in dick hervorsprudelnden Strahlen, deren klatschendes Geräusch sie irritierte, Wasser abführten, da sie all das Materielle, das sie mit Geschmack um sich sammelte, als ihren künstlerischen Trost in Indien, verderben sah in Feuchtigkeit und Schimmel – befiel sie eine Verstimmung, Lustlosigkeit und Schwermut, wie sie sie noch nie erlebt hatte. Ihr Kind war ihr nicht genug, war noch zu klein, um ihre Seele zu stärken. Ihr Mann arbeitete, arbeitete fortwährend. Er war für sie

werkte altijd. Hij was voor haar een goede, lieve man, een brave man, een man van grooten eenvoud, dien zij misschien alleen om dien eenvoud genomen had, om die kalme rust van zijn glimlachend Friesche blonde gezicht en de stoerheid van zijne breede schouders, na een paar opgewonden jonge romans van dwepen en misverstand en woordenwisselingen van hoog-zielevoelen, romans uit haar jonge-meisjestijd. In deze eenvoudigen man had zij, die *niet* rustig en eenvoudig was, den eenvoud en rust van haar leven gezocht. Maar zijne kwaliteiten voldeden haar niet. Vooral, nu, langer in Indië, en verslagen wordende in den strijd met het land, dat hare natuur niet sympathisch was, voldeed zijn rustige liefde van echtgenoot haar niet.

Zij begon zich ongelukkig te voelen. Zij was te veelzijdig vrouw om geheel haar geluk te kunnen vinden in haar kleine jongentje. Het vulde wel, met zijne kleine zorgjes voor nu, en met de gedachten aan zijne toekomst, een deel van haar leven. Zij had zelfs uitbedacht een geheele theorie van opvoeding. Maar het vulde niet haar leven geheel. En een heimwee naar Holland omving haar, een heimwee naar hare ouders, een heimwee naar het mooie kunsthuis, waar men altijd ontmoette schilders, schrijvers, toonkunstenaars – uitzondering van artistieke salon in Holland, waar een oogenblik te samen kwamen de anders altijd in Holland geïzoleerde kunstelementen.

Als een vage verre droom trok het vizioen haar voorbij, terwijl zij hoorde naar de aankondigende donderingen der barstens-zwoele lucht, terwijl zij uitkeek naar den watervloed, die daarna neêrgoot. Hier had zij niets. Hier voelde zij zich misplaatst. Hier had zij in haar clubje van getrouwen, die zich om haar verzamelden, omdat zij vroolijk was, niets van diepere sympathie, van inniger conversatie – dan alleen met Van Helderen. En met hem wilde zij voorzichtig zijn, om hem geene illuzie's te geven.

Alleen Van Helderen. En zij dacht aan alle de andere menschen om haar heen in Laboewangi. Zij dacht aan menschen, menschen van overal. En, pessimistisch, in deze dagen, vond zij in allen het egoïste, het eigen-ikkerige, en het minder beminnelijke, het opgesloten in zichzelven; zij kon het zich nauwlijks uitdrukken, afgeleid door de forsche watermacht van den regen. Maar zij vond in ieder bewuste en onbewuste dingen van onbeminnelijkheid. Ook in hare getrouwen. Ook in haar man. In mannen, jonge vrouwen, jonge meisjes, jongelui om haar heen. Ieder was zijn eigen ik. In niemand was het harmonisch voor zich en voor een ander. In die vond zij dit niet goed, in die dat hatelijk; die en die veroordeelde zij geheel. Het was een kritiek, die haar troosteloos en weemoedig maakte, want ze was tegen haar natuur in: zij had gaarne lief. Ze leefde gaarne samen, spon-

ein lieber guter Mann, ein rechtschaffener Mann, ein Mann von großer Einfachheit, den sie vielleicht nur wegen dieser Einfachheit, wegen der gelassenen Ruhe seines lächelnden, blonden, friesischen Gesichts und der Stämmigkeit seiner breiten Schultern genommen hatte, nach einigen aufregenden jungen Romanzen mit Schwärmereien und Mißverständnissen und höchst seelenvollen Gesprächen, Romanzen in ihrer Jungmädchenzeit. In diesem einfachen Mann hatte sie, die *nicht* ruhig und einfach war, die Einfachheit und Ruhe ihres Lebens gesucht. Doch seine Qualitäten genügten ihr nicht. Vor allem jetzt, da sie schon länger in Indien war und in dem Kampf mit dem Land, das ihrer Natur nicht sympathisch war, zu unterliegen drohte, genügte ihr seine ruhige Liebe als Ehemann nicht.

Sie begann sich unglücklich zu fühlen. Sie war eine zu vielseitig begabte Frau, um ihr ganzes Glück in ihrem kleinen Jungen finden zu können. Seine augenblicklichen kleinen Sorgen und ihre Gedanken an seine Zukunft füllten wohl einen Teil ihres Lebens aus. Sie hatte sich sogar eine regelrechte Theorie der Erziehung ausgedacht. Doch das füllte ihr Leben nicht gänzlich aus. Heimweh nach Holland befiel sie, Heimweh nach ihren Eltern, nach dem schönen Haus voller Kunst, wo man jederzeit Maler, Schriftsteller, Tonkünstler traf – die Ausnahme des künstlerischen Salons in Holland, wo sich die ansonsten in diesem Land ständig isolierten Vertreter der Kunst für einen Augenblick trafen.

Wie ein vager, ferner Traum zog die Vision an ihr vorüber, während sie auf die drohenden Donnerschläge aus der zum Bersten schwülen Luft lauschte, während sie in die Wasserflut hinaussah, die anschließend herniederrauschte. Hier besaß sie nichts. Hier fühlte sie sich am falschen Platz. Hier fand sie in ihrem kleinen Klub der Getreuen, die sich allein deshalb um sie versammelten, weil sie fröhlich war, keine tiefere Sympathie, keine intimere Konversation – nur Van Helderen war eine Ausnahme. Und bei ihm wollte sie vorsichtig sein, damit er sich keine Illusionen machte.

Nur Van Helderen. Sie dachte an all die anderen Menschen um sie her hier in Labuwangi. Sie dachte an Menschen, Menschen von überall. Und pessimistisch gestimmt in diesen Tagen, entdeckte sie bei allen das Egoistische, das Ichbezogene, das weniger Liebenswürdige, das in sich Verschlossene; sie war kaum imstande, es zu definieren, da die ungeheure Gewalt des Regens sie ablenkte. Aber sie entdeckte bei jedem bewußte und unbewußte Züge von Unliebenswürdigkeit. Auch bei ihren Getreuen. Auch bei ihrem Mann. Bei Männern, jungen Frauen, jungen Mädchen, jungen Menschen in ihrer Umgebung. Jeder war sein eigenes Ich. Bei keinem bestand eine Harmonie zwischen ihm selbst und den anderen. Bei dem fand sie dies nicht gut, bei jenem das häßlich; den und den verurteilte sie ganz und gar. Dies war eine Kritik, die sie untröstlich und wehmütig machte, denn sie widersprach ihrer Natur: sie liebte gern. Sie lebte gern spontan, harmo-

taan, harmonisch met vele anderen: oorspronkelijk was er in haar een liefde voor de menschen, een liefde voor de menschheid. Groote kwesties wekten emotie in haar. Maar al wat zij gevoelde vond geen weêrklank. Leêg en alleen bevond zij zich, in een land, een stad, een omgeving, waar alles en alles – groote dingen, kleine dingen – hinderde haar ziel, haar lichaam, haar karakter, haar natuur. Haar man werkte. Haar kind ver-Indieschte al. Hare piano was ontstemd.

nisch mit vielen anderen zusammen: in ihr war eine ursprüngliche Liebe zu den Menschen, eine Liebe zur Menschheit. Große Probleme bewegten sie. Doch was sie fühlte, fand keinen Widerhall. Leer und allein war sie in einem Land, einer Stadt, einer Umgebung, wo alles, aber auch alles – große Dinge, kleine Dinge – ihrer Seele, ihrem Körper, ihrem Charakter, ihrer Natur im Wege stand. Ihr Mann arbeitete. Ihr Kind wurde immer indischer. Ihr Klavier war verstimmt.

8 Ferdinand Bordewijk, *Karakter*

Abdruck nach: F. Bordewijk: *Karakter. Roman van Zoon en Vader.* 8. Aufl. Nijgh & Van Ditmar: Rotterdam/'s-Gravenhage, 1948. S. 177–192.

Katadreuffe en Dreverhaven

Er brak toen een voor Rotterdam onverklaarbaar oproer uit.

Er is een belangrijk verschil tusschen de bevolking der grootste twee steden, de Rotterdammer is rustiger, evenwichtiger dan de Amsterdammer. De verreweg populairste krant is het neutrale Rotterdamsch Nieuwsblad, elk volksgezin haast leest het, het heet kortweg Nieuwsblad, de politieke bladen komen achteraan. De Rotterdammer is door zijn rust ook trouw. Hij zweert bij het Nieuwsblad, hij zweert bij de Spaarbank. De Spaarbank, tout court, is voor hem niet de Rijkspostspaarbank. Het is de particuliere op de Botersloot, de ander komt achteraan. Juffrouw Katadreuffe las het Nieuwsblad en was inlegster van de Spaarbank.

Een deel der bevolking liet zich onverklaarbaar aanblazen door een communistischen wind, nog wel om een politieke gebeurtenis in het buitenland. Het grauw in het centrum waar Dreverhaven troonde kwam in opstand. Juist werd het wegdek van den Goudschen Singel over grooten afstand verbeterd. Keien en asfalttegels lagen voor het grijpen. Men bouwde kinderlijke barricaden in de stegen. 's Avonds werd er geschoten, juffrouw Katadreuffe hoorde het knallen in de verte wanneer het heel stil was om haar heen.

Jan Maan zat aan haar tafel, zoo lomp had hij nog. nooit gezeten, zijn ellebogen zoo ver mogelijk op het blad, zijn handen in zijn haar, kwasi lezend, maar ze zag hoe hij zijn kaken had vastgebeten, hoe zijn wangspieren bultten en zijn vingers zenuwachtig grepen in zijn blonden kop. Au fond had ze met hem te doen, ze mocht hem zoo graag, maar ze was streng. Dat hij oproerig praatte kon haar minder schelen, het mocht echter niet tot daden komen, ze nam nu weer het heft in handen. Er volgde een kort, maar veelzeggend gesprek.

– Jan!

– Ja moeder.

Onwillig ging de kop omhoog, hij keek in twee oogen die brandden als de vuren van een verre glasblazerij.

– *Als* je het hart hebt.

De kop ging neer.

– Nou?

Abdruck nach: F. Bordewijk: *Charakter. Roman von Sohn und Vater.* Ins Deutsche übersetzt von Marlene Müller-Haas. München: Beck, 2007. S. 168–182.

Katadreuffe und Dreverhaven

In dieser Zeit brach ein für Rotterdam unerklärlicher Aufruhr aus. Zwischen der Bevölkerung der beiden größten Städte gibt es einen bemerkenswerten Unterschied, der Rotterdamer ist gelassener, ausgeglichener als der Amsterdamer. Die bei weitem beliebteste Zeitung ist das neutrale Rotterdams Nieuwsblad, es wird in fast jeder Familie gelesen, man spricht einfach vom Nieuwsblad, die politischen Blätter bleiben weit dahinter. Seine Gelassenheit macht den Rotterdamer auch treu. Er schwört auf das Nieuwsblad, und er schwört auf die Sparkasse. Für ihn ist die Sparkasse einfach nicht dasselbe wie die Postsparkasse. Es ist die städtische an der Botersloot, die andere bleibt weit dahinter. Frau Katadreuffe las das Nieuwsblad und hatte ein Sparbuch bei der Sparkasse.

Unerklärlicherweise ließ sich ein Teil der Bevölkerung von einem kommunistischen Sturm mitreißen, dazu noch wegen eines politischen Vorfalls im Ausland. Im Zentrum, wo Dreverhaven thronte, erhob sich der Pöbel. Zu dieser Zeit wurde gerade der Goudse Singel fast auf seiner ganzen Länge ausgebessert. Überall lagen Pflastersteine und Asphaltplatten herum. In den Gassen wurden kindliche Barrikaden errichtet. Abends wurde dort geschossen, und Frau Katadreuffe hörte das Knallen in der Ferne, wenn es um sie herum ganz still war.

Jan Maan saß an ihrem Tisch, so proletenhaft hatte er noch nie dagesessen, die Ellbogen so breit wie möglich auf dem Tisch, die Hände in den Haaren, scheinbar beim Lesen, aber sie sah, wie krampfhaft er die Zähne zusammengebissen hatte, wie seine Wangenmuskeln zuckten und seine Finger nervös in den blonden Schopf fuhren. Im Grunde tat er ihr leid, sie mochte ihn so gern, aber sie war streng. Daß er aufrührerische Phrasen drosch, war ihr ziemlich einerlei, allerdings durfte es nicht zu Taten kommen, nun nahm sie wieder die Zügel in die Hand.

Es folgte ein kurzes, aber vielsagendes Gespräch.

„Jan!"

„Ja, Mutter."

Unwillig hob er den Kopf und blickte in zwei Augen, die wie die Feuer einer fernen Glasbläserei loderten.

„Wenn du dich unterstehst."

Der Kopf senkte sich.

„Nun?"

Er was nog even een stilte, toen klonk het onwillig:

– Nee moeder.

Een oogenblik later ging hij boos fluitend naar zijn kamer om toch zijn onafhankelijkheid te toonen, maar ze knikte zichzelf rustig toe, er was bij dat jong geen gevaar meer.

De opstootjes waren intusschen nog niet gedempt, doch overgesprongen van het centrum over de buurt van juffrouw Katadreuffe heen naar het noorden in de omgeving van het slachthuis. Ze had daar zelf vroeger gewoond, maar niet in het àllerarmste. Het was thans een volslagen oproer in het allerarmste, in een groep van heel nauwe straatjes. Een detachement troepen kwam de politie te hulp. De gansche wijk werd afgezet, de goedwilligen die 's morgens van huis waren gegaan om te werken konden niet naar hun eigen woning terug. Juffrouw Katadreuffe hoorde nu het schieten van den anderen kant.

In een van de straatjes moest Dreverhaven een gezin uit huis zetten. Het was in het hart van den opstand, de Rubroekstraat. Met een of twee dagen zou ook daar de rust zijn hersteld, de politie had uiterst krasse maatregelen genomen. Dreverhaven had kunnen wachten; hij was daar de man niet naar. Hij toog er heen, dien middag, met Hamerslag en Kolengrijper, een guren middag met een snijdenden wind. In de verte al klonk het rikketikken op.

Daarna het brandpunt. Aan eiken straathoek waren op de daken soldaten gelegerd en bestreken met machinegeweren de kruispunten. Zoodra een hand binnenskamers te dicht een gesloten raam naderde, zoodra in een huis een gordijn bewoog floten de kogels.

Dreverhaven kwam bij het politiecordon, men wilde hem niet doorlaten, maar hij zei:

– In naam der wet! en vertoonde op zijn borst het oranje lint met den zilveren penning met 's Rijks wapen.

Men liet hem en zijn trawanten passeeren.

Even later, op het eigenlijke slagveld, ontmoette hij een patrouille, aangevoerd door een luitenant.

– In naam der wet! zei hij en deed als voren.

De luitenant antwoordde alleen:

– Op uw eigen verantwoordelijkheid.

En weer mocht hij voorbij. Toen liep hij in het allerstilste der stad, de straten bezaaid met gebroken dakpannen, overal kogelgaten in de ruiten en die bijtend witte, bliksemende versplinteringen die kogels maken bij hun schampen langs hout. Zij liepen daar met hun drieën. Kolengrijper had weinig inzicht in de dreiging van den dood, hij slungelde naast den klerk onder het telkens opratelend

Kurz war es still, dann tönte es unwillig:

„Nein, Mutter."

Gleich darauf ging er mit wütendem Pfeifen in sein Zimmer, um doch seine Unabhängigkeit zu beweisen, aber sie nickte sich aufatmend zu, um den Jungen brauchte sie sich keine Sorgen mehr zu machen.

Indessen waren die Krawalle noch nicht niedergeschlagen, sondern vom Zentrum aus über Frau Katadreuffes Viertel hinweg nach Norden übergesprungen, in die Gegend um den Schlachthof. Dort hatte sie auch einmal gewohnt, aber nicht in der allerärmsten Ecke. Hier herrschte nun der totale Aufruhr in einem Gitterwerk von Gassen und Gäßchen. Eine Sondereinheit Soldaten kam der Polizei zu Hilfe. Das ganze Viertel wurde abgeriegelt, die Gutwilligen, die am Morgen das Haus zum Arbeiten verlassen hatten, konnten nicht mehr in ihre eigenen Wohnungen zurück. Nun hörte Frau Katadreuffe das Schießen von der anderen Seite.

In einer der Gassen mußte Dreverhaven eine Familie auf die Straße setzen. Im Zentrum des Aufruhrs, in der Rubroekstraat. In einem oder zwei Tagen würde auch dort die Ruhe wiederhergestellt sein, die Polizei hatte äußerst harte Maßnahmen ergriffen. Dreverhaven hätte warten können; dafür war er nicht der Mann. Er ging noch am selben Tag hin, mit Hamerslag und Kohlengreifer, an einem unfreundlichen Nachmittag bei schneidendem Wind. Aus der Ferne ertönte bereits das Knattern.

Dann der Brennpunkt. An jeder Straßenecke lagen Soldaten auf den Dächern und bestrichen mit Maschinengewehrfeuer die Kreuzungen. Sobald sich in einem Zimmer eine Hand zu sehr einem geschlossenen Fenster näherte, sobald sich in einer Wohnung ein Vorhang bewegte, pfiffen die Kugeln.

Dreverhaven kam zur Polizeiabsperrung, man wollte ihn nicht durchlassen, aber er sagte:

„Im Namen des Gesetzes!" und zeigte auf seiner Brust das orangefarbene Band mit der Dienstmarke und dem Reichswappen.

Man ließ ihn und seine Kumpane passieren.

Kurz darauf, auf dem eigentlichen Schlachtfeld, begegnete er einer Patrouille, angeführt von einem Leutnant.

„Im Namen des Gesetzes!" sagte er und tat wie vorher.

Der Leutnant antwortete nur:

„Auf Ihre eigene Verantwortung."

Und wieder durfte er passieren. Dann bewegte er sich im allerstillsten Teil der Stadt, in Straßen, übersät mit zerbrochenen Ziegeln, in den Fenstern überall Einschußlöcher und diese grell weißen, blitzenden Absplitterungen, die Kugeln verursachen, wenn sie über Holz schrammen. Sie gingen zu dritt. Kohlengreifer begriff nur wenig von der tödlichen Bedrohung, er schlenkerte unter den immer

geschut. Hij had zoo vaak op de werven het indrijven gehoord van klinknagels in een scheepsromp, het roffelen van pneumatische boren, dit was precies eender. Hamerslag vertoonde weer een ander type, van de droogkomieke soort. Hij zei alleen:

– Verdikkeme, wat is die wind steenkoud.

Midden op den rijweg stilstaand snoot hij omslachtig zijn neus, en het was de klacht van een waldhoorn.

Dreverhaven zag wel de geschutloopen telkens in hun richting draaien, maar iets machtigs ging uit van dezen zwaar en rustig marcheerenden mensch met een lint en een penning, breed voor de borst, alle jassen open en bol van den wind gelijk een fregat in volle zee. Dat was geen oproerkraaier, die man had een lange sigaar schuins uit zijn mond naar boven, hij pafte machtig. Hij beschermde tegelijk de beide achterkomers in zijn zog.

Toen in de Rubroekstraat stond hij voor de woning. Hij nam niet de moeite te bellen, met één trap van zijn zwaren poot ontwrichtte hij de deur dat zij knalde tegen den portaalwand, de kalk neerstortte in schijven, en het huisje schudde. Noodgeschrei weerklonk, de vrouw stond in de kamer met een heelen troep kinderen, ze hadden langer dan een etmaal niets gegeten. De man was al twee dagen zoek, een van de ergste opstandelingen, gevlucht in een bevriend huis. Het speet den deurwaarder, hij had zoo graag den kerel zelf. aangetroffen, nu was het in een ommezien gebeurd. Reeds dreef Kolengrijper het troepje kinderen voor zich uit, naar de moorddadige straat, en ze stoven weg. Maar het jongste, een kereltje van een paar jaar, had hem bij een broekspijp gevat, ter hoogte van de knie, en het lachte onbevreesd en vriendelijk naar Kolengrijper op, met dien vagen glimlach van het heel kleine kind wiens vreugde nog vaag is. De moeder rukte het weg, waar het stond zoo laag en nietig beneden den zwabberenden muil.

Twee soldaten hadden middelerwijl met Hamerslag beraadslaagd. Eén voorop, één achteraan, de jammerende vrouw met het grut in het midden, zoo ging het troepje, de punten van twee bajonetten, met een fladderenden zakdoek elk, hoog in de lucht. Een oogwenk en het boeltje was op straat gezet, de wind had vrij spel met het beetje gelapte vitrage.

Dien avond zat Dreverhaven de schoonste ontruiming van zijn leven te overdenken. Hij dacht aan dat lachende kleine kind dat maar liefst Kolengrijper in de knie van zijn broek had gepakt, zoo'n kleine gannef. Maar zelf lachte hij niet. En hij dacht: het was de moeite waard geweest, niet om het geld, om den dùrf. Hij wist niet meer, nauwelijks meer, of hij verlangd had dat een verdwaalde kogel hem

wieder losratternden Geschützen neben dem Schreiber her. Auf den Werften hatte er so oft das Einschlagen der Nieten in einen Schiffsrumpf gehört, das Dröhnen der Preßlufthämmer, das machte dasselbe Geräusch. Hamerslag war ein völlig anderer Typ, ein Mann mit trockenem Humor. Er sagte nur:

„Verdammt, was ist der Wind doch eisig kalt."

Mitten auf der Fahrbahn blieb er stehen und schneuzte sich umständlich die Nase, es tönte wie die Klage eines Waldhorns.

Dreverhaven sah wohl die Geschützläufe immer wieder in ihre Richtung schwenken, aber von ihm ging etwas Mächtiges aus, wie er schwer und ruhig daherschritt, mit dem Band und der Marke breit vor der Brust, Mantel und Gehrock offen und vom Wind aufgebläht wie eine Fregatte auf hoher See. Das war kein Krawallmacher, diesem Mann ragte eine lange Zigarre schräg nach oben aus dem Mund, er paffte gewaltig. Gleichzeitig beschützte er die beiden Nachzügler in seinem Schlepptau.

Dann stand er in der Rubroekstraat vor der Wohnung. Er machte sich nicht die Mühe, zu klingeln, mit einem Tritt seines schweren Fußes hob er die Tür aus den Angeln, daß sie gegen die Flurwand knallte, der Kalk in Platten herunterfiel und das ganze Häuschen erbebte. Hilfegeschrei ertönte, die Frau stand im Zimmer mit einem ganzen Haufen Kinder, sie hatten seit mehr als vierundzwanzig Stunden nichts gegessen. Der Mann, einer der schlimmsten Aufrührer, war seit zwei Tagen verschwunden, hatte sich in ein befreundetes Haus geflüchtet. Das bedauerte der Gerichtsvollzieher, er hätte den Kerl zu gern persönlich angetroffen, jetzt war es im Handumdrehen vorbei. Schon trieb Kohlengreifer die Kinderschar vor sich her auf die mörderische Straße, und sie stoben davon. Aber der Jüngste, ein Knirps von ein paar Jahren, hatte ihn am Hosenbein gepackt, auf der Höhe des Knies, und lachte furchtlos und freundlich mit dem unbestimmten Lächeln des ganz kleinen Kindes, dessen Freude noch grundlos ist, zu Kohlengreifer empor. Die Mutter riß es weg, von wo es stand, so klein und winzig unter dem schlenkernden Maul.

Inzwischen hatten zwei Soldaten mit Hamerslag beratschlagt. Einer voraneweg, einer hinterdrein, dazwischen die jammernde Frau mit den Blagen, so ging der kleine Trupp zwischen den hocherhobenen Spitzen der zwei Bajonette, an denen oben ein Taschentuch flatterte. Ein Augenblick, und die Habe war auf die Straße geräumt, der Wind hatte freies Spiel mit den paar gestopften Scheibengardinen.

An diesem Abend dachte Dreverhaven über die schönste Räumung seines Lebens nach. Er dachte an dieses lachende kleine Kind, das Kohlengreifer einfach am Hosenknie gepackt hatte, so ein kleiner Ganove. Aber er lachte nicht. Und er dachte: Es hat sich gelohnt, nicht wegen des Geldes, wegen der bewiesenen Courage. Er wußte nicht mehr, kaum mehr, ob er gewünscht hatte, daß ihn eine verirrte

zou hebben neergelegd, In elk geval was zijn verlangen slechts wazig gebleven, daarvoor bezat hij te veel ingeroeste onverschilligheid. Maar hij was van één ding volstrekt zeker, en dàt te weten volstond. Hij zou nimmer, nimmer ziek zijn, dat was voorbeschikt, een levensavond van kwalen, van langzame afbraak bleef hem bespaard. Hoe dan ook, door uiterlijk geweld of door een verwoestende kracht van binnen, – maar hij zou neerploffen, opeens, onverwachts, en de grond zou dreunen waar hij viel.

Hij keek het groote holle vertrek rond in zijn barbaarsche kaalheid en dacht daarbij aan zijn zoon. Het kantoor van den zoon trilde van leven, dat van den vader lag grafstil. Het was niet de stilte der rust, het was als hedenmiddag in de opstandige wijk, de ademlooze stilte der vrees. Met het klimmen van zijn jaren had hij langzamerhand een terreur om zich verspreid, zijn eigen cliënten zochten hem nauwelijks meer op, hij was te vervaarlijk, te hondsch, ze communiceerden liever per telefoon, hij dreef nog op enkele kwaliteiten, zou hij die niet hebben bezeten, zijn praktijk ware reeds lang verloopen.

En in de onverwarmde ruimte, in zijn stoel achter zijn schrijftafel, jas aan, hoed op, overzag hij zijn lange leven als een landschap. Het was meer en meer als een landschap aan zijn voeten komen liggen, de sterke oogen van zijn geheugen zagen de fijnste details aan den horizon, later zouden de wolken der geheugenzwakte er over komen drijven en heele plekken uitwisschen. Neen, neen, dan bestond hij niet meer.

Hij dronk den laatsten tijd weer veel, dat had hij bij buien, zooals het gaan naar vrouwen. Hij kon het even goed volhouden als nalaten, hij had maar één verslaafdheid, het geld. Maar de borrel smaakte hem den laatsten tijd bizonder goed, hij nam uit zijn bureau een kruik en een glas, het eerste glas dronk hij in één teug, het volgende in twee, het derde liet hij vóór zich staan.

Toen rommelde hij wat in een lade en ging een paar memoranda schrijven, in zijn beknopten geduchten stijl en zijn zwarte schrift. Hij hield van die briefjes geen copie, in jaren had hij zijn copieerpers niet meer gebruikt. Hij vergat toch niet wat hij had geschreven, en het kon hem ook niet schelen als hij het vergat. Hij onderteekende nooit zijn brieven, alleen zijn exploten. Zijn ware schrijftaal was het exploot:

In den jare zooveel den zooveelsten van die en die maand heb ik, Arend Barend Dreverhaven, deurwaarder bij het kantongerecht te Rotterdam, *geïnsinueerd en aangezegd ...*

Of liever nog:

... heb ik, Arend Barend Dreverhaven, *gesommeerd ...*

En liever:

... heb ik *gedagvaard ...*

Kugel zur Strecke brächte. Auf jeden Fall war der Wunsch unbestimmt geblieben, dafür besaß er zuviel eingerostete Gleichgültigkeit. Doch von einem war er hundertprozentig überzeugt, und das zu wissen genügte: Er würde nie, niemals krank werden, das war vorherbestimmt, ein Lebensabend des Leidens, des langsamen Dahinsiechens würde ihm erspart bleiben. Egal wie, durch äußere Gewalt oder eine zerstörende innere Kraft - aber er würde umfallen, urplötzlich, unerwartet, und der Boden würde dröhnen, wo er aufschlug.

Er sah sich in dem großen, leeren, barbarisch kahlen Raum um und dachte dabei an seinen Sohn. Das Büro des Sohnes vibrierte vor Leben, das des Vaters war grabesstill. Es war keine sonntägliche Stille, es war wie heute nachmittag in dem aufständischen Viertel die atemlose Stille der Furcht. Mit zunehmendem Alter hatte er allmählich einen Terror um sich verbreitet, seine eigenen Kunden suchten ihn kaum noch auf, er war zu gefährlich, zu rüde, sie kommunizierten lieber per Telefon, dank einiger Qualitäten konnte er sich noch über Wasser halten, hätte er sie nicht besessen, dann würde sein Betrieb längst nicht mehr laufen.

Und in dem ungeheizten Raum, in seinem Stuhl am Schreibtisch, in Hut und Mantel, überblickte er sein langes Leben wie eine Landschaft. Es hatte sich mehr und mehr wie eine Landschaft zu seinen Füßen ausgebreitet, die starken Augen seines Gedächtnisses erspähten die kleinsten Einzelheiten am Horizont, später würden die Wolken der Gedächtnisschwäche darüber hinwegtreiben und ganze Stellen auslöschen. Nein, nein, dann lebte er nicht mehr.

In letzter Zeit trank er wieder viel, das überkam ihn hin und wieder wie die Gier auf Frauen. Er konnte es genauso gut tun wie seinlassen, er hatte nur eine Sucht, das Geld. Aber der Schnaps schmeckte ihm in letzter Zeit besonders gut, er holte aus seinem Schreibtisch eine Flasche und ein Glas, das erste Glas trank er in einem Zug aus, das nächste in zwei, das dritte ließ er vor sich stehen.

Dann kramte er ein bißchen in einer Schublade und schrieb ein paar Memoranden, in seinem knappen, gefürchteten Stil und seiner schwarzen Schrift. Von diesen Papieren behielt er keine Kopie, seit Jahren hatte er seine Kopierpresse nicht mehr benutzt. Er vergaß sowieso nicht, was er geschrieben hatte, und es konnte ihm auch egal sein, wenn er es vergaß. Seine Briefe unterschrieb er nie, nur die Vollstreckungsbescheide. Seine wahre Schriftsprache war die Vorladung:

Im Jahre soundsoviel, am Sovielten in dem und dem Monat habe ich, Arend Barend Dreverhaven, Gerichtsvollzieher beim Amtsgericht zu Rotterdam, *zugestellt und angekündigt* ...

Oder lieber:

... habe ich, Arend Barend Dreverhaven, *aufgefordert* ...

Und noch lieber:

... habe ich vorgeladen ...

En het liefst:

... heb ik *bevel gedaan* om onmiddellijk aan mij, deurwaarder, te betalen ... enz.

Want niet al die voorafgaande exploten (je verdiende er wat mee, dat was alles), maar de executie was zijn lust en leven, het beslag leggen, de publieke verkoop, de ontruiming, het opensteken van sloten, het vermeesteren van inhuizige versperringen, het bij hun kraag vatten van de schuldenaars om ze op te brengen naar het huis van bewaring ter gijzeling, dat alles in naam der Wet, in naam des Konings, in naam van den Hoogsten God, het Geld.

De telefoon ging, hij greep den hoorn, het was Mr. Schuwagt. Hij gebruikte hem als procureur voor zijn eigen vuile zaakjes, voor de credieten en credietjes van zijn woekerbankje. Hij was wel de deurwaarder van het kantoor van Stroomkoning, maar deze was niet zijn procureur. Hij wist deksels goed dat Stroomkoning daarvoor zou bedanken, zijn praktijk had altijd een schurftig kantje, daarmee knapte hij dat kruipend advocaatje Mr. Schuwagt op, en hij haatte tegelijk den vent om zijn miserabele slaafschheid. Schuwagt was de miserabelste van heel de Rotterdamsche balie, het zei nog weinig, want de balie stond in aanzien, maar hij kwam vèr achter, hij was aan alle kanten uitgespogen. Dreverhaven, die hem gebruiken kon, gebruiken moest, ontzag zich niet hem te behandelen als een stuk vuil. Hij balkte zijn antwoord door den hoorn, smeet het toestel neer, dronk zijn laatste glas, en sliep aanstonds. Maar de sigaar bleef branden in zijn mondhoek, en het oog van zijn aandacht stond rond open.

Zoo hoorde hij den lichten, nerveuzen en toch stelligen stap, dien hij kende, gelijk het roofdier in de verte het eigen welp herkent. Zijn eene oog ging open, toen het andere, de zoon stond achter het blad. Hij stond rustig, en op rustigen toon vroeg hij:

– Vader, ik kom een leening bij u sluiten.

– Waarvoor, Jacob Willem?

– Ik kan mijn staats-examen niet halen zonder privaatlessen. De moderne talen gaan nog, maar geschiedenis, wiskunde, en vooral de klassieke talen, daarvoor bestaan geen cursussen.

Dreverhaven had al lang zijn oogen gesloten, maar Katadreuffe kende nu den oude, hij begreep dat hij nadacht, het was hem soms of hij hem altijd had gekend, niettegenstaande zij elkaar elders als vreemden voorbijgingen.

Dreverhaven dacht niet ná, maar hij dacht. Het was brutaal van den jongen, het was vooral rassig. Hij zocht den leeuw in zijn hol. Hij had altijd van dien

Und am liebsten:

... habe ich *Weisung erteilt,* sofort an mich, den Gerichtsvollzieher, zu zahlen ... usw.

Denn nicht die vorausgehenden Vorladungen (man verdiente ein wenig damit, das war alles), sondern die Vollstreckung war seine höchste Lust, die Pfändung, der öffentliche Verkauf, die Räumung, das Aufbrechen von Schlössern, das Überwinden von eingebauten Sperren, das beim Kragenpacken der Schuldner, um sie zur Schuldhaft ins Untersuchungsgefängnis zu bringen, das alles im Namen des Gesetzes, im Namen des Königs, im Namen des höchsten Gottes, des Geldes.

Das Telefon klingelte, er griff zum Hörer, es war Rechtsanwalt Schuwagt. Er setzte ihn als Prozeßbevollmächtigten für seine eigenen, schmutzigen Geschäfte ein, für die Kredite und Minikredite seiner Wucherbank. Zwar war er der Gerichtsvollzieher für Stroomkonings Kanzlei, aber jener war nicht sein Prozeßbevollmächtigter. Er wußte verdammt gut, daß Stroomkoning dankend ablehnen würde, seine Geschäfte hatten immer eine räudige Seite, das halste er diesem kriecherischen Rechtsverdreher Schuwagt auf, und zugleich haßte er den Kerl wegen seiner elenden Unterwürfigkeit. Schuwagt war der miserabelste Anwalt der ganzen Rotterdamer Kammer, das sagte noch wenig, denn das Gericht stand in hohem Ansehen, aber er kam ganz weit hinten, er war von allen ausgespuckt. Dreverhaven, der ihn einsetzen konnte, einsetzen mußte, scheute sich nicht, ihn wie ein Stück Dreck zu behandeln. Er schnauzte seine Antwort durch den Hörer, warf ihn auf die Gabel, trank sein letztes Glas aus und schlief alsbald. Aber die Zigarre brannte weiter in seinem Mundwinkel, und das Auge seiner Aufmerksamkeit war wachsam geöffnet.

So hörte er den leichten, nervösen und doch entschiedenen Schritt, den er kannte, wie das Raubtier in der Ferne das eigene Junge erkennt. Das eine Auge öffnete sich, dann das andere, der Sohn stand vor dem Schreibtisch. Ruhig stand er da und fragte in ruhigem Ton:

„Vater, ich möchte einen Kredit bei Ihnen aufnehmen."

„Wofür, Jacob Willem?"

„Ohne Privatunterricht kann ich mein Examen nicht schaffen. Die modernen Sprachen gehen noch, aber Geschichte, Mathematik und vor allem die alten Sprachen, dafür gibt es keine Kurse."

Dreverhaven hatte schon längst wieder die Augen geschlossen, aber Katadreuffe kannte inzwischen den Alten, er begriff, daß er nachdachte, manchmal war ihm, als hätte er ihn schon immer gekannt, obwohl sie sonst wie Fremde aneinander vorbeigingen.

Dreverhaven dachte nicht nach, aber er dachte. Es war kühn von dem Jungen, es hatte vor allem Rasse. Er suchte den Löwen in seiner Höhle auf. Er hatte

tengeren zeldzamen jongen, die in zijn trekken alleen de moeder was, gedacht: het is mijn kind. Hij had den jongen zijn eigen vleesch voelen worden toen hij bij Stroomkoning in functie trad, hij had dadelijk gevoeld: die jongen gaat den weg van zijn vader, hij zoekt de praktijk van het recht, hij wil leven van het recht, maar hij wil ook hoogerop dan ik. En thans, nu de kerel opnieuw den stap deed dien hij kende in zijn gevolgen, bij voorbaat, – nu hij geld kwam leenen, voelde hij zich met hem verbonden in het heimelijkst en kostbaarst dat hij bezat: het bloed. Maar het bloed stelt ook veel raadselachtige problemen, er kwam een onwil in hem op, hij zei ironisch:

– Zoo, meneer schijnt op andere gedachten gekomen. Wil hij nu leenen van den woekeraar?

– Ja, zei Katadreuffe.

Hij dacht even na en vervolgde:

– Ja, ik wil u trotseeren. Als u mij daartoe in de gelegenheid stelt dan wil ik het tegen u opnemen.

Dreverhaven sloot zijn oogen opnieuw. Dat was ras, die jongen toonde karakter. En hij vroeg toonloos, alsof hij sprak in zijn slaap:

– Hoeveel?

Katadreuffe had uitgerekend dat hij er met twee duizend gulden zou kunnen komen.

Dreverhaven keek hem weer aan, de kop asch van zijn sigaar viel op zijn borst, een eigen baan afleggend tusschen de vele strepen die zijn kleeren hadden bemorst. Katadreuffe, alweer overgevoelig, vreesde de mislukking op handen. Dreverhaven zei:

– Bedenk wel dat als ik je vandaag leen ik je morgen je nek kan breken.

– Ik weet het.

– Lees dit.

En hij duwde hem een gedrukt formulier toe.

– Ik leen alleen op die voorwaarden, en als je dat teekent dan teeken je je meteen aan de galg.

Katadreuffe duwde het papier onverschillig terug.

– Dat is me bekend.

En eigenlijk zei hij: ik ben voor u niet bang.

Dreverhaven had alweer zijn oogen dicht.

– Dan morgenochtend op de bank, elf uur.

Daags daarop werd hem de leensom uitgeteld en niet eens tegen de verplichting van een buitensporige aflossing. De rente was acht procent. Het eenige gevaar

immer von diesem schmächtigen, seltsamen Jungen, der in seinen Zügen nur der Mutter glich, gedacht: Es ist mein Kind. Er hatte gefühlt, wie der Junge sein eigenes Fleisch wurde, als er bei Stroomkoning in Dienst trat, er hatte sofort gefühlt: Dieser Junge geht den Weg seines Vaters, er sucht die Rechtspraxis, er will vom Recht leben, aber er will auch höher hinaus als ich. Und heute, wo der Kerl abermals den Schritt machte, dessen Folgen er im voraus kannte -, jetzt wo er kam, um Geld zu leihen, fühlte er sich mit ihm in dem Geheimsten und Kostbarsten, das er besaß, verbunden: im Blut. Aber das Blut stellt auch viele, rätselhafte Fragen, in ihm erhob sich ein Unwille, und er sagte ironisch:

„So, der Herr scheint sich besonnen zu haben. Möchte er jetzt von dem Wucherer leihen?"

„Ja", sagte Katadreuffe.

Er überlegte kurz und fuhr fort:

„Ja, ich will Ihnen die Stirn bieten. Wenn Sie mir die Gelegenheit geben, dann will ich es mit Ihnen aufnehmen."

Dreverhaven schloß erneut die Augen. Das war Rasse, dieser Junge zeigte Charakter. Und er fragte tonlos, als spreche er im Schlaf:

„Wieviel?"

Katadreuffe hatte ausgerechnet, daß er mit zweitausend Gulden hinkommen könnte.

Dreverhaven blickte ihn wieder an, der Aschekegel seiner Zigarre fiel auf seine Brust, zog zwischen den vielen Streifen, die seine Kleidung beschmutzt hatten, eine eigene Bahn. Katadreuffe, schon wieder überempfindlich, fürchtete die bevorstehende Ablehnung. Dreverhaven sagte:

„Vergiß nie, daß ich dir morgen das Genick brechen kann, wenn ich dir heute leihe."

„Ich weiß."

„Dann lies."

Und er schob ihm ein gedrucktes Formular hin.

„Ich verleihe nur zu diesen Bedingungen, und wenn du unterschreibst, steckst du selbst den Kopf in die Schlinge."

Katadreuffe schob das Papier gleichgültig zurück.

„Das ist mir bekannt."

Und eigentlich sagte er: Ich habe keine Angst vor Ihnen.

Dreverhaven hatte schon wieder die Augen geschlossen.

„Dann morgen früh auf der Bank, um elf."

Tags darauf wurde ihm die Kreditsumme ausgezahlt und nicht einmal gegen die Verpflichtung einer übertrieben hohen Abzahlung. Der Zinssatz war acht Pro-

stak in de mogelijkheid van onmiddellijke opzegging te allen tijde. Ook had hij bij voorbaat zijn salaris aan de bank gecedeerd.

Hij had zich voorgenomen het examen af te leggen over twee jaar, te rekenen vanaf den aanstaanden zomer. Hij had een jongen doctor in de klassieke letteren bereid bevonden hem tegen zevenhonderdvijftig gulden per jaar voor zijn examen klaar te stoomen, wat Grieksch en Latijn aangaat. Hij kreeg daarvoor drie avonden per week telkens twee uur les, het kwam neer op drie gulden per uur, en hij vond het niet duur omdat hij bedacht dat in de lesuren zeer intensief moest worden gewerkt, want overdag was hij door anderen arbeid in beslag genomen.

De sfeer waarin Katadreuffe leefde had hem een zekere voorzienigheid bijgebracht. Hij betaalde zijn leeraar een vol jaar vooruit. Deze vond het zonderling, en wilde aanvankelijk niet accepteeren, maar Katadreuffe stond er op met groote beslistheid. Want hij dacht: als de bank me werkelijk aanpakt tusschentijds is dit jaar tenminste vooruit betaald, dan kan ik toch een heel jaar mijn lessen blijven volgen, en niemand kan me dat ontnemen.

En iets merkwaardigs deed zich bij hem voor: het woei hem compleet aan, hij vloog vooruit, de talen hadden voor hem geen bizondere moeilijkheden. De grondslag van zijn algemeene kennis zoowel als het begrip van zijn geest op een niveau van meer dan gewone scholierrijpheid hielpen hem voort. Het was een goed jaar dat nu volgde, de talen trokken hem aan, gelijk zijn begaafdheid den docent aantrok.

Katadreuffe had reeds weer maandenlang de betaling aan zijn moeder hervat, prompt elke maand legde hij zwijgend vijftien gulden op haar tafelkleed. Zelfs wist hij den tijd te vinden voor eenige ontspanning die hij overigens voelde zeer te behoeven. Jan Maan troonde hem weer mee naar het roode Caledonia, daar werden den laatsten tijd voor de communistische cel zoo mooie Russische films vertoond. Ook genoodigden mochten mee. Zoo gingen ze dan, ook "zij" wou het wel eens zien, en ze liep in het midden. Een kale kille ruimte vol armoede, maar heel kalm, vrouwen hadden zelfs zuigelingen meegebracht en fopspenen en flesschen kindermelk. Ze zagen er "Der Weg ins Leben" van Ekk, en Wertofs "Drie liederen van Lenin".

Jan Maan was in één verrukking, de zaal applaudisseerde klaterend bij ieder slot, hij mee, en ook Katadreuffe voelde zich opgezweept, maar hij bedwong zich reeds, een communist zou hij nooit worden, het was na afloop steeds weer de Nederlandsche werkelijkheid die hem met koele hand in het spoor der gematigdheid bracht.

Het minst bevangen was "zij". Zeker, zeker, het was heel aardig, en hier en daar werkelijk mooi, ze zou het niet ontkennen. Maar dan hoorde je opeens van

zent. Die einzige Gefahr steckte in der Möglichkeit der jederzeitigen Kündigung. Außerdem hatte er im voraus sein Gehalt an die Bank zediert.

Er hatte sich vorgenommen, vom kommenden Sommer an gerechnet, in zwei Jahren sein Examen abzulegen. Er hatte einen jungen Altphilologen gefunden, der bereit war, ihm für siebenhundertfünfzig Gulden pro Jahr Griechisch und Latein für die Prüfung einzupauken. Dafür bekam er wöchentlich an drei Abenden jeweils zwei Stunden Unterricht, es lief auf drei Gulden die Stunde hinaus, und das fand er nicht zu teuer, weil er überlegte, daß in den Unterrichtsstunden sehr intensiv gearbeitet werden mußte, denn tagsüber nahmen ihn andere Arbeiten in Beschlag.

Die Atmosphäre, in der Katadreuffe lebte, hatte ihn eine gewisse Weitsicht gelehrt. Er bezahlte seinen Lehrer ein ganzes Jahr im voraus, was dieser sonderbar fand und es zuerst nicht annehmen wollte, aber Katadreuffe bestand mit großer Bestimmtheit darauf. Denn er dachte: Wenn mich die Bank wirklich in der Zwischenzeit angreift, ist wenigstens dieses Jahr vorausbezahlt, und ich kann doch ein volles Jahr meine Stunden bekommen, die mir niemand wegnehmen kann.

Und etwas Merkwürdiges ereignete sich: Ihm flog alles zu, er eilte voran, die Sprachen bereiteten ihm keine besonderen Schwierigkeiten. Die Grundlagen seiner Allgemeinbildung sowie seine Auffassungsgabe, die über dem Reifegrad normaler Schüler lagen, halfen ihm weiter. Es war ein gutes Jahr, das nun folgte, die Sprachen faszinierten ihn, wie seine Begabung den Lehrer faszinierte.

Katadreuffe hatte bereits seit Monaten wieder die Zahlung an seine Mutter aufgenommen, pünktlich legte er jeden Monat schweigend fünfzehn Gulden auf ihre Tischdecke. Es gelang ihm sogar, Zeit für ein wenig Entspannung zu finden, die er übrigens bitter nötig hatte, das spürte er selbst. Jan Maan schleppte ihn wieder mit ins rote Caledonia, dort wurden in letzter Zeit für die kommunistische Zelle diese herrlichen russischen Filme gezeigt. Auch Gäste waren willkommen. So gingen sie dann, auch „sie" wollte es einmal sehen, und nahmen sie zwischen sich.

Ein kahler, kalter Raum voller Armut, aber sehr ruhig, Frauen hatten sogar Säuglinge mitgebracht und Schnuller und Milchfläschchen. Sie sahen dort „Der Weg ins Leben" von Ekk und Wertows „Drei Lieder für Lenin".

Jan Maan war völlig hingerissen, der Saal klatschte jedesmal am Ende prasselnd Beifall, er mit, und auch Katadreuffe fühlte sich aufgewühlt, aber er hatte sich schon wieder im Griff, ein Kommunist würde er nie werden, nach dem Ende des Films stellte ihn die niederländische Wirklichkeit immer wieder mit kühler Hand auf das Gleis der Mäßigung.

Am wenigsten beeindruckt war „sie". Ja, schon, es war ganz nett und ab und zu wirklich schön, das wollte sie nicht leugnen. Aber dann hörte man plötzlich

achter het doek de een of andere manne- of vrouwestem in het Russisch een preek houden. Ze verstond er geen woord van en begreep toch alles, het ging over de communistische idealen, ze moest eigenlijk lachen als ze die dwepende stemmen hoorde die nergens bij pasten omdat de film gewoon doorging. Ze zei, en wist nauwelijks hoe fataal juist ze de. situatie overzag:

– Die Russen zijn net groote kinderen.

Daarmede had ze Jan Maan diep beleedigd. Kinderen, kinderen? Niet precies. En hij haalde expres de bloedigste gebeurtenissen uit de communistische beweging op. Dacht ze wel aan de terechtstelling van de heele Tsarenfamilie bij den Oeral, aan de Hongaarsche Radenrepubliek onder Bela Kun en Szamuely, wist ze wel iets af van de Russische gevangenissen, hij zou haar anders wel eens wat laten lezen thuis, over die van Moskou bijvoorbeeld, Lubjanka 2 en Lubjanka 13, als je daarvan hoorde kreeg je rillingen, geen lectuur voor tegen het naar bed gaan, wacht effen.

Ze antwoordde kort:

– Kinderen moet je niet met gevaarlijke dingen laten spelen.

Jan Maan zweeg in wanhoop, Katadreuffe dacht alweer aan zijn studie, hij zou straks nog wat werken.

Ook zagen zij "Bed en sofa" van Room, – en het was eigenaardig, want Katadreuffe vond deze film stuitend, zijn kuischheid was wel eens benepen, maar zij vond het mooi, mooi zonder meer, het was de film die haar het meest trof, ze was ruim van begrip.

Op een zachten Zondagmiddag in den winter zat ze met Jan Maan op den Heuvel in het Park. Ze zat daar altijd graag, het beweeglijke water gaf haar zulk een rustig gevoel.

Toen kwam een volkomen vierkant stuk menschenvleesch aandrentelen en nam naast haar plaats. Het was de bokschipper Harm Knol Hein. Ze had hem nooit meer ontmoet na het briefje. Hij gaf haar een hand en ook aan Jan Maan.

– U bent niets veranderd, zei ze.

Het was zoo, ze had hem dadelijk herkend.

– Nou, maar u wel juffrouw, u bent erg veranderd, zei hij naïef. En toch kon ik je dadelijk.

Hij zat breed, zwaar en kerngezond, een loot van Rotterdam op zijn best.

– Bent u nu getrouwd? vroeg hij.

Hij keek eens naar Jan Maan. Die kon niet uit een huwelijk zijn, die was te oud voor een kind en te jong voor een man, maar misschien een voorkind.

– Nee, zei ze, en dit hier is mijn kostganger. Maar bent ú getrouwd?

von hinter der Leinwand hervor eine russische Männer- oder Frauenstimme eine Predigt halten. Sie verstand kein Wort und begriff doch alles, es ging um die kommunistischen Ideale, sie mußte eigentlich lachen, wenn sie diese schwärmerischen Stimmen hörte, die nicht dazu paßten, weil der Film einfach weiterlief. Sie sagte, und wußte kaum, wie fatal richtig sie die Situation erfaßte:

„Diese Russen sind wie große Kinder."

Damit hatte sie Jan Maan tief beleidigt. Kinder, Kinder? Ganz im Gegenteil. Und er erinnerte mit Absicht an die blutigsten Ereignisse der kommunistischen Bewegung. Dachte sie noch an die Erschießung der ganzen Zarenfamilie am Ural, an die ungarische Räterepublik unter Bela Kun und Szamuely, wußte sie denn etwas von den russischen Gefängnissen? Sonst würde er ihr zu Hause einmal etwas zu lesen geben, über die in Moskau beispielsweise, Lubjanka 2 und Lubjanka 13, wenn man davon hörte, lief es einem kalt über den Rücken, keine Lektüre vor dem Schlafengehen, keineswegs.

Sie antwortete kurz:

„Kinder soll man nicht mit gefährlichen Dingen spielen lassen."

Jan Maan schwieg voller Verzweiflung, Katadreuffe dachte schon wieder ans Lernen, gleich würde er noch ein bißchen arbeiten.

Sie sahen auch „Bett und Sofa" von Room –, und es war eigenartig, denn Katadreuffe fand diesen Film abstoßend, seine Schamhaftigkeit war manchmal kleinbürgerlich, aber sie fand ihn schön, schön ohne Einschränkung, es war der Film, der sie am meisten berührte, sie hatte keine Vorurteile.

An einem milden Sonntagnachmittag im Winter saß sie mit Jan Maan auf dem Hügel im Park. Dort saß sie gern, das bewegte Wasser machte sie so ruhig.

Da kam ein völlig quadratisches Stück Menschenfleisch dahergetrottet und nahm neben ihr Platz. Es war der Schleppkranführer Harm Knol Hein. Nach dem Brief war sie ihm nie mehr begegnet. Er gab ihr, und auch Jan Maan, die Hand.

„Sie haben sich nicht verändert", sagte sie.

Es stimmte, sie hatte ihn gleich erkannt.

„Na, Sie aber schon, Sie haben sich sehr verändert", sagte er naiv. „Und doch hab ich Sie gleich ... ."

Er saß breit da, massig und kerngesund, ein waschechter Rotterdammer.

„Sind Sie jetzt verheiratet?" fragte er.

Er warf einen Blick auf Jan Maan. Der konnte nicht aus einer Ehe stammen, für ein Kind war er zu alt und für einen Ehemann zu jung, aber vielleicht war er vorehelich.

„Nein", sagte sie, „und das hier ist mein Kostgänger. Aber sind Sie denn verheiratet?"

Hij spuwde een blaadje tabak uit. De rug van zijn hand droogde zijn lippen, hij keek peinzend over het water.

– Nee, dat nou direct niet, zei hij. Ik zit om zoo te zeggen met een vrouw te leven.

Hij zuchtte en keek weer even naar Jan Maan. Toen vervolgde hij:

– Nou zeggen ze van een huwelijk. Kan best wezen, kan best wezen, maar dit is ook niks.

En echt vrouwelijk voelde ze onder deze woorden dat hij haar nog altijd lijden mocht, ze had maar een vinger uit te steken en hij hapte toe. Geen oogenblik dacht ze er aan, ze begreep het weer niet, en gelijk jaren terug vroeg ze zich af wat hij toch aan zoo'n oud lijk vond, die gezonde kerel, vooral nu ze nog zooveel ouder en zooveel meer lijk was dan toen.

Ondertusschen vertelde hij op zijn ruwe en naïeve manier van man van het water zijn ervaring. Drie jaar geleden zoowat met een paar vrienden naar een kroeg geweest waar je in de tapkast een dik wijf kon zien, een kanjer, heel Rotterdam-Zuid sprak er van, ze kwam uit het oosten, affijn, melk en bloed, niet zoo piepjong meer, tusschen de veertig en vijftig, en al maar bier en borrels schenken. En laat hij nou aan dat wijf blijven hangen, drie jaar martelen met een kreng van een humeur. En zij al maar zwaarder, al maar dikker. Hij hield haar aan den wal, als ze boven in den bok klom kapsijsde de heele machine, nee, daaraan kon hij niet beginnen. En trouwen wou ze ook, maar dat verdraaide hij ronduit. Nou had hij een vriend meegebracht, een varensgezel, die was nog eens zoo groot en zoo breed als hijzelf, die kwam nou veel daar aan huis, en nou hoopte hij maar...

Hij zei:

– De rest begrijp je wel, juffrouw, goeiendag.

En hij vertrok met den langzamen wijdbeenschen pas van het zwaarste te water levend Rotterdam. Maar hij had haar adres gevraagd, en een paar weken later kwam hij op bezoek, zoomaar, en trok ongevraagd een stoel onder zijn machtige hammen.

– U kunt komen zooveel als u wilt, zei ze, als u maar niet rookt. Dat mag hier niet van den dokter.

– Mijn een bonk, zei hij, meestal pruim ik. Als je het goed bekijkt dan is rooken flauwigheid.

Hij sneed een reep koolzwarte tabak netjes af, en stopte ze met overleg tusschen kaak en wang.

Er spuckte ein Blättchen Tabak aus. Mit dem Handrücken trocknete er sich die Lippen, starrte grübelnd über das Wasser.

„Nein, das nicht gerade", sagte er. „Ich bin quasi mit einer Frau am Zusammenleben."

Er seufzte und warf wieder einen kurzen Blick auf Jan Maan. Dann fuhr er fort:

„Und jetzt, jetzt reden sie von einer Hochzeit. Kann schon sein, das kann schon sein, aber so ist es auch nichts."

Und typisch weiblich hörte sie aus diesen Worten heraus, daß er sie noch immer leiden mochte, sie müßte nur den kleinen Finger ausstrecken, und er würde zugreifen. Nicht im Traum dachte sie daran, erneut konnte sie es nicht verstehen und fragte sich wie vor Jahren, was er doch nur an einem solchen alte [sic] Wrack fand, dieses gesunde Mannsbild, vor allem jetzt, wo sie doch so viel älter und noch viel mehr ein Wrack war als damals.

In der Zwischenzeit erzählte er in der derben, naiven Art des Mannes, der auf dem Wasser lebt, von seinen Erlebnissen. Wie er vor etwa drei Jahren mit ein paar Freunden in einer Kneipe war, wo hinter der Theke ein dickes Weib stand, ein richtiger Brocken, ganz Rotterdam-Süd sprach davon, sie stammte aus dem Osten, na ja, wie Milch und Blut, nicht mehr ganz taufrisch, zwischen vierzig und fünfzig, und immerzu Bier und Schnaps am Ausschenken. Und ausgerechnet er muß an dem Frauenzimmer hängenbleiben, sich drei Jahre mit dem launischen Luder rumplagen. Und sie nimmt dauernd zu, wird immer nur dicker. Er ließ sie an Land, denn wenn die oben in den Kran stiege, dann würde die ganze Maschine kentern, nein, mit so was fing er gar nicht erst an. Und heiraten wollte sie auch, aber da war sie an den Falschen geraten. Und jetzt hatte er einen Freund mitgebracht, einen Schiffersmann, der war doppelt so groß und so breit wie er, der kam jetzt viel ins Haus, und jetzt hoffte er eben ...

Er sagte:

„Den Rest begreifst du schon von allein, auf Wiedersehen."

Und er ging davon mit dem langsamen, breitbeinigen Gang des massigen Rotterdamer Seemanns. Aber er hatte ihre Adresse erfragt, und nach ein paar Wochen kam er zu Besuch, einfach so, und zog ungebeten einen Stuhl unter seine mächtigen Hinterbacken.

„Sie können kommen, sooft Sie wollen", sagte sie, „wenn Sie hier bloß nicht rauchen. Das hat der Doktor verboten."

„Mir doch wurst", sagte er, „ich prieme meistens. Wenn man's genau überlegt, dann ist Rauchen Quatsch."

Er schnitt einen kohlrabenschwarzen Streifen Kautabak ordentlich ab und stopfte ihn bedachtsam zwischen Kiefer und Wange.

Hij kwam zoo nu en dan, ze mocht dezen eenvoudigen vent heel graag, hij was een brok brak water, een levend stuk haven, ze zou nooit met hem trouwen, maar als ze jong was geweest en kuisch gebleven, dan wist ze het nog niet. Beperkt, maar niet dom toch, sloom slechts, maar zoo openhartig, zoo stevig, de man van het volk op zijn best. En de man van dien stroom die haar altijd zoo boeide.

Eens nam ze hem met zich mee naar Caledonia, Jan Maan aan den anderen kant. Het was een toeval, ze zouden juist uitgaan toen hij kwam. Nu, die poppenkast wou hij ook wel eens zien. Maar het werd een mislukking, een beetje hinderlijk ook, en toch kon ze niet kwaad worden, Jan Maan wel.

Hij reageerde op alles verkeerd. Als er niets te lachen viel schaterde hij naïef en daverend onder de protesten en het gesis in de donkerte. Ook zei hij tweemaal in de doodsche stilte bij veel bloed op het doek:

– Godsakkerju.

Er kam immer wieder einmal, sie mochte diesen einfachen Mann sehr, er war ein Brocken Brackwasser, ein lebendiges Stück Hafen, sie würde ihn nie heiraten, aber wenn sie jung gewesen wäre und keusch geblieben, dann wäre sie nicht sicher. Beschränkt, aber nicht dumm, nur langsam, aber so offenherzig, so solide, ein Mann aus dem Volk, im besten Sinne. Und ein Mann von diesem Strom, der sie schon immer fasziniert hatte.

Einmal nahm sie ihn mit ins Caledonia, Jan Maan auf der anderen Seite neben sich. Es war ein Zufall, sie wollten gerade ausgehen, als er kam. Nun, dieses Theater wollte er sich auch einmal ansehen. Aber es wurde ein Fiasko, auch ein bißchen unangenehm, und trotzdem konnte sie nicht böse werden, Jan Maan schon. Harm Knol Hein reagierte auf alles falsch. Wenn es nichts zu lachen gab, lachte er naiv schallend aus vollem Hals, unter Protesten und Gezisch aus dem Dunkel. Und zweimal sagte er mitten in die Grabesstille mit viel Blut auf der Leinwand hinein:

„Pfui Deibel!"

9 Lucebert, *apocrief / de analphabetische naam*

Abdruck nach: Lucebert. "apocrief / de analphabetische naam". *Verzamelde gedichten*. Amsterdam: De Bezige Bij, 2002. S. 17–19, 41, 51–53, 65, 69, 73.

apocrief

sonnet

ik
mij
ik
mij

mij
ik
mij
ik

ik
ik
mijn

mijn
mijn
ik

Abdruck nach: Lucebert: *Wir sind Gesichter. Gedichte und Zeichnungen.* Ins Deutsche übersetzt von Ludwig Kunz. Frankfurt/Main: Suhrkamp, 1972. S. 35, 23, 32–33, 24–25, 30–31, 26, 38, 47. Übersetzung des Gedichts „De schoonheid van een meisje" von Rosemarie Still.

Sonett

Ich
Mich
Ich
Mich

Mich
Ich
Mich
Ich

Ich
Ich
Mein

Mein
Mein
Ich

school der poëzie

ik ben geen lieflijke dichter
ik ben de schielijke oplichter
der liefde, zie onder haar de haat
en daarop een kaaklende daad.

lyriek is de moeder der politiek,
ik ben niets dan omroeper van oproer
en mijn mystiek is het bedorven voer
van leugen waarmee de deugd zich uitziekt.

ik bericht, dat de dichters van fluweel
schuw en humanisties dood gaan.
voortaan zal de hete ijzeren keel
der ontroerde beulen muzikaal opengaan.

nog ik, die in deze bundel woon
als een rat in de val, snak naar het riool
van revolutie en roep: rijmratten, hoon,
hoon nog deze veel te schone poëzieschool.

Schule der Poesie

Ich bin kein lieblicher Dichter
Ich bin der windige Hochstapler
Der Liebe, siehe unter ihr den Haß
Und darauf eine gackernde Tat.

Lyrik ist die Mutter der Politik,
Ich bin nichts als Umrufer von Aufruhr
Und meine Mystik ist die verdorbene Nahrung
Der Lügen womit die Tugend sich auskuriert.

Ich berichte, daß die Dichter in Samt
Scheu und humanistisch sterben.
Künftig wird die heiße eiserne Kehle
Der ergriffenen Henker musikalisch aufgehen.

Selbst ich, der ich in diesem Bande wohne
Wie eine Ratte in der Falle, verlange die Gosse
Der Revolution und rufe: Reimratte, höhn,
höhn noch diese viel zu schöne Poesieschule.

waar ben ik

waar ben ik
waar ga ik
wie verneemt mij
wie neemt mij mee
wie overhoort mij
wie heeft mijn oren
zij zijn verstolen
zij zijn gestolen
zij zijn verborgen
borsten
bijtels weten daarvan
hoeveel begeerte belegt mijn mond
eten
ik spreek melkglazen bevruchting in de lucht
een ieder zij voorzichtig
een ieder bukt zich
er is geweldig
er is de toen
er is de thans
nu is er een hol
dan is er een kom
waar ga ik
waar ben ik
men mij
letter mij
is mij is mij
mij
frijs
mij
is mij

Wo bin ich

Wo bin ich
Wo gehe ich
Wer vernimmt mich
Wer nimmt mich mit
Wer überhört mich
Wer hat meine Ohren
Sie sind verstohlen
Sie sind gestohlen
Sie sind verborgen
Brüste
Löcher im Eis wissen davon
Wieviel Begierde belegt mein Mund
Essen
Ich spreche Milchgläser voll Befruchtung in die Luft
Ein jeder sei vorsichtig
Ein jeder bückt sich
Ungeheuerlich
Jetzt ist das Damals
Nun ist das Jetzt
Nun ist da eine Höhle
Dann gibt es ein Komm
Wo geh ich
Wo bin ich
Lenk mich
Buchstabiere mich
Ist mir ist mir
Mir
Frier
Mir
Ist mir

het licht is dichter dan
het lichte gezicht van de mens
met gespierde vlaggen sluit
het de deuren van de huid
op wacht staat buiten de nacht
hol water fluit en lokt
golven vervaard en hard
onder de straal aan zijn haard
de straal vant gegrendeld gezicht
in zijn gegrendeld gezicht ligt de mens
een kamer voor de eenzaamheid
een voorhof voor de duisternis
daartussen trilt op elke drempel
de wimpel van de heugenis

Das Licht ist dichter als
Des Menschen helles Gesicht
Mit sehnigen Flaggen schließt
Es die Türen der Haut
Auf Wache steht draußen die Nacht
Gärendes Wasser flötet und lockt
In Wogen bang und hart
Unterm Strahl an seinem Herd
Dem Strahl des verriegelten Gesichts
In seinem verriegelten Gesicht liegt der Mensch
Ein Zimmer für die Einsamkeit
Ein Vorhof für das Düster
Dazwischen zittert auf jeder Schwelle
Der Wimpel von Erinnerung

de analphabetische naam

de schoonheid van een meisje
of de kracht van water en aarde
zo onopvallend mogelijk beschrijven
dat doen de zwanen
maar ik spel de naam a
en van de namen a z
de analphabetische naam
daarom mij mag men in een lichaam
niet doen verdwijnen
dat vermogen de engelen
met hun ijlere stemmen
maar mij het is blijkbaar is wanhopig
zo woordenloos geboren slechts
in een stem te sterven

die schönheit eines mädchens
oder die kraft des wassers und der erde
so unauffällig wie möglich beschreiben
das tun die schwäne
aber ich buchstabiere vom namen a
und von den namen a z
den analphabetischen namen
darum darf man mich in einem körper
nicht verschwinden lassen
das vollbringen die engel
mit ihren zarteren stimmen
aber mich es ist offenkundig ist verzweifelt
so wortlos geboren nur
in einer stimme zu sterben

ik tracht op poëtische wijze
dat wil zeggen
eenvouds verlichte waters
de ruimte van het volledig leven
tot uitdrukking te brengen
ware ik geen mens geweest
gelijk aan menigte mensen
maar ware ik die ik was
de stenen of vloeibare engel
geboorte en ontbinding hadden mij niet aangeraakt
de weg van verlatenheid naar gemeenschap
de stenen stenen dieren dieren vogels vogels weg
zou niet zo bevuild zijn
als dat nu te zien is aan mijn gedichten
die momentopnamen zijn van die weg
in deze tijd heeft wat men altijd noemde
schoonheid schoonheid haar gezicht verbrand
zij troost niet meer de mensen
zij troost de larven de reptielen de ratten
maar de mens verschrikt zij
en treft hem met het besef
een broodkruimel te zijn op de rok van het universum
niet meer alleen het kwade
de doodsteek maakt ons opstandig of deemoedig
maar ook het goede
de omarming laat ons wanhopig aan de ruimte
morrelen
ik heb daarom de taal
in haar schoonheid opgezocht
hoorde daar dat zij niet meer menselijks had
dan de spraakgebreken van de schaduw
dan die van het oorverdovend zonlicht

Ich suche auf poetische Weise,
Das heißt
In der Einfachheit erleuchteter Wasser
Den Raum des umfassenden Lebens
Zum Ausdruck zu bringen
Wäre ich kein Mensch gewesen
Gleich einer Menge Menschen
Ich wäre doch der ich war
Der steinerne oder fließende Engel
Geburt und Auflösung hätten mich nicht berührt
Der Weg aus Vereinsamung zur Gemeinschaft
Der Steine Steine Tiere Tiere Vögel Vögel Weg
Wär nicht so beschmutzt
Wie dies nun zu sehn ist in meinen Gedichten
Die Augenblicksaufnahmen dieses Weges sind
In dieser Zeit hat was immer man nannte
Schönheit Schönheit ihr Gesicht verbrannt
Sie tröstet nicht mehr die Menschen
Sie tröstet die Larven die Reptile die Ratten
Aber den Menschen erschreckt sie
Und leiht ihm die Ahnung
Brotkrume nur zu sein auf dem Kleide des Weltalls
Nicht mehr allein das Böse
Der Todesstoß macht uns rebellisch oder demütig
Doch auch das Gute
Die Umarmung läßt uns verzweifelt im Raum
Herumtorkeln
Ich habe darum die Sprache
In ihrer Schönheit aufgespürt
Erfuhr daraus daß sie nichts Menschliches mehr hatte
Als die Wortgebrechen des Schattens
Als das ohrenbetäubende Sonnenlicht

wij zijn gezichten
wij hebben het licht gestolen
van de hoogbrandende ogen
of gestolen van de rode bodem
ik ben
veel vuur
veel golven van vuur
vissen die stil zijn als het gezicht dat
alleen is
ik ben
veel van steen en vaag als
vissen in watervallen
ik ben alleen alleen beenlicht en
steendood
wij zijn gezichten
open en rood zijn wij
licht
zijn wij
open
wij zijn
ontplofbaar
ik weet niet wat
steen werd
ik weet wel wat
dood is
dood is ik word
ik word recht weer
ik word geroofd en ben weer
echt licht

Wir sind Gesichter
Wir haben das Licht gestohlen
Aus den heftig brennenden Augen
Gestohlen aus der roten Erde
Ich bin
Viel Feuer
Aus vielen Wellen Feuer
Wie Fische die still sind wie das Gesicht das
Allein ist
Ich bin
Ganz aus Stein und dunkel wie
Fische in Wasserfällen
Ich bin allein nur Gerippe – Rot und
Steintot
Wir sind Gesichter
Offen und rot sind wir
Licht
Sind wir
Offen
Wir sind
Feuergeladen
Ich weiß nicht was
Stein wird
Ich weiß aber was
Tod ist
Tod ist: ich werde
Ich werde wieder gerecht
Ich werde entrissen und bin wieder
Reines Licht

er is alles in de wereld het is alles
de dolle hondenglimlach van de honger
de heksenangsten van de pijn en
de grote gier en zucht de grote
oude zware nachtegalen
het is alles in de wereld er is alles
allen die zonder licht leven
de in ijzeren langen gevangen libellen
hebben van hard stenen horloges
de kracht en de snelheid
binnen het gebroken papier van de macht
gaapt onder de verdwaalde kogel van de vrede
gaapt voor de kortzichtige kogel van de oorlog
de leeggestolen schedel
de erosie
er is alles in de wereld het is alles
arm en smal en langzaam geboren
slaapwandelaars in een koud circus alles
is in de wereld het is alles
slaap

Es gibt alles in der Welt es ist alles
Die wüste Hundelache des Hungers
Die Hexenängste des Schmerzes und
Die große Gier die Sucht der großen
Alten schweren Nachtigallen
Es ist alles in der Welt es gibt alles
Alle, die ohne Licht leben
In eisernen Lungen gefangene Libellen
Haben von steinharten Uhren
Den Antrieb und das Schnelle
Im brüchigen Papier der Macht
Gähnt unter der verirrten Kugel des Friedens
Gähnt vor der kurzsichtigen Kugel des Krieges
Der ausgeplünderte Schädel
Der Zerfall
Es gibt alles in der Welt es ist alles
Arm und klein und zögernd geboren
Schlafwandler in einem kalten Zirkus, alles
Ist in der Welt es ist alles
Schlaf

de getekende naam

ik draai een kleine revolutie af
ik draai een kleine mooie revolutie af
ik ben niet langer van land
ik ben weer water
ik draag schuimende koppen op mijn hoofd
ik draag schietende schimmen in mijn hoofd
op mijn rug rust een zeemeermin
op mijn rug rust de wind
de wind en de zeemeermin zingen
de schuimende koppen ruisen
de schietende schimmen vallen
ik draai een kleine mooie ritselende revolutie af
en ik val en ik ruis en ik zing

Ich drehe eine kleine Revolution ab
Ich drehe eine kleine schöne Revolution ab
Ich bin nicht länger Land
Ich bin wieder Wasser
Ich trage schäumende Köpfe auf meinem Haupt
Ich trage wilde Schatten in meinem Haupt
Auf meinem Rücken ruht eine Wassernixe
Auf meinem Rücken ruht der Wind
Der Wind und die Wassernixe singen
Die schäumenden Köpfe rauschen
Die wilden Schatten fallen
Ich drehe eine kleine schöne rauschende Revolution ab
Und ich falle und ich rausche und ich singe

arp

tegen de polsslag van het steen
klopt de gedachte van de hand
ritselt de rokzoom van trottoirs
ademen rotsen over mij heen
statt de oxyde der zee
op de brandbreekbare ogen der aarde
dwars door mijn mond door
breekt het harde gat van gebaar
en mijn stern wankt
stifte galoppeer maar
geen gewicht dat meer denkt
zo
ben ik tot over mijn oren verloofd met het licht
het licht koopt mij op
loopt op mijn tred mijn hals mijn haar
een mars van mens
de echte mens die wenst
stilte galoppeer maar
door de verstilde galoppade

Hans Arp

Gegen den Pulsschlag des Steins
Klopft der Gedanke der Hand
Raschelt der Kleidersaum der Straße
Atmen Felsen über mich hin
Steht das Oxyd des Meeres
Auf den brennend zerbrechbaren Augen der Erde
Quer durch meinen Mund
Bricht das harte Loch der Gebärde
Und meine Stimme winkt
Stille stolpre nur
Keine Schwere mehr die denkt
So
Bin ich über die Ohren verlobt mit dem Licht
Das Licht kauft mich auf
Läuft über meinen Schritt meinen Hals mein Haar
Ein Menschentrab
Der echte Mensch will
Stille trab nur
Durch stillgewordene Galoppade

10 Louis Paul Boon, *De Kapellekensbaan*

Abdruck nach: L.P. Boon: *De Kapellekensbaan*. Amsterdam: Arbeiderspers, 1953, S. 9–20, 25–26, 28–29.

[Textausschnitt 1, S. 9–20]

OVER ALLES EEN GROOT KRUIS

Ge ziet van uit uw open zolderraam hoe het niemandsbos in het rood wordt geverfd door de zakkende zon, en hoort hoe het droefgeestig schaap van mossieu colson van tminnesterie nog een laatste keer blaat vooraleer het achter de knarsende staldeur verdwijnt: en dan schuift ge uw pampierderij opzij en stapt de trappen af, juist als de kantieke schoolmeester de deur openduwt en samen met zijn schone vrouw lucette een beetje van die late rode zon binnenlaat. En al kantiek schoolmeesterachtig met het hoofd schuddend hoort ge hem zeggen:

    naar het mij toeschijnt hebt ge daar boven op uw zolder over uw papieren gebogen gehangen om over onze wereld-van-vandaag te schrijven, en ik die al zoveel boeken misverstaan heb, weet dat al wat er te zeggen valt reeds gezegd is geweest, ik spreek nog alleens niet van de prediker, van de faustmaker of de waanzinnige hamletspeler... neen onderbreek mij niet, want ik heb dat niet graag, maar zult gij daar op uw zolder groter wijsheid vergaren dan laotse, of kunt gij surrealistisch-erotisch-debieler doen dan het de zangen van maldoror zijn? zult gij de menselijke diepten en hoogten dieper en hoger doorpeilen dan in de demonen van de gebroeders karamazof, zult gij de tijd buiten tijd en ruimte razender achternajagen dan proust, of zult gij het leven binnen tijd en ruimte hardnekkiger geselen dan in de voyage au bout de la nuit? weet gij de ontspoorde mens-in-een-scheve-maatschappij beter in zijn juiste verhouding van levend en denkend dier te plaatsen dan de minnaar van lady chatterley? weet gij nuchterder dan lenin, naturalistischer dan zola, beeldsprakeriger dan de bijbel met de woorden om te springen? is het u mogelijk plechtstatiger en onfeilbaarder te zijn dan de paus van rome, sprookjesachtig onzedelijker dan duizend-en-1-nacht, hemelser dan de navolging-van-christus, sluwer en fijngeestiger dan de reinaert van willem-die-madoc- maakte, tragi-boerser dan de isengrinus van nivardus? en kunt gij moderner ongelovig-schurftiger zijn dan de tropic-of-capricorn?, of romantisch-miserabilistischer dan de voorstad-groeit?

Abdruck nach: L.P. Boon: *Der Kapellekensweg*. Ins Deutsche übersetzt von Gregor Seferens. München: Luchterhand/Random House 2002. S. 9–25, 32–33, 37–39.

[Textausschnitt 1, S. 9–25]

ÜBER ALLES EIN GROSSES KREUZ

Du siehst durch dein Speicherfenster, wie der Niemandswald von der sinkenden Sonne rot gefärbt wird, und hörst, wie das schwermütige Schaf von Missjöh Colson vom Ministerjum noch ein letztes Mal blökt, bevor es hinter der knarrenden Stalltür verschwindet: und dann schiebst du deinen Papierkram beiseite und gehst die Treppe hinab, genau in dem Augenblick, als der kantorale Schulmeister die Tür aufdrückt und mit seiner schönen Frau Lucette ein wenig von der späten roten Sonne hineinläßt. Und während er bereits kantoralschulmeistermäßig den Kopf schüttelt, hörst du ihn sagen:

wie mir scheint, hast du dort oben auf deinem Speicher über dein Papier gebeugt gesessen, um über unsere Welt-von-heute zu schreiben, und ich, der ich bereits so viele Bücher miß-verstanden hab, weiß, daß alles, was es zu sagen gibt, bereits gesagt worden ist, und dabei rede ich nicht einmal von den Predigern, vom Faust-Macher oder dem wahnsinnigen Hamlet-Spieler ... nein, unterbrich mich nicht, denn das hab ich nicht gern, aber wirst du dort auf deinem Speicher größere Weisheit erlangen als Laotse, oder kannst du dich surrealistisch-erotisch-debiler geben, als es die Gesänge des Maldoror sind? Wirst du die menschlichen Höhen und Tiefen tiefer und höher durchmessen, als es in den Dämonen der Brüder Karamasoff geschehen ist, wirst du der Zeit außerhalb von Zeit und Raum schneller nachjagen als Proust, oder wirst du das Leben in Zeit und Raum hartnäckiger geißeln als in der Voyage au bout de la nuit? Verstehst du es, den aus der Bahn geworfenen Menschen-in-einer-aus-den-Fugen-geratenen-Gesellschaft als lebendes und denkendes Tier genauer in den Gesamtzusammenhang einzuordnen als der Liebhaber von Lady Chatterley? Vermagst du es, nüchterner als Lenin, naturalistischer als Zola, bilderreicher als die Bibel mit Worten umzugehen? Bist du in der Lage, feierlicher und unfehlbarer zu sein als der Papst in Rom, märchenhaft-unsittlicher als Tausend-und-1-Nacht, himmlischer als die Nachfolge-Christi, schlauer und feingeistiger als Reinaert der Fuchs von Willem-der-Madoc-machte, tragi-bäurischer als der Ysengrimus von Nivardus? Und kannst du moderner ungläubig-räudiger sein als Tropic-of-Capricorn?, oder romantisch-elender, als Die-Vorstadt-wächst?

En als ge de kantieke schoolmeester hoort zwijgen en zijn lippen ziet openpersen antwoordt ge: het is mogelijk dat het onmogelijk is om iets nieuwer en juister te zeggen, maar over al het geschrevene daalt het stof der tijden neer, en ik peins daarom dat het goed is als er om de 10 jaar een andere een kruis trekt over al die oude dingen, en de wereld-van-vandaag opnieuw uitspreekt met andere woorden.

ATLANTIC – ATOMIC

Terwijl johan janssens de dichter en dagbladschrijver op zijn blote-voeten-insloefen naar u toekomt, al zeggend pff in plaats van goeiendag... en terwijl de kantieke schoolmeester hem antwoordt dat het onweren zal, meer nog kijkend naar de onbewogen ogen van zijn schone vrouw lucette dan naar de lucht die 1 lucht is ginder ver in de verte... terwijl vraagt ge hen wat hun mag believen: ge hebt al iets over de wereld-literatuur gehad, zal het nu weer hetzelfde zijn?

Als ik resumeer wat er besproken werd, zegt johan janssens in zijn schoonste dagbladstijl, dan moet ik de kantieke schoolmeester gelijk geven als hij zegt dat er niets meer te zeggen valt, maar dan kan ik u toch geen ongelijk geven als ge zegt dat al het gezegde ieder 10 jaar zou moeten herhaald worden maar met andere woorden. Ha en als ik het goed voorheb dan komt het hier op neer dat het de vorm is die moet veranderen, want het evoluerend verstand en de blijvende domheid van de mens, alsook het schone geloof in de toekomst en de ketterse twijfel eraan, waren in de antieke-beschaving juist dezelfde als de dag van vandaag in onze hedendaagse-beschaving, maar iemand moet de oude wijn in nieuwe vaten gieten – als ik mij in mijn hoedanigheid van Dichter zo mag uitdrukken – opdat iedereen die er zich aan bedrinkt zou begrijpen dat niet alleen de tovenaarswereld-van-een-atlantic naar de dieperik ging, maar dat de werklozenwereld-van-een-atomic haar op de hielen volgt... hè ik verschiet en ik krijg schrik en ik moet lachen met mijn eigen spiritualiteit... en ik begin rap over iets anders, de vorm dus: als gij het door de kantieke schoolmeester opgesomde wilt opnieuw zeggen, dan zult ge een andere vorm moeten zoeken, maar dewelke? b.v.b. een roman waarin ge alles holderdebolder uitkeert, kwak, gelijk een kuip mortel die van een stelling valt, + ernaast en erbij uw aarzelingen en twijfels omtrent het doel en nut van de roman, + daarbij en daarenboven iets dat ge zoudt kunnen noemen de reis van nihilisme naar realisme – weg en weer, 3de klas – want vandaag is er nog hoop dat de wereld iets wordt maar morgen wordt die hoop terug de bodem ingeslagen... en daarnaast zoudt ge nog kunnen randbemerkingen geven,

Und als du den kantoralen Schulmeister schweigen hörst und siehst, wie er die Lippen aufeinanderpreßt, antwortest du: möglicherweise ist es unmöglich, irgend etwas neuer und genauer zu sagen, aber auf alles Geschriebene senkt sich der Staub der Zeit, und deshalb glaube ich, daß es gut ist, wenn alle zehn Jahre jemand anders ein Kreuzzeichen über all die alten Dinge macht und die Welt-von-heute mit anderen Worten neu beschreibt.

ATLANTIS – ATOMAR

Während Johan Janssens der Dichter und Tageszeitungsschreiber auf nackten-Füßen-in-Puschen auf dich zukommt, wobei er Pff statt Guten Tag sagt ... und während der kantorale Schulmeister ihm antwortet, daß es Gewitter geben wird, mehr zu den unbeweglichen Augen seiner schönen Frau Lucette schauend als zum Himmel, der 1 Himmel drüben in weiter Ferne ist ... dieweil fragst du sie, wonach ihnen der Sinn steht: über die Weltliteratur hast du bereits etwas zu hören bekommen, wird es jetzt wieder das gleiche sein?

Wenn ich das, was gesagt wurde, zusammenfasse, sagt Johan Janssens in seinem schönsten Tageszeitungsstil, dann muß ich dem kantoralen Schulmeister recht geben, wenn er sagt, daß es nichts mehr zu sagen gibt, doch gleichzeitig kann ich dir auch nicht widersprechen, wenn du sagst, daß alles Gesagte alle zehn Jahre mit anderen Worten wiederholt werden muß. Ha, und wenn ich das richtig sehe, dann ist die Schlußfolgerung hieraus, daß sich die Form ändern muß, denn sowohl der sich evolutionär entwickelnde Verstand und die unveränderliche Dummheit des Menschen als auch der schöne Glaube an die Zukunft und der ketzerische Zweifel daran waren in der antiken Zivilisation genau dieselben wie heute in unserer heutigen Zivilisation, doch einer muß den Wein in neue Schläuche füllen – wenn ich mich in meiner Eigenschaft als Dichter so ausdrücken darf –, damit jeder, der sich daran betrinkt, auch versteht, daß nicht nur die Atlantis-Zauberwelt untergegangen ist, sondern daß auch die Atomis-Arbeitslosenwelt ihr auf den Fersen folgt ... He, ich erbleiche und erschrecke und breche angesichts meiner eigenen Spiritualität in Lachen aus ... und rasch rede ich von etwas anderem, der Form also: wenn du das, was der kantorale Schulmeister aufgezählt hat, erneut sagen willst, dann mußt du eine andere Form wählen, doch welche? z. B. einen Roman, in den du alles holterdipolter reinkippst, platsch, wie einen Bottich Mörtel, der vom Gerüst fällt, + nebenbei und zudem dein Zögern und deine Zweifel im Hinblick auf Sinn und Nutzen eines Romans, + außerdem und darüberhinaus etwas, das du als die Reise vom Nihilismus zum Realismus bezeichnen könntest – hin und zurück, 3. Klasse – denn heute gibt es noch Hoffnung, daß aus der Welt noch etwas werden könnte, doch morgen wird diese Hoffnung wieder zurück in Grund und Boden gehämmert ... und außerdem könntest du

plotse invallen, nutteloze omschrijvingen, gekapseerde erotische dromen en zelfs dagbladknipsels ...

Het is te zeggen iets gelijk wij nu doen, zegt ge ... en johan janssens, de kantieke schoolmeester en mossieu colson van tminnesterie kijken u met open mond aan.

LAP- EN VLIEGWERK

In zijn hoedanigheid van Dichter heeft johan janssens het deze zoele avond-met-wat-regen over zijn twijfel omtrent de roman. Maar gelijk hij doodernstig wil beginnen zeggen dat de roman hem de keel uithangt, ontdekt hij dat die uitdrukking zelf – de keel uithangen – hem al de keel uithangt, en hij eist een zitting met gesloten deuren om die uitdrukking te vervangen door een andere... en zoals nadien de schone vrouw lucette van haar kantieke schoolmeester vernam, heeft johan janssens zich op die zitting laten ontvallen dat hij een lijst aanlegt van uitdrukkingen die in geen enkel idioticon vermeld staan, en dat hij deze lijst zal openbaar maken in boontje's 1ste illegale roman, het ogenblik dat de laatste lezer zal zijn doodgevallen, waarvan acte ...

En nadat uw eigen vrouw en de schone vrouw lucette terug zijn binnengekomen, vervolgt hij zijn uiteenzetting dat het hem de keel uithangt – algemeen gepinkoog – om de ene fatsoenlijke roman na de andere te doorworstelen, want als ge de roman vergelijkt met het Leven ziet ge dat het niet veel meer is dan lap-en-vliegwerk, en heeft het de meer dan frappante gelijkenis met de acrobatie van de clown die de koorddanser achternakomt, maar ginds in de hoge nok van het cirkus, al wankelend en al bewust gekke gebaren makend, eveneens plots kan uitglijden ...

En terwijl johan janssens in zijn hoedanigheid van Dichter even adem schept, steekt de kantieke schoolmeester de vinger op en zegt hij dat zo een betoog nu waarlijk een betoog van de hak op de tak is. Doch johan janssens heeft verse adem opgedaan en vervolgt zijn betoog contra de roman: maar ondertussen beweegt de clown ginder nog altijd over de gespannen koord, komisch wenend maar plots uitglijdend en zijn leven riskerend... want ondanks zijn taak om een parodie van de acrobaat te geven, riskeert hij zijn leven zo goed als de acrobaat-zelf die hem is voorgegaan... en sukkelend met zijn broek die afvalt vraagt hij het omhoogkijkende publiek of niemand hem een veiligheidspeld kan lenen, maar als hij zich naar alle zijden van het ronde cirkus wendt bemerkt het hoger-genoemde publiek op des clowns rug een reuzen-veiligheidspeld. Daarop zet johan janssens zich neer

noch Randbemerkungen einfügen, plötzliche Einfälle, nutzlose Umschreibungen, verkappte erotische Träume und sogar Zeitungsausschnitte ...

Also so ähnlich, wie wir es jetzt machen, sagst du ... und Johan Janssens, der kantorale Schulmeister und Missjöh Colson vom Ministerjum sehen dich mit offenem Mund an.

FLICKWERK UND TRICKKUNST

In seiner Eigenschaft als Dichter redet Johan Janssens an diesem linden Abend-mit-ein-wenig-Regen über seine Zweifel bezüglich des Romans. Doch als er in vollem Ernst sagen will, daß ihm der Roman zum Hals raushängt, fällt ihm auf, daß dieser Ausdruck selbst – zum Hals raushängen – ihm schon zum Hals raushängt, und er verlangt eine Sitzung hinter verschlossenen Türen, um diesen Ausdruck durch einen anderen zu ersetzen ... und wie anschließend die schöne Frau Lucette von ihrem kantoralen Schulmeister vernahm, ist es Johan Janssens während dieser Sitzung herausgerutscht, daß er dabei ist, eine Liste von Ausdrücken anzulegen, die in keinem einzigen Idiotikon erwähnt werden, und daß er diese Liste in Boontjes 1. illegalen Roman veröffentlichen wird, in dem Augenblick, wenn der letzte Leser tot umgefallen ist, beurkundet durch ...

Und nachdem deine eigene Frau und Lucette wieder ins Zimmer gekommen sind, fährt er mit seinen Erläuterungen fort, daß es ihm zum Hals raushängt – allgemeines Zublinzeln – einen anständigen Roman nach dem anderen durchzukauen, denn wenn du den Roman mit Dem Leben vergleichst, dann stellst du fest, daß er im Grunde nichts weiter als Flickwerk und Trickkunst ist und mehr als nur eine frappierende Ähnlichkeit mit der Akrobatik des Clowns hat, der hinter dem Seiltänzer herläuft, der aber oben in der hohen Kuppel des Zirkuszeltes, schwankend und absichtlich verrückt gestikulierend, ebenfalls plötzlich ausrutschen kann ...

Und während Johann Janssens in seiner Eigenschaft als Dichter kurz Atem schöpft, hebt der kantorale Schulmeister den Finger und sagt, daß derartige Ausführungen nun wahrlich Vom-Hölzchen-aufs-Stöckchen-Ausführungen sind. Doch Johan Janssens hat neuen Atem geschöpft und fährt mit seinen Ausführungen gegen den Roman fort: gleichzeitig aber geht der Clown dort oben noch immer über das gespannte Seil, weint komisch, rutscht plötzlich aus und riskiert sein Leben ... denn ungeachtet seiner Aufgabe, eine Parodie des Akrobaten zu liefern, setzt er sein Leben genauso aufs Spiel wie der Akrobat selbst, der vor ihm hergegangen ist ... und mit seiner rutschenden Hose hantierend, fragt er das in die Höhe schauende Publikum, ob ihm nicht jemand eine Sicherheitsnadel leihen könnte, doch als er sich nach allen Seiten im Zirkusrund umdreht, entdeckt das eben erwähnte Publikum eine riesige Sicherheitsnadel auf seinem Rücken. Dar-

en de kantieke schoolmeester voegt er aan toe dat men 1000 bladzijden schrijvend 1000 kleine waarheden heeft verwrongen en verdraaid, in een zak gestopt en door elkaar geschud en kop-over-kont weer bovengehaald. De 1000 kleine waarheden vormen samen de 1000-voudige grote Leugen, de parodie op het leven, de clown uit het cirkus, de vis op het droge, roept johan janssens in zijn hoedanigheid van Dichter en hij smijt zijn glas omver.

NOCH GOD NOCH DEMOCRATIE

Ge hebt een glas omvergesmeten en gebroken, zegt uw vrouw tot johan janssens, dichter en dagbladschrijver... maar hij zit er in zijn hoedanigheid van dagbladschrijver en langs die kant hoort hij niet goed: en roffelend met zijn voeten op uw vloer en trommelend met zijn handen op het blad van uw tafel, troffelt... neen, trommelt... hij het lied van de roman-taplan-taplan-romantaplan, zodat de schone vrouw lucette de handen aan de kleine oorschelpen houdt. En al het hoofd schuddend vertelt hij haar dat ze gerust die schone roze schelpen mag ontbloten want dat hij iets interessants heeft te vertellen: in mijn hoedanigheid van Dichter ontdek ik pas dat ieder voor zichzelf leeft en in niets meer gelooft, of mijn confrater de dichter johan brams zegt mij dat hij slechts voor zichzelf leeft en cynisch wordt en in niets meer gelooft. En hij vertelt mij over de kleine man die aangehouden en veroordeeld wordt omdat hij binst de oorlog uit honger naar de verkeerde kant liep, maar dat de grote nazigeneralen doorheen de radio zeggen dat ze im grunde nooit iets met hitler gemeen hadden. En tevens denkt hij, mijn confrater johan brams, dat wij terug in 36 zijn en dat de wereld naar een tijdperk van algehele vernietiging gaat... en nog iets interessants, maar dat ben ik vergeten. En in mijn hoedanigheid van dagbladschrijver kom ik in dezelfde straat bij professor spothuyzen binnen die aan de universiteit les geeft en een der 7 intelligente mensen van belgië is, en waar ik mij telkens zo klein en dom naast voel, want hij zit met heine en goethe en dostojewski in zijn kop en omvat de wereld en speelt toch doodgewoon mee in een dorpsfanfare... en hij zegt mij: godverdomme ik begin met in niets meer te geloven, ik word zo cynisch dat ik over mezelf verbaasd sta. En ik vraag hem wat daarover naar zijn gedacht zijn mening is, heel de wereld wordt cynisch en gelooft noch in god noch in de democratie noch in de hond zijn kloten – pardon – en hij denkt diep na en zegt zijn gedacht en ik sta er verbaasd over: het is zo een klein gedachte dat ik er op mijn gat wou van vallen. En in de avond ondervraag ik, nogmaals in mijn hoedanigheid van dagbladschrijver, over

aufhin setzt sich Johan Janssens, und der kantorale Schulmeister fügt hinzu, daß man, wenn man 1000 Seiten geschrieben hat, 1000 kleine Wahrheiten verzerrt und verdreht, in einen Sack gestopft und durcheinandergeschüttelt und kopfüber wieder hervorgeholt hat. Diese 1000 kleinen Wahrheiten bilden zusammen die 1000fache große Lüge, die Parodie des Lebens, den Zirkusclown, den Fisch auf dem Trockenen, ruft Johan Janssens in seiner Eigenschaft als Dichter und stößt sein Glas um.

WEDER GOTT NOCH DEMOKRATIE

Du hast ein Glas umgestoßen und zerbrochen, sagt deine Frau zu Johan Janssens dem Dichter und Tageszeitungsschreiber ... doch der sitzt dort in seiner Eigenschaft als Tageszeitungsschreiber, und auf dem Ohr hört er nicht gut: und mit seinen Füßen einen Wirbel auf deinen Fußboden tappernd und mit seinen Händen auf der Platte deines Tisches trommelnd, troppert ... nein trommelt ... er das Lied vom Romantaplan-taplan-Romantaplan, so daß die schöne Frau Lucette die Hände auf ihre kleinen Ohrmuscheln legt. Und den Kopf schüttelnd erzählt er ihr, daß sie die schönen rosigen Muscheln ruhig entblößen darf, denn er habe etwas Interessantes zu erzählen: in meiner Eigenschaft als Dichter habe ich gerade entdeckt, daß ein jeder für sich allein lebt und an nichts mehr glaubt, da sagt mein Mitbruder, der Dichter Johan Brams, zu mir, daß er nur für sich allein lebt und zynisch wird und an nichts mehr glaubt. Und er berichtet mir vom kleinen Mann, der verhaftet und verurteilt wird, weil er sich im Krieg vor Hunger auf die falsche Seite geschlagen hat, daß aber gleichzeitig die großen Nazigeneräle im Radio verkünden, im Grunde hätten sie mit Hitler nie etwas zu tun gehabt. Und außerdem denkt er, mein Mitbruder Johan Brams, daß wir uns wieder im Jahr 36 befinden und daß die Welt einem Zeitalter der totalen Vernichtung entgegengeht ... und noch etwas Interessantes, das ich aber vergessen habe. Und in meiner Eigenschaft als Tageszeitungsschreiber betrete ich in derselben Straße das Haus von Professor Spothuyzen, der an der Universität lehrt und einer der 7 intelligentesten Menschen Belgiens ist und neben dem ich mir jedesmal so klein und dumm vorkomme, denn er hat Heine und Goethe und Dostojewski im Kopf und versteht die Welt, und doch spielt er ganz normal im örtlichen Fanfarenkorps mit ... und er sagt zu mir: gottverdammt, ich glaube inzwischen an nichts mehr und werde so zynisch, daß ich mich über mich selbst wundere. Und ich frage ihn, was seiner Meinung nach seine Meinung darüber ist, daß die ganze Welt zynisch wird und weder an Gott noch an die Demokratie noch an des Köters Klöten glaubt – pardon – und er denkt scharf nach und sagt seine Meinung, und ich bin vollkommen erstaunt darüber: es ist ein so kleiner Gedanke, daß ich fast auf den Hintern gefallen wäre. Und am Abend befrage ich, abermals in meiner Eigenschaft als Ta-

die kwestie iemand die van alle markten thuis is en precies met voelhorentjes op de kop loopt en altijd op zijn poten terechtkomt waar het toeval hem ook heenzwiert – en die zo hovaardig was als een zot omdat hij met mij, j.j. dichter en dagbladschrijver, mocht meelopen – en hij antwoordt mij over die kwestie en het is eveneens zo een kleine gedachte dat ik er nogmaals wou op mijn gat van vallen: dat was dus 2 keer dat ik op mijn gat wou vallen, maar dat deed ik vaneigens niet, ik ging liever naar huis en heb mijn vrouw... Maar de schone vrouw lucette zit weeral met de handen over haar blote roze oorschelpen, en uw vrouw zegt: van vallen gesproken, gaat ge het glas betalen dat ge hebt laten vallen?

MALAISE

Het is zaterdagavond en schoon weer, als de dichter en dagbladschrijver johan janssens achter de kantieke schoolmeester en zijn schone vrouw lucette loopt, en hen tevens inhaalt, terwijl ze op weg zijn naar uw huis. En met een schuine blik naar de ontblote roze oorschelpen van de schone vrouw lucette, zegt johan janssens:

ik sprak gisteren over het ongeloof en het cynisme en over iets dat ik vergeten was... want zo gaat het, de dingen die het noodzakelijkst dienen gezegd te worden is men het eerst vergeten – en ik peins met ontsteltenis aan wat voor grote dingen men in de loop der tijden allemaal zou kunnen gezegd hebben, was men het niet ongelukkiglijk vergeten – ha maar pas waart ge weg of ik herinnerde het mij... mijn confrater johan brams zei me dat er een algemene malaise is, niemand gelooft nog in iets of begeeft zich aan een groot werk, de rijkemensen bouwen geen roten werkmanshuizen meer maar kopen zich autos in serie, en de armemensen die zelf geen geld hebben om zich een kotje-huizeke te bouwen kruipen bij elkander op kamers of in noodwoningen van de Staat – voorlopig voorlopig, gelijk alles voorlopig is, god en de mensen en de wereld en het atoomtijdperk en de romankunst – en de bouwnijverheid ligt stil. Niemand getroost zich nog de moeite om een boek te lezen en de uitgevers weigeren de manuscripten van de auteurs, goede of slechte, diepdoordachte of haastig geschrevene... en als een diepdoordacht boek een goed boek is in mijn ogen, dan kan het omgekeerde bijna waar zijn in de wanhopige ogen van de uitgever... en geen enkele grote schrijver heeft nog de moed om deze tijd in een ongeëvenaard werk uit te beelden. Ha en dat komt omdat hij zich... samen met de hogergenoemde rijkemens die geen huizen

geszeitungsschreiber, hierzu jemanden, der mit allen Wassern gewaschen ist und mit regelrechten Fühlhörnern auf dem Kopf herumläuft und immer wieder auf den Füßen landet, wo immer der Zufall ihn auch hinschleudert – und der so stolz war wie ein Bekloppter, weil er mich, J.J. den Dichter und Tageszeitungsschreiber, begleiten durfte – und er antwortet mir auf die Frage, und es handelte sich erneut um einen so kleinen Gedanken, daß ich wieder fast auf meinen Hintern gefallen wäre: das war also bereits das 2. Mal, daß ich fast auf den Hintern gefallen wäre, doch natürlich tat ich das nicht, ich ging lieber nach Hause und habe meiner Frau ...

Doch die schöne Frau Lucette sitzt schon wieder da und preßt die Hände auf ihre nackten rosafarbenen Ohrmuscheln, und deine Frau sagt: apropos „fallen", wirst du das Glas bezahlen, das du umgeschmissen hast?

MALAISE

Es ist Samstagabend und schönes Wetter, als der Dichter und Tageszeitungsschreiber Johan Janssens hinter dem kantoralen Schulmeister und seiner schönen Frau Lucette hergeht und sie, die sie auf dem Nachhauseweg sind, auch einholt. Und mit einem Blick aus den Augenwinkeln auf die entblößten rosafarbenen Ohrmuscheln der schönen Frau Lucette sagt Johan Janssens:

ich sprach gestern vom Unglauben und vom Zynismus und von etwas, an das ich mich nicht mehr erinnern konnte ... denn so geht das, die Dinge, die am allerdringlichsten gesagt werden müssen, die vergißt man zuerst ... und ich denke mit Bestürzung daran, welche bedeutenden Dinge man im Laufe der Zeit hätte sagen können, wenn man sie nicht unglücklicherweise vergessen hätte – ha, aber kaum warst du weg, da fiel es mir wieder ein ... mein Mitbruder Johan Brams sagte mir, daß eine allgemeine Malaise herrscht, keiner glaubt mehr an etwas oder nimmt ein großes Werk in Angriff, die reichen Leute bauen nicht mehr reihenweise Arbeiterwohnungen, sondern kaufen ständig Autos, und die armen Leute, die nicht einmal Geld haben, sich eine winzige Bruchbude zu bauen, mieten sich bei anderen ein Zimmer oder leben in staatlichen Sozialwohnungen – vorläufig, vorläufig, so wie alles vorläufig ist, Gott und die Menschen und die Welt und das Atomzeitalter und die Romankunst – und das Baugewerbe hat nichts zu tun. Niemand macht sich noch die Mühe, ein Buch zu lesen, und die Verleger lehnen die Manuskripte der Autoren ab, gute und schlechte, genau durchdachte und hastig geschriebene ... und wenn ein gut durchdachtes Buch in meinen Augen gut ist, dann kann in den verzweifelten Augen eines Verlegers das Gegenteil davon fast wahr sein ... und kein einziger großer Schriftsteller hat noch den Mut, diese Zeit in einem unerreichten Werk darzustellen. Ha, und das kommt daher, weil er ... gemeinsam mit dem oben erwähnten Reichen, der keine Häuser mehr baut, und

meer bouwt, en met de armemens die voorlopig op kamers woekert of nog voorlopiger in krotwoningen hoekert, en met de bouwnijverheid die stil ligt, en met de uitgever die manuscripten weigert... zich de moeite niet meer moet getroosten om aan een groot werk te beginnen: de wereld is toch naar de knoppen. Ha... wil de kantieke schoolmeester zeggen... maar johan janssens onderbreekt hem in zijn hoedanigheid van dagbladschrijver, en vertelt dat hij ook andré heeft ontmoet, de theosoof en student in de medicasijnen, en dat hij hem gevraagd heeft of hij iets in de zin van een algemene malaise heeft ontdekt, maar dat andré met een argeloos gezicht geantwoord heeft: neen want aan de universiteit worden nog voordrachten gehouden.

Ha... wil de kantieke schoolmeester nogmaals zeggen... maar zijn schone vrouw lucette moet lachen met de woorden van johan janssens, en ondertussen zijn ze aan de deur van uw huis en als ze binnentreden zien ze u daar staan met een papier in de hand: het VOORBERICHT VAN UW NIEUWE ROMAN.

DE KLEINE ONDINE TUSSEN IJZER EN GLAS

Hou u ernstig nu, want alhoewel er geen romans meer worden geschreven wou de opsteller van dit roman-plan iets geven dat het Ganse Leven zou omvatten... maar ge ziet dat hij van in de beginne al te hoge woorden met hoofdletters moet gebruiken... en dus is het menselijk-gesproken te verwachten dat hij in de roman zelf zal te kort schieten. Hij zal hier te vlug overheen stappen en daar te veel uitbreiden, en op die manier gaat het een zee worden, een plas, iets dat op niets trekt: maar er blijft de smalle troost dat hij geniaal zal zijn in bijkomstigheden. *Hij zou een roman schrijven met als zogezegde heldin de kleine ondine – want temidden de angst en de vertwijfeling en de laatste hoop van de laatste der mohicanen, temidden ijzer en glas en beton, temidden burocratie en atoomsplitsing en de stilgelegde bouwnijverheid, zal de figuur van dat meisje weldadig en verfrissend aandoen... maar naast de roman van de kleine ondine moet het ook de roman worden van haar lief-en-man, oscarke – ondine en oscarke, twee o's die door het toeval bij elkaar moeten gebracht worden, om zijde aan zijde hun levensbobijntje te laten afrollen, terwijl de een van de ander nooit wat zal begrijpen, en terwijl zij over alles toch dezelfde waanideeën zullen koesteren – maar god sta me bij als het niet méér wordt dan dat: het moet ook de roman worden van het socialisme, vanaf het ontstaan tot op de huidige dag, en plus daarbij de roman van de kleinburgerij die 2 oorlogen op haar kop kreeg en ineenstuikte, al sparend en al hongerlijdend, maar toch de schijn reddend. O hij zou in deze roman spreken over vapeur met*

mit dem Armen, der vorläufig in einem Zimmer hockt oder noch vorläufiger in einer Bruchbude haust, und mit dem Baugewerbe, das nichts zu tun hat, und mit dem Verleger, der Manuskripte ablehnt ... nicht mehr gewillt ist, die Mühe auf sich zu nehmen, ein großes Werk zu beginnen: die Welt ist sowieso zum Teufel. Ha ... will der kantorale Schulmeister sagen ... doch Johan Janssens unterbricht ihn in seiner Eigenschaft als Tageszeitungsschreiber, und er erzählt, daß er auch André getroffen hat, den Theosophen und Studenten der Medikazin, und daß er ihn gefragt hat, ob er so etwas wie eine allgemeine Malaise bemerkt habe, daß aber André mit arglosem Gesichtsausdruck geantwortet hat: nein, denn an der Universität werden noch Vorlesungen gehalten.

Ha ... will der kantorale Schulmeister noch mal sagen ... aber seine schöne Frau Lucette muß über die Worte von Johan Janssens lachen, und inzwischen sind sie an deiner Haustür angekommen, und als sie eintreten, sehen sie dich dort mit einem Blatt in der Hand stehen: dem VORBERICHT DEINES NEUEN ROMANS.

DIE KLEINE ONDINE ZWISCHEN EISEN UND GLAS

Bleib jetzt ernst, denn obwohl keine Romane mehr geschrieben werden, wollte der Entwerfer dieses Roman-Plans etwas machen, das das Ganze Leben umfassen soll ... aber du siehst, daß er schon zu Beginn große Wörter mit Großbuchstaben benutzen muß ... und folglich ist es, menschlich-gesagt, vorhersehbar, daß er im Roman selbst scheitern wird. Er wird über das eine zu schnell hinweggehen und bei dem anderen zu weit ausschweifen, und so wird der Roman ein See werden, eine Pfütze, etwas, das weder Hand noch Fuß hat: doch es bleibt der kleine Trost, daß er in den Nebensächlichkeiten genial sein wird. *Er wird einen Roman schreiben, dessen sogenannte Heldin Ondineke ist – denn inmitten der Angst und der Verzweiflung und der letzten Hoffnung des letzten Mohikaners, inmitten von Eisen und Glas und Beton, inmitten von Bürokratie und Kernspaltung und der stillgelegten Bauwirtschaft wird die Figur dieses kleinen Mädchens angenehm und erfrischend wirken ... aber außer dem Roman über die kleine Ondine soll es auch der Roman über ihren Geliebten-und-Mann Oscarke werden – Ondine und Oscarke, zwei Os, die durch Zufall zusammengebracht werden müssen, um Seite an Seite ihr Lebensröllchen abzuspulen, wobei der eine aus dem anderen nie schlau werden wird, während sie doch gleichzeitig über alles dieselben Wahnvorstellungen hegen – aber Gott stehe mir bei, wenn der Roman nicht mehr wird als das: er soll auch der Roman über den Sozialismus werden, von dessen Entstehung an bis zum heutigen Tag, und außerdem noch der Roman des Kleinbürgertums, das 2 Weltkriege aufs Haupt bekam und zusammengestaucht wurde, immer sparend und Hunger leidend, aber doch den Schein wahrend. Oh, er würde in diesem Roman*

zijn goddeloze machine, en over valeer-traleer met zijn afgesneden vinger en zijn monsterhoofd dat waggelend van hier naar ginder door het leven holt...

Elaas, ge zijt nog maar aan de helft van uw plan, als uw vrouw zich hoofdschuddend laat ontvallen dat het veel te veel is. Van het goede kan er nooit te veel zijn, zegt johan janssens dichterlijk, maar dagbladschrijverlijk voegt hij er aan toe: plaatsgebrek belet ons echter... En de kantieke schoolmeester steekt zijn vinger op en zegt: overdaad schaadt. En mossieu colson van tminnesterie die niet veel zegt, zegt nu: gij meneer de kantieke schoolmeester, gij peinst dat, maar dat komt omdat ge een mens zijt die niet veel zegt.

EEN VERGISSING EN EEN VERWITTIGING

Zie ge gaat naar een meeting waarin men u de komende maatschappij – na deze van de atoomsplitsing – afschildert en belooft, en ge zijt gelukkig gelijk een kind met sinterklaas, maar onderweg naar huis schiet de rijgkoorde van uw schoen kapot en ge vloekt van gotverhier en gotver-een-eindeke-verder. Dat wil niet zeggen dat sinterklaas... pardon de komende maatschappij... daarom niet minder komen zal, maar het wil zeggen dat men altijd zal moeten rekening houden met kapotschietende rijgkoorden. En zo moet er ook rekening mee gehouden worden dat ge het plan van uw roman kunt aflezen – al was het eigenlijk maar de helft van uw plan – of dat de vergadering al doodgewoon nuchter zegt dat het teveel is... overdaad schaadt... en roman of geen roman de radio openzet en naar het weerbericht luistert: matige wind drie uitgeschoven balken. Ei maar daarom sluit ge u niet in verbittering op, ge luistert mee naar het weerbericht en besluit "toestand normaal", en klampt mossieu colson van tminnesterie aan, al zegt die nooit iets of leest die nooit een roman: *in mijn roman, zegt ge, zal er ook spraak zijn van meneerke brys die in rijmpjes sprak en de 1ste sociaal was zonder dat hij het zelf wist, en van jeannine die zo lief en zo ochgodomme was, en van de schele malvine – o ja, en het is waar ook, het een en ander over spiritisme – val niet dood, mossieu colson van tminnesterie, maar zelfs over dingen die ik aan geen enkele serieuze mens vertellen kan – en over ontroerende ragfijne heerlijkheden die door iedereen over het hoofd gaan gezien worden, gelijk dat altijd gaat. Maar ergens midden in de roman is er geloof ik een vergissing, want almeteens is er sprake van een kind zonder dat de lezer van de komst werd verwittigd.*

En mossieu colson van tminnesterie, die nooit iets zegt, zegt nu: ik schud het hoofd want uw boek zal een wereld zijn, zal 100 werelden zijn, maar vanzelfsprekend zult ge moeten zeggen dat al die dingen 1 grote leugen zijn van het begin tot

von Vapeur und seiner gottlosen Maschine berichten, und über Valeer-Traleer mit seinem abgeschnittenen Finger und seinem Monsterschädel, der von hüben nach drüben wackelnd durchs Leben rollt ...

Tja, du hast gerade erst die Hälfte deines Plans erläutert, da wirft deine Frau kopfschüttelnd ein, daß es viel zuviel sei. Vom Guten kann es nie zuviel geben, sagt Johan Janssens dichterlich, doch tageszeitungsschreiberlich fügt er hinzu: Platzmangel hindert uns allerdings ... Und der kantorale Schulmeister hebt seinen Finger und sagt: Übermaß schadet. Und Missjöh Colson vom Ministerjum, der nicht viel sagt, sagt jetzt: das, Herr Kantor und Schulmeister, das meinst du, aber das kommt, weil du ein Mensch bist, der nicht viel sagt.

EINE VERWECHSLUNG UND EINE INFORMATION

Also, du besuchst eine Versammlung, in der man dir die zukünftige Gesellschaft – nach der jetzigen Gesellschaft der Kernspaltung – ausmalt und verspricht, und du bist glücklich wie ein Kind zu Nikolaus, doch auf dem Nachhauseweg reißt der Schnürsenkel deines Schuhs, und du fluchst Gottverhier und Gottver-ein-kleines-Stück-weiter-dahinten. Damit will ich nicht sagen, daß der Nikolaus ... pardon, die zukünftige Gesellschaft ... deshalb nicht weniger kommen wird, wohl aber, daß man immer kaputtreißende Schnürsenkel mit einkalkulieren muß. Und so mußt du auch damit rechnen, daß du zwar den Plan zu deinem Roman vorlesen kannst – auch wenn es eigentlich nur die Hälfte war – daß aber die Versammlung schon dann nüchtern einwirft, daß es zuviel sei ... Übermaß schade ... und, Roman hin, Roman her, das Radio einschaltet und sich den Wetterbericht anhört: mäßiger Wind der Stärke drei. Nun, wegen so was kapselst du dich nicht verbittert von den anderen ab, sondern hörst dir auch den Wetterbericht an und beschließt „Situation normal" und wendest dich an Missjöh Colson vom Ministerjum, auch wenn der nie etwas sagt oder einen Roman liest: *in meinem Roman, sagst du, wird auch von Meneerke Brys die Rede sein, der in Reimen sprach und der 1. Sozialist war, ohne daß er es selbst wußte, und von Jeannine, die so lieb und so achgottja war, und von der scheelen Malvine – ach, stimmt ja, außerdem noch dies und das über Spiritismus – und, mach dich auf was gefaßt, Missjöh Colson vom Ministerjum, sogar von Dingen, die ich keinem ernstzunehmenden Menschen erzählen kann – und von ergreifenden hauchzarten Herrlichkeiten, die allesamt übersehen werden, so wie immer. Doch irgendwo mitten im Roman gibt es, glaube ich, einen Irrtum, denn auf einmal ist von einem Kind die Rede, ohne daß der Leser über sein Kommen informiert wurde.*

Und Missjöh Colson vom Ministerjum, der nie etwas sagt, sagt jetzt: ich schüttle den Kopf, denn dein Buch wird eine Welt sein, wird 100 Welten sein, doch selbstredend wirst du zugeben müssen, daß all diese Dinge von vorne bis

het einde: zeg bijvoorbeeld dat ge verbaasd staat over uw eigen verbeeldingskracht die u dat alles uit uw duim doet zuigen, en dat ge iedereen die u een proces wil aandoen de kop zult inslaan, want dat ge een dingen zijt... om het even... maar een verwittigde man is er 2 waard.

DE KAPELLEKENSBAAN

Het heeft een beetje geregend over de konijnenberg en over het niemandsbos maar nu begint de zon al te schijnen, en alles wordt veel schoner dan het is: en ge leest de 1ste bladzijde van uw romantaplan die in 7 woorden de beschrijving van de omgeving is: *de beslijkte kapellekensbaan kronkelde naar het gehucht ter-muren langs de eindeloos lange muur van de dekenfabriek de labor, en langs het kreupelveld an de konijnenberg, dat de laatste verwaarloosde grond was van het kasteel der derenancourts. Het was daar eenzaam. Dwaallichtjes, die de zielen van doodgeboren kinderen zijn, zwermden er in de donkerte over de heesters. Kledden met zijn bokkepoten overviel er de late fabrieksmeisjes die langs de donkere weg door de modder ploeterden, en een onder hen, de schoonste die men in mensenleven ooit had weten openblommen, was daar verkracht geweest. Zonde was het, zo schoon te zijn en zo deerlijk verminkt te moeten worden door de hoornen van kledden. En een nachtwaker die meende sporen ontdekt te hebben, leidend naar het kasteel, werd uit zijn ambt ontheven want hoogstwaarschijnlijk was hij weer zat geweest. En daarbij, als beklemmendste bewijs, diezelfde week brak de gevreesde pokziekte uit: het volk van ter-muren sloeg zich in de avond een groot en zwijgend kruis.*

En ge hoest eens, en steekt uw papier in de farde waar ge het verhaal over de kleine ondine verzamelen zult, terwijl mossieu colson van tminnesterie zwijgt en afwacht als hij ziet dat de kantieke schoolmeester het hoofd schudt: *ge spreekt mij wel van de konijnenberg die ik van hier kan zien, en van het niemandsbos dat ik door het open raam kan rieken, maar van het lelijk rijkemensenhuis op de konijnenberg maakt ge een kasteel waar een voor mij onbekende meneer derenancourt zou wonen. Dat versta ik niet: waarom zegt ge de dingen niet gelijk ze zijn, waarom mengt ge het één met het ander en koppelt ge aan bekende namen onbekende dingen en mensen, die verwarring brengen in mijn kantieke gedachten? en tevens spreekt ge over dwaallichtjes en over kledden die het schoonste meisje zou verkracht hebben – oei wat een romantiek – en de nachtwaker die sporen ontdekt die naar het kasteel leiden doet ge uit zijn ambt ontslaan, en daarop breekt de pokziekte uit en slaat het volk van ter-muren – een schone naam, een*

hinten 1 große Lüge sind: sag zum Beispiel, daß du dich selbst über deine Phantasie wunderst, die es möglich macht, daß du dir das alles aus den Fingern saugst, und daß du jedem, der dich vor den Richter schleppen will, den Schädel einschlägst, denn du seist ein Dingens ... auch egal ... aber ein informierter Mann ist so viel wert wie 2.

DIE KAPELLEKENSBAAN

Über den Kaninchenberg und den Niemandswald ist ein leichter Schauer niedergegangen, doch jetzt schaut die Sonne schon wieder hervor, und alles wird schöner, als es ist: und du liest die 1. Seite deines Romantaplans, die mit sieben Wörtern die Umgebung beschreibt: *Die schlammige Kapellekensbaan wand sich an der endlos langen Mauer der Deckenfabrik De Labor und dem buschigen Hang des Kaninchenbergs, dem hintersten verwahrlosten Winkel des zum Schloß der Derenancourts gehörenden Grundstücks entlang, in Richtung des Weilers Ter-Muren. Einsam war es dort. Irrlichter, die Seelen der totgeborenen Kinder, schwirrten dort im Dunkeln über die Sträucher. Der werwölfische, bocksbeinige Kledden überfiel dort die Fabrikmädchen, die spät noch auf dem finsteren Weg durch den Schlamm stapften, und eine von ihnen, die Schönste, die seit Menschgedenken erblühte, war dort vergewaltigt worden. Welch ein Jammer, so schön zu sein und von Kleddens Hörnern derart böse zugerichtet zu werden. Und ein Nachtwächter, der meinte, Spuren entdeckt zu haben, die zum Schloß führten, wurde seines Amtes enthoben, denn höchstwahrscheinlich war er wieder einmal besoffen gewesen. Und außerdem, und das war der furchterregendste Beweis, brachen in derselben Woche noch die gefürchteten Pocken aus: die Leute in Ter-Muren schlugen abends ein großes, schweigendes Kreuz.*

Und Du räusperst dich und steckst dein Blatt in die Mappe, in der du die Geschichte von der kleinen Ondine sammeln wirst, während Missjöh Colson vom Ministerjum schweigt und abwartet, bis er bemerkt, daß der kantorale Schulmeister den Kopf schüttelt: *du sprichst zwar vom Kaninchenberg, den ich von hier aus sehen kann, und vom Niemandswald, den ich durch das offene Fenster riechen kann, doch aus dem häßlichen Reiche-Leute-Haus auf dem Kaninchenberg machst du ein Schloß, in dem angeblich ein mir unbekannter Meneer Derenancourt wohnen soll. Das versteh ich nicht: warum berichtest du die Dinge nicht so, wie sie sind, warum vermischst du das eine mit dem anderen und verbindest bekannte Namen mit unbekannten Dingen und Menschen, die meine kantoralen Gedanken durcheinanderbringen? Und gleichzeitig sprichst du von Irrlichtern und von Kledden, der das schöne Mädchen vergewaltigt haben soll – huch, welch eine Romantik – und den Nachtwächter, der Spuren, die zum Schloß führen, entdeckt, entläßt du aus seinem Amt, und daraufhin brechen die Pocken aus, und die Leute*

zeer schone naam – een traag en zwijgend kruis. Maar mij komt het voor dat de dingen der wereld al ingewikkeld genoeg zijn, om ze eerst en vooral niet in een fantastisch boek onherkennelijk door elkaar te schudden en ze daarna achteruit te schuiven in een ver-voorbije tijd van kleddens en pokziekten, laat ons zeggen 1800-en-zoveel. Moet de romanschrijver, die met zijn zenuwen en zijn bloed en zijn spermatozoïden – pardon – in de tijd van vandaag vastzit, niet de tijd van vandaag weergeven, in plaats van zich met een stallantaarn op het pad van 1800-en-zoveel te wagen? En mossieu colson van tminnesterie knikt en geeft de kantieke schoolmeester gelijk: *maar het was toch schoon, zegt hij, die beschrijving van de kapellekensbaan.*

DE HELDIN TUSSEN 2 FABRIEKEN

En iedereen lacht omdat mossieu colson van tminnesterie dat zo overtuigend zegt, en gij ook, en na de beschrijving van de omgeving tracht ge uw heldin voor te stellen: *midden het volk van ter-muren, daar langs de kapellekensbaan, leefde de kleine ondine die best mogelijk tot een schone vrouw kon rijpen, maar onbewust daarvan op haar klompjes liep en het bruine haar in 2 stijve vlechtjes op de rug droeg, en zeer zelfzuchtig de wereld van ter-muren als een wereld voor haar alleen beschouwde. Het begin van de lange muur van de dekenfabriek de labor beschouwde zij echter als het begin van een andere wereld... en de grauwe regenhemel, waar de rokende schouwen van de garenfabriek de filature tegen afstaken, beschouwde zij als de hemel van de filature. Zij had het gevoel of haar wereld geprangd zat, aan de ene kant tussen de eindeloze velden waar een laatste boer over zijn braak gebogen hing, en aan de andere kant tussen de rokende en stinkende stad waar het volk van ter-muren in de fabriek van meneer derenancourt ging werken. Toen zij de eerste keer over god hoorde spreken, die almachtig was, dacht zij dat men meneer derenancourt van tkasteel bedoelde, die in de zomer op de konijnenberg woonde en in de winter in de stad van de rokende schouwen van de filature. Als het volk van de garenfabriek de filature langs de kapellekensbaan naar huis kwam, zag de kleine ondine hen vechten tegen het volk van de dekenfabriek de labor, dat ginder in de eerste vuile huizen achter het niemandsbos woonde: ter-muren was encycliek omdat meneer derenancourt dat was, en de eerste vuile huizen waren libertijn omdat meneer van de labor dat was: overigens hadden zij geen van allen kiesrecht... iets dat de kleine ondine toen nog niet wist.*

von Ter-Muren – ein schöner Name, ein sehr schöner Name – schlagen ein träges und schweigendes Kreuz. Aber mir scheint, daß die Dinge dieser Welt schon kompliziert genug sind, als daß man sie in einem phantastischen Buch bis zur Unkenntlichkeit durcheinanderschütteln und anschließend nach hinten in eine längst vergangene Zeit von Kleddens und Pocken, also sagen wir 1800-und-soundsoviel, schieben dürfte. Muß der Romanautor, der mit seinen Nerven und seinem Blut und seinen Spermatozoen – pardon – in der heutigen Zeit steckt, nicht die heutige Zeit wiedergeben, anstatt sich mit einer Stallaterne auf den Weg von 1800-und-soundso-viel zu begeben? Und Missjöh Colson vom Ministerjum nickt und gibt dem kantoralen Schulmeister recht: *aber sie war doch schön, sagt er, diese Beschreibung der Kapellekensbaan.*

DIE HELDIN ZWISCHEN ZWEI FABRIKEN

Und alle lachen, weil Missjöh Colson vom Ministerjum das so überzeugend sagt, und du lachst auch, und nach der Beschreibung der Umgebung versuchst du, deine Heldin vorzustellen: *mitten unter den Leuten von Ter-Muren, dort an der Kapellekensbaan, lebte die kleine Ondine, die durchaus zu einer schönen Frau reifen könnte, die aber, sich dessen nicht bewußt, in ihren Holzschuhen herumlief und ihr braunes Haar in zwei steifen Zöpfchen auf dem Rücken trug und sehr selbstsüchtig die Welt von Ter-Muren als eine Welt nur für sie betrachtete. Den Anfang der langen Mauer der Deckenfabrik De Labor allerdings betrachtete sie als den Anfang einer anderen Welt ... und der graue Regenhimmel, von dem sich die rauchenden Schornsteine der Garnfabrik De Filature abhoben, betrachtete sie als den Himmel von De Filature. Sie hatte das Gefühl, daß ihre Welt eingeklemmt war, auf der einen Seite von den endlosen Äckern, wo ein letzter Bauer sich über seine Raufe beugte, und auf der anderen Seite von der rauchenden und stinkenden Stadt, in die die Leute von Ter-Muren gingen, um in der Fabrik von Meneer Derenancourt zu arbeiten. Als sie zum ersten Mal über Gott reden hörte, der allmächtig war, da dachte sie, daß Meneer Derenancourt aus dem Schloß gemeint war, der während des Sommers auf dem Kaninchenberg wohnte und im Winter in der Stadt der rauchenden Schornsteine von De Filature. Wenn die Leute von der Garnfabrik De Filature auf der Kapellekensbaan nach Hause gingen, konnte Ondine sehen, wie sie sich mit den Leuten von der Deckenfabrik De Labor prügelten, die drüben in den ersten schmutzigen Häusern hinter dem Niemandswald wohnten: Ter-Muren war katholisch, weil Meneer Derenancourt das war, und die ersten schmutzigen Häuser waren liberal, weil der Meneer von De Labor das war: übrigens, Wahlrecht hatte keiner von ihnen ... das wußte die kleine Ondine damals noch nicht.*

En mossieu colson van tminnesterie schiet wakker als hij die laatste woorden over het kiesrecht hoort. Misschien, zegt hij, zal de kantieke schoolmeester weeral zeggen wat hij zal zeggen, maar aan het feit dat de mensen van ter-muren tegen elkander vochten en toch nog geen kiesrecht hadden, wil ik toevoegen dat de dag van vandaag in tminnesterie... En mossieu colson van tminnesterie doet juist het tegenovergestelde van wat gij hebt willen doen: hij trekt de dingen uit de verleden tijd op de vandaagse tijd terug. Ha ziet ge, juist wat ik wou zeggen, juicht johan janssens, dichter en dagbladschrijver: in mijn hoedanigheid van dagbladschrijver zou ik al die poëtische dingen vermijden, 'zij dacht, zij had het gevoel, zij beschouwde... ', en zou ik veel liever een directe roman van dagbladknipsels fabriceren, vanaf 1800-en-zoveel tot op de dag van vandaag. Ik zou berichten geven over het cijnskiesstelsel, over ongelukken in de garenfabriek de filature, over meneer derenancourt op zijn kasteel van de konijnenberg, en een kind verbrand of een boom omvergewaaid aan de eerste vuile huizen achter het niemandsbos: zou me dat een roman worden waarin mijn dagbladschrijverlijk hart kloppen kan... ik moet me inhouden of ik begin te spreken in mijn hoedanigheid van dichter.

EEN HOOPJE MENS

Het schijnt dat het, in deze vallende zondagavond, kermis is aan de 1ste vuile huizen achter het niemandsbos. En de motregen die tegen de goesting langs uw venster zabbert, moet dan eveneens tegen de goesting de tentzeilen van de paardemolen en het schietkraam nat maken. Een avond dus waarin de wereld aan het nadenken is of zij nog moeite zou doen om verder te draaien. Maar de kantieke schoolmeester en zijn schone vrouw lucette zijn toch nog tot aan uw huis geraakt, zeggend dat er weinig volk op straat is: alleen een paar doden moeten ons voorbij gestapt zijn. En ge hangt hun natgezabberde regenfrakken weg en sluit de straatdeur af en zegt: nu dat het toch een verloren avond is, *zal ik u maar eens iets voorlezen uit het leven van de kleine ondine, het snotjong dat nu al jaren mijn leven aan het stelen is, en zich niet wil voegen tot een fatsoenlijke romanheldin.* En terwijl de schone vrouw lucette samen met uw vrouw beginnen fezelen over de tijd en het dure leven en de lippenstift rouge atomic, zet de kantieke schoolmeester zich schrap om niet in slaap te vallen: *de kleine ondine was nog te ontvankelijk om de wereld van ter-muren in haar werkelijke verhouding te zien. Zij was zelfzuchtig en eigende zich alle flitsen en indrukken toe, om die ergens zeer diep in haar op*

Und Missjöh Colson vom Ministerium schreckt aus dem Schlaf auf, als er die letzten Worte über das Wahlrecht hört. Vielleicht, sagt er, wird der kantorale Schulmeister gleich wieder sagen, was er sagen wird, aber zu der Tatsache, daß die Leute von Ter-Muren gegeneinander kämpften und trotzdem noch kein Stimmrecht hatten, möchte ich ergänzend hinzufügen, daß heute im Ministerjum ... Und Missjöh Colson vom Ministerjum tut genau das Gegenteil von dem, was du tun wolltest: er zieht die Dinge aus der Vergangenheit zurück in die Gegenwart. Ha, siehst du, genau das, was ich sagen wollte, jubelt Johan Janssens der Dichter und Tageszeitungsschreiber: in meiner Eigenschaft als Tageszeitungsschreiber würde ich alle poetischen Sachen vermeiden, „sie dachte, sie hatte das Gefühl, sie betrachtete ... ", und ich würde viel lieber einen schnörkellosen Roman aus Zeitungsausschnitten zusammenbasteln, von 1800-und-soundso-viel bis zum heutigen Tag. Ich würde Berichte über das Zensuswahlrecht einbauen, über Unfälle in der Garnfabrik De Filature, über Meneer Derenancourt in seinem Schloß auf dem Kaninchenberg und über ein verbranntes Kind oder einen bei den ersten schmutzigen Häusern hinter dem Niemandswald umgewehten Baum: das wäre ein Roman, für den mein Tageszeitungsschreiberherz schlagen kann ... ich muß mich bremsen, denn sonst fange ich an, in meiner Eigenschaft als Dichter zu reden.

EIN HÄUFCHEN MENSCH

Allem Anschein nach herrscht in dieser hereinbrechenden Sonntagabenddämmerung bei den ersten schmutzigen Häusern hinter dem Niemandswald reges Kirmestreiben. Und der Nieselregen, der unangenehmerweise gegen das Fenster fisselt, macht folglich ebenfalls unangenehmerweise die Zeltplanen des Karussells und der Schießbude naß. Ein Abend also, an dem die Welt darüber nachdenkt, ob es noch der Mühe wert ist, sich weiter zu drehen. Aber der kantorale Schulmeister und seine schöne Frau Lucette haben es trotzdem bis zu deinem Haus geschafft und berichten, daß wenig Leute unterwegs sind: nur ein paar Tote müssen uns begegnet sein. Und du hängst ihre naßgenieselten Regenmäntel auf und schließt die Haustür ab und sagst: da der Abend sowieso nicht mehr zu retten ist, *werde ich euch halt etwas aus dem Leben der kleinen Ondine vorlesen, dieser Rotznase, die mir jetzt schon einige Jahre meines Lebens gestohlen hat und sich immer noch sträubt, eine anständige Romanheldin zu werden.* Und während die schöne Frau Lucette und deine Gattin über die heutige Zeit und die hohen Lebenshaltungskosten und den Lippenstift Rouge Atomic zu tuscheln beginnen, bemüht sich der kantorale Schulmeister, nicht einzuschlafen: *die kleine Ondine war noch zu empfänglich, als daß sie die Welt von Ter-Muren in ihren tatsächlichen Proportionen hätte erkennen können. Sie war selbstsüchtig und nahm alle Bilder und Eindrücke in sich auf, um sie irgendwo tief in ihrem Innern aufzubewahren, ohne weiter*

te stapelen zonder er verder over na te denken. Ze haalde de wereld binnen in zich, een vervormde wereld weliswaar, een kleine-ondine-wereld, met haar rug naar de lange muur van de dekenfabriek de labor en naar de 1ste vuile huizen achter het niemandsbos. En zo zag zij de lage huisjes van ter-muren nog lager, en het veld er omheen, met de zwarte gestalte van een naar de aarde gekromde boer, nog eindelozer. Aan de deur waar ondine woonde, met haar moeder zulma en haar vader carolus, hing een plak 'hier bewaerdt men de sleutels van de kapel, onze lievevrouw ter-muren', en de kleine ondine voelde zich daardoor gewichtiger dan de andere meisjes die in de modder of het stof van ter-muren speelden, of aan de barreel van de ijzerenweg hingen en zich om en om draaiden met hun vuile billekens bloot... maar zij aanzag het als een schromelijk onrecht dat er boven hun deur ook geen plak hing 'kier bewaerdt men de sleutels van de barrel van de ijzerenweg'. En om hierover haar ergernis te tonen – kinderen steken mij toch wat uit! – haalde zij haar kleine broertje naar buiten, die een week vormloos lichaam had met een monsterachtig dik hoofd, en in een bak lag op houten wielen. Hij was 4 jaar en al wat hij kon was dat monsterachtig hoofd enkele centimeter van de rode sargie oplichten, valeer heette hij, maar wat betekende de spoorbaan te rollen en in wilde vaart de barreel over te steken, vlak vóór de gillend-naderende trein. De houten wielen hotsten over de sporen en het hoofd in de bak hotste mee. Iemand schreeuwde, een vrouw stond van de hand gods geslagen, maar de kleine ondine stond zich aan de overzijde ziek te lachen.

1800-EN-ZOVEEL

De kleine ondine aanzag alles wat ze bezat als vanzelfsprekend, maar om al wat ze niet bezat monkte ze. En daar ter-muren... gekneld tussen de konijnenberg met het kasteel van meneer derenancourt, en het niemandsbos met de 1ste vuile huizen en de rokende schouwen van de 2 fabrieken... een zeer arm gehucht was, monkte ze haast heel de dag door. Het was de tijd lang vóór de andere oorlog, toen de mensen in honger en gebrek voortwoekerden gelijk de konijnen, en men snoenens hutsepot at en savonds tatjespap. Het was de tijd dat men van kindsbeen af een ongehoorde eerbied werd ingestampt voor meneer de paster van ter-muren en meneer derenancourt van tkasteel. De kleine ondine begon te merken dat de wereld waarin zij leefde toch niet voor haar alleen was, doch dat men er haar eigenlijk in gedoogde, op voorwaarde dat zij, heel beleefd, goedendag meneer de

darüber nachzudenken. Sie verinnerlichte die Welt, eine deformierte Welt jedoch, eine kleine Ondine-Welt, mit dem Rücken zur langen Mauer der Deckenfabrik De Labor und den 1. schmutzigen Häusern hinter dem Niemandswald. Und deshalb waren für sie die niedrigen Häuser von Ter-Muren noch niedriger und die Äcker drum herum, mit der schwarzen Gestalt des zur Erde gebeugten Bauern, noch endloser. An der Tür von Ondines Haus, wo sie mit ihrer Mutter Zulma und ihrem Vater Carolus wohnte, hing ein Schild: „hier werden die Schlüssel zur Kapelle Unserer Lieben Frau zu Ter-Muren verwahrt", und die kleine Ondine kam sich deshalb wichtiger vor als die anderen Mädchen, die im Schlamm oder im Staub von Ter-Muren spielten oder an der Eisenbahnschranke hingen und um die Stange herumwirbelten, so daß man ihre schmutzigen Hintern sehen konnte ... doch in ihren Augen war es ein himmelschreiendes Unrecht, daß über ihrer Tür nicht auch noch ein Schild hing: „hier werden die Schlüssel der Eisenbahnschranke verwahrt". Und um ihrem Ärger hierüber Ausdruck zu verleihen – was Kinder nicht alles anstellen! – holte sie ihren kleinen Bruder nach draußen, der einen weichen formlosen Körper mit einem monströs dicken Kopf hatte und in einer Kiste mit Holzrädern lag. Er war 4 Jahre alt, und alles, was er konnte, war, seinen monströsen Kopf ein paar Zentimeter von der roten Wolldecke zu heben, Valeer hieß er, aber welche Bedeutung hatte ein Name bei so einem Häufchen Mensch? Doch als sie dann mit der Kiste an den Schienen entlangfuhr und kurz vor dem pfeifend sich nähernden Zug mit rasendem Tempo das Gleis überquerte, da blieb den anderen die Spucke weg. Die hölzernen Räder rumpelten über die Schienen, und der Schädel in der Kiste rumpelte mit. Jemand schrie, eine Frau stand da, wie von Gottes Hand berührt, aber die kleine Ondine stand auf der anderen Seite und lachte sich kaputt.

1800-UND-SOUNDSO-VIEL

Die kleine Ondine betrachtete alles, was sie besaß, als selbstverständlich, aber wegen allem, was sie nicht besaß, murrte sie. Und weil Ter-Muren – eingezwängt zwischen dem Kaninchenberg mit dem Schloß von Meneer Derenancourt und dem Niemandswald mit den 1. schmutzigen Häusern und den rauchenden Schornsteinen der beiden Fabriken ... ein sehr armer Weiler war, murrte sie fast den ganzen Tag. Es war die Zeit lange vor dem anderen Krieg, als die Menschen sich in Hunger und Armut wie die Kaninchen vermehrten und man morgens Eintopf und abends Kartoffelsuppe aß. Es war die Zeit, als einem von Kindesbeinen an unglaubliche Ehrfurcht vor Meneer Pastor von Ter-Muren und Meneer Derenancourt vom Schloß eingebleut wurde. Die kleine Ondine merkte allmählich, daß die Welt, in der sie lebte, doch nicht ihr allein gehörte, sondern man sie darin eigentlich nur unter der Bedingung duldete, daß sie, sehr höflich, Guten Tag Meneer

paster zei... het was haast niet te geloven, zij die toch de sleutel van de kapel bewaerde! Haar vader kroop, haar moeder boog zich slaafs naar de grond als er een heer over de drempel kwam, en van haar eiste men... ja wat? dat zij de vloer vaagde met haar 2 bruine vlechtjes? O dit wil niet zeggen dat zij in opstand kwam, verre van daar, maar ze kon onmogelijk geloven dat ze behoorde tot deze die moesten gehoorzamen. Zij dacht geboren te zijn om met een pruilige monk rond de mond te lopen, gelijk de oude madame van tkasteel... zij dacht geboren te zijn om te ontvangen en te bevelen. En dat het nu precies anders scheen te zijn, daar moest zij heimelijk om lachen: morgen zou iemand haar komen zeggen dat men zich vergist had. Men zag haar nu dieper buigen dan eender wie, alsof zij trachtte uit te voeren wat zij zich zomaar had voorgesteld: zo diep te nijgen dat haar vlechtjes over de schouders vielen en in het zand van de vloer dweilden. Maar de glimlach ging niet weg van rond haar mond, die glimlach betekende: begrijpt ge mij, ik verlang naar de dag van Morgen...

Zij was best in staat om niet alleen tot een schone, maar ook tot een verstandige vrouw te rijpen. Ze wist aan de overzijde van de barreel de winkel-en-herberg van haar oom, waar buiten een petroolstande en een zak met zout niets te vinden was dan rekken met houten kloefen. Ze vond het vreemdkoddig dat de mensen zo weinig nodig hadden, wat zout om over de aardappelen te strooien, en een beetje petrool in de lamp om hun werkkleden bij te verstellen. Maar het voornaamste was toch de slechte genever die achter in de keuken werd geschonken. Haar oom was meesterknecht op de garenfabriek de filature, en omdat hij een baard droeg noemde het volk van ter-muren hem christus, als hij het niet hoorde... maar toch bleven zij verplicht zich bij hem zat te zuipen en de lof te zingen van meneer derenancourt, of afgedankt te worden op tfabriek. En eens hoorde de kleine ondine dat men ook haar vader een bijnaam gaf, dat men in zijn gezicht carolus zei, maar dat men hem achter zijn gat vapeur noemde. Zij was toen lastig omdat hij niet alwetend was, zij rammelde toen met de sleutels van de kapel, en tot onze lievevrouw van ter-muren zei ze dat het eindigen moest met de ongehoorde domheid van haar vader. Straks peinst men dat wij maar doodgewone domme armemensen zijn gelijk iedereen, dacht ze.

10 De Kapellekensbaan

Pastor sagte ... es war kaum zu glauben, sie, die doch den Schlüssel zur Kapelle verwahrte! Ihr Vater katzbuckelte, ihre Mutter verbeugte sich sklavisch bis zum Boden, wenn ein Meneer über die Schwelle trat, und von ihr verlangte man ... ja, was? Daß sie mit ihren beiden braunen Zöpfen den Boden fegte? Oh, damit soll nicht gesagt werden, daß sie rebellierte, weit gefehlt, aber sie konnte unmöglich glauben, daß sie zu denen gehörte, die gehorchen mußten. Sie meinte, geboren zu sein, um mit murrendem Schmollmund herumzulaufen, so wie die alte Madame vom Schloß ... sie meinte, geboren zu sein, um zu empfangen und zu befehlen. Und daß es sich jetzt genau andersherum zu verhalten schien, darüber mußte sie im Stillen lachen: morgen würde jemand kommen und ihr sagen, daß man sich geirrt hatte. Man sah sie sich nun tiefer verbeugen als alle anderen, als versuchte sie, in die Tat umzusetzen, was sie sich einfach so vorgestellt hatte: sich so tief zu verneigen, daß ihre Zöpfe über die Schultern fielen und den Sand vom Fußboden fegten. Aber das Lächeln um ihren Mund verschwand nicht, und dieses Lächeln bedeutete: verstehst du, was ich meine, ich sehne mich nach dem morgigen Tag ...

Sie war durchaus in der Lage, nicht nur zu einer schönen, sondern auch zu einer klugen Frau heranzureifen. Sie wußte, daß es jenseits der Schranken die Laden-Schenke ihres Onkels gab, wo abgesehen von einem Petroleumfaß und einem Sack Salz nichts zu finden war außer Regalen mit Holzschuhen. Sie fand es sonderbar drollig, daß die Menschen so wenig brauchten, etwas Salz, um es auf die Kartoffeln zu streuen, und ein wenig Petroleum für die Lampe, um in deren Licht die Arbeitskleidung zu flicken. Das wichtigste aber war der schlechte Jenever, der hinten in der Küche ausgeschenkt wurde. Ihr Onkel war Vorarbeiter in der Garnfabrik De Filature, und weil er einen Bart hatte, nannten die Leute von Ter-Muren ihn, wenn er es nicht hören konnte, Christus – aber das änderte nichts daran, daß sie dazu verpflichtet waren, sich bei ihm vollaufen zu lassen und das Hohelied auf Meneer Derenancourt zu singen, wollten sie die Arbeit in der Fabrik nicht verlieren. Und irgendwann hörte die kleine Ondine, daß man auch ihrem Vater einen Spitznamen verpaßt hatte, daß man in seinem Beisein Carolus sagte, ihn aber hinter seinem Rücken Vapeur nannte. Sie war damals böse, weil er nicht allwissend war, sie klimperte mit den Schlüsseln der Kapelle, und zu Unserer Lieben Frau zu Ter-Muren sagte sie, daß es mit der unglaublichen Dummheit ihres Vaters ein Ende haben müsse. Sonst glauben die Leute noch, daß wir stinknormale, dumme Arme sind wie alle anderen auch, dachte sie.

[Textausschnitt 2, S. 25–26]

DONKERE TIJD

Ik heb, zegt johan janssens, in het dagblad een hoekje geschreven over den-vos-reinaerde, met als boventitel 'donkere tijd': dit is van den-vos-reinaerde die tot ons komt al uit de donkere en beboste tijd van de middeleeuwen, waarin de graafschappen woest en uitgestrekt waren, en de kathedralen met hun stenen kantwerk en hun spuigaten naar de hemel gingen reiken, waarin de kasteelheren encycliekers waren en van hun roofkruisvaarten terug keerden, gedoopt zijnde ter heilige mis togen en te onzenhere gingen, maar ongestraft de hofstedekens konden platbranden, 'op de koe en de spaarzame centjes neerstrijkend gelijk gieren, en op de vrouwen zich werpend gelijk dolle stieren'. O dat was mij de heerlijke tijd waarin de feodale heren niet eens hun naam konden schrijven, maar in hun versterkte kastelen op de konijnenberg valputten en folterkelders hadden, en een nar, en minnezangers die de hand likten van wie hen sloegen om in verzen de daden hunner heren te verheerlijken ... o dat was mij eveneens de tijd waarin ge geen vijf stappen kondt doen of ge liept tegen een abdij binnen wier muren men vrat en dronk om er bij te barsten, en waar men om de tijd dood te krijgen in dikke boeken het leven van de heilige bimbombarus beschreef, en met veelkleurige prenten versierde ... en waarin de vette paap ofte meneer de paster van ter-muren u verplichtte van op bedevaart te trekken naar dingen in spanje, op uw barrevoetse voeten en met een zotskap over uw kop, om dan in het terugkeren te moeten constateren – o schone taal van reinaert – dat hi mijn wijf hevet verhoert ende mine kindre so mesvoert, dat hise besekede daer si laghen, datter twee noint ne meer ne saghen ende si worden staerblent ... *als meneer de renancourt daar tenminste geen goesting in had* ... en waarin men elkander met vrome latijnse spreuken en wijwater overkwispelde, maar u op de brandstapel bracht als ge bij vergissing beweerdet dat de wereld rond de zon draaide. En tevens was het de tijd waarin de dorpers ende dooren nog waren gelijk breughel ... die eigenlijk veel later kwam ... hen nog met een glimp gezien en geschilderd heeft: dom en arm en lelijk en mager van te vasten en te bidden, en 1 dag op het jaar met trippenkermis zich te overeten en zat te zuipen, maar al de andere dagen van het jaar onzes-heren-zoveel vol schrik te leven van kleddens en spoken en dwaallichten ... terwijl er geen andere kleddens waren dan deze uit de kloosters en het kasteel van de konijnenberg, en geen ander spoken dan pest en hongersnood en pokken die

[Textausschnitt 2, S. 32–33]

FINSTERE ZEITEN

Ich habe, sagt Johan Janssens, in der Zeitung eine Kolumne über Reinaert den Fuchs geschrieben, die den Titel „finstere Zeiten" hat: darin geht es um Reinaert den Fuchs, der aus der finsteren und bewaldeten Zeit des Mittelalters zu uns kommt, als die Grafschaften wüst und groß waren und die Kathedralen mit ihren geklöppelten Spitzen aus Stein und ihren Wasserspeiern in den Himmel ragten, als die Schloßherren römisch-katholisch waren und von ihren räuberischen Kreuzzügen heimkehrten und die, da sie getauft waren, die Messe besuchten und die heilige Kommunion empfingen, die aber trotzdem ungestraft die kleinen Bauernhöfe niederbrennen konnten, „auf die Kuh und die Spargroschen sich stürzend wie aasfressendes Vogelgetier und auf die Frauen sich werfend wie ein wilder Stier". Ja, das war die herrliche Zeit, in der die Feudalherren nicht einmal ihren Namen schreiben konnten, auf ihren befestigten Burgen auf dem Kaninchenberg jedoch Fallgruben und Folterkeller hatten, und einen Narren, und Minnesänger, die die Hand küßten, die sie schlug, um in Versen die Taten ihrer Herren zu preisen ... oh, das war auch die Zeit, in der man keine fünf Schritte tun konnte, ohne gegen eine Abtei zu rennen, in deren Mauern gefressen und gesoffen wurde, bis man platzte, und wo man, um die Zeit totzuschlagen, in dicken Büchern das Leben des hl. Bimbombarus beschrieb und mit bunten Bildchen verzierte ... und es war die Zeit, in der der fette Pfaffe, auch Meneer Pastor von Ter-Muren genannt, dich auf Wallfahrt nach Dingens in Spanien schicken konnte, auf nackten Füßen und mit einer Narrenkappe auf dem Kopf, um dann nach der Heimkehr feststellen zu müssen – o wunderschöne Sprache des Reinaert Fuchs – dat hi mijn wijf hevet verhoert ende mine kindre so mesvoert, dat hi se beseekede daer sie laghen, datter twee noint ne meer ne saghen ende si worden staerblent ... *wenn das nicht zumindest nach dem Geschmack von Meneer Derenancourt war ...* und worin man sich gegenseitig mit frommen lateinischen Sprüchen und Weihwasser besprenkelte, man dich aber auf den Scheiterhaufen brachte, wenn du irrtümlicherweise behauptetest, die Erde drehe sich um die Sonne. Und es war auch die Zeit, in der die Dörfler und die Tölpel noch so waren wie Breughel ... der eigentlich sehr viel später kam ... sie noch auf den letzten Drücker gesehen und gemalt hat: dumm und arm und häßlich und mager vom Fasten und Beten, und wie sie an 1 Tag im Jahr zur Kirmes bis zum geht-nicht-mehr fressen und sich vollaufen lassen, aber an allen anderen Tagen des Jahres-des-Herrn-soundso-viel voller Angst vor Kleddens und Gespenstern und Irrlichtern leben – obwohl es doch keine anderen Kleddens gab als die aus dem Kloster und dem Schloß auf dem Kaninchenberg, und keine anderen Gespenster als Pest und Hungersnot und Pocken, von denen sie

hen wegmaaiden gelijk strontvliegen, en geen ander dwaallicht dan dat der droevigste onwetendheid.

En terwijl johan janssens zwijgt en in dichterlijke uitzondering zijn papier in de farde steekt, naast uw papieren... en terwijl de anderen zeggen dat het schoon is, en dat hij moet voort doen, en dat hij niet moet luisteren naar wat de hoofdredacteur er weet over te zeggen... en terwijl de kantieke schoolmeester de vinger opsteekt en weer iets formidabels gaat zeggen, b.v.b. dat het een schoon aanvulsel is en een relief van de romantaplan... terwijl zit de schone vrouw lucette daar, en schudt zij het hoofd en zwijgt.

[Textausschnitt 3, S. 28–29]

PARODIE

Gelijk iemand in zijn vuist zou zitten lachen, ware de zaak niet van een te pijnlijke ernst, en gelijk de bedelaar die zegt 'god zal het u lonen', maar peinst 'goddomme het is maar 10 centiemen... ' zo had willem die madoc maecte, en die de dieren deed bijeenroepen op een schonen tsinksendaghe, meer pijlen op zijn boog dan valentine-uit-het-winkelke dode vliegen in haar bollenkraam: hij zette zijn hoed scheef met de pluim naar achter en stak zijn pennestok vooruit gelijk een zwaard, en zo bootste hij de ridder na die in zijn versterkt kasteel-van-ter-muren zat, de buit en de ontklede dochtertjes van de arme boer binnengehaald en de valbrug opgetrokken hebbend, en luisterend naar de op maat en rijm gezette ridderverhalen – hij zat te paard en trok het zwaard – waarvan ge tijdens de bezetting der nazi's een hernieuwde en verbeterde druk hebt gezien... en tevens gebaarde willem of alles heel serieus was, en bijlange niet bedoeld om met iets of iemand de draak te steken: wat peinst ge wel, edelachtbare heer kapitein-eenoog, en graaf en prinsbisschop van lippeloo tot lotelippe, als ik van de wolf spreek die zich een kruin laat scheren en aan de abt voorstelt om de schapen rauw te eten, dan wil ik daarmee absoluut niet met monniken of ultrarode marxisten lachen, die de passie preken – boerkens wacht uw ganzen – maar met een stom beest: de kleine man mag ook eens lachen. En tevens moet er bijgevoegd worden dat die willem niet alleen iemand zal geweest zijn, die de larven van het onrecht en de leugen en de schijnheiligheid heeft willen vertrappen, maar ook vanzelfsprekend een mens zal geweest zijn gelijk gij en ik: iemand die altijd in conflict is met iemand anders, is het de ene niet het is de andere, en die op de duur zijn gat aan belgië zou gaan vagen en naar erembodeghem gaan wonen: zo is reinaert, en die het niet geloven

wie die Schmeißfliegen dahingerafft wurden, und kein anderes Irrlicht als das der jämmerlichsten Unwissenheit.

Und während Johan Janssens schweigt und, in seiner Eigenschaft als Dichter eine Ausnahme machend, seine Blätter in die Mappe steckt, zu deinen Papieren ... und während die anderen sagen, daß es schön sei und er weitermachen solle und nicht auf das hören, was der Chefredakteur darüber zu sagen weiß ... und während der kantorale Schulmeister den Finger hebt und wieder anhebt, etwas Außergewöhnliches zu sagen, z. B. daß dies eine hübsche Ergänzung ist und ein Relief des Romantaplans – währenddessen sitzt die schöne Frau Lucette da und schüttelt den Kopf und schweigt.

[Textausschnitt 3, S. 37–39]

PARODIE

So wie jemand, der sich ins Fäustchen lacht, wäre die Sache nicht von zu großem Ernst, und so wie der Bettler, der „Vergelt's Gott" sagt, aber „Verdammt, nur 10 Centimes ... " denkt, so hatte Willem, der madoc maecte und der die Tiere an einem schönen tsinksen-daghe zusammenrief, mehr Pfeile in seinem Köcher als Tante-Emma-Valentine tote Fliegen in ihrem Kramladen: er setzte sich den Hut schief auf den Kopf, den Federbusch nach hinten, und streckte seine Feder wie ein Schwert, und so ahmte er den Ritter nach, der in seiner festen Burg in Ter-Muren hockte, die Beute und die entkleideten Töchter der armen Bauern eingebracht und die Zugbrücke hochgezogen, und der den in Vers und Reim gedichteten Rittergeschichten lauschte – er saß zu Pferd und zog das Schwert – von denen man dir während der Nazibesatzung eine neue und verbesserte Auflage präsentiert hat ... und zugleich tat Willem, als sei das alles sehr ernst gemeint und ganz bestimmt nicht dazu gedacht, irgendwas oder irgend jemanden lächerlich zu machen: wo denkt Ihr hin, hochwohlgeborener Herr Hauptmann Einauge und Graf und Prinz-Bischof von Lippeloo bis Lotelippe; wenn ich von einem Wolf spreche, der sich eine Tonsur rasieren läßt und dem Abt vorschlägt, die Schafe roh zu verspeisen, dann will ich mich damit absolut nicht über Mönche oder ultrarote Marxisten lustig machen, die die Leidensgeschichte predigen – Bäuerlein, hütet eure Gänse – sondern über ein blödes Tier: der kleine Mann darf doch wohl auch hin und wieder mal seinen Spaß haben. Und gleichzeitig muß hinzugefügt werden, daß dieser Willem nicht nur jemand gewesen sein muß, der die Maske des Unrechts und der Lüge und der Scheinheiligkeit herunterreißen wollte, sondern er war selbstverständlich auch ein Mensch wie du und ich: jemand, der immer in Konflikt mit jemand anderem ist, wenn nicht mit dem einen, dann mit dem anderen, und dem im Laufe der Zeit Belgien scheißegal werden und der nach Erembodeghem umziehen wird: so ist Reinaert, und wer es nicht glauben will, der ist dazu auch nicht

wil is niet verplicht, want nooit werd er iets geschreven dat evangelie is. Maar als ge dit toch leest, dorpers ende dooren, begin dan niet te doen gelijk de raven die krassen en krassen en alles zwart maken, in de winter de sneeuw en in de zomer het koren, maar leer er uit dat in deze tijd achter de schoonste leuzen alleen bedriegt-de-boer hoogtij viert, en drinkgelagen en hoerderijen na god, de koning, en de democratie, het opperste goed zijn geworden... zodat er de kleine arme gehoonde domme vertrapte en om de tuin geleide man niet veel anders overschiet dan zich een hol met 7 uitgangen te graven, zorgende alleen nog voor zijn vrouw en zijn jongen en zichzelf, zijnde hij van gedacht geworden dat deze laatste dingen de enige ware godsdienst en het enig ware vaderland kunnen zijn. Zijt wie ge zijt, maar leer hier uit dat de idealen naar de knoppen gaan door uw en door mijn fout, maar meest van al door de fout van hen die het idealisme hebben uitgevonden om er een stuiver aan te verdienen. johan janssens.

verpflichtet, denn es wurde niemals etwas geschrieben, das Evangelium ist. Aber solltet ihr das lesen, Dörfler und Tölpel, dann reagiert nicht wie die Raben, die immer nur krächzen und krächzen und alles schwarz machen, im Winter den Schnee und im Sommer das Korn, sondern zieht daraus die Lehre, daß heutzutage hinter all den schönen Parolen einzig und allein eine fröhliche Urständ feiert, nämlich: Betrügt-den-Bauern, und daß nach Gott, König und Demokratie Saufgelage und Hurerei zum höchsten Gut geworden sind ... so daß dem kleinen armen verhöhnten dummen unterdrückten und an der Nase herumgeführten Mann nicht viel mehr übrigbleibt, als sich eine Höhle mit 7 Ausgängen zu graben und nur noch für seine Frau, seine Kinder und sich selbst zu sorgen, weil er zur der Überzeugung gekommen ist, daß nur diese letztgenannten Dinge die einzig wahre Religion und das einzig wahre Vaterland sind. Sei, wer du bist, aber lerne hieraus, daß die Ideale durch deine und meine Fehler vor die Hunde gehen, am meisten aber durch die Fehler derer, die den Idealismus erfunden haben, um damit Geld zu verdienen. Johan Janssens.

11 Harry Mulisch, *Het stenen bruidsbed*

Abdruck nach: H. Mulisch: *Het stenen bruidsbed*. 38. Aufl. Amsterdam: De Bezige Bij, 2002. S. 15–35.

Een historische plaats

Stijf liep hij over de hellende oprijlaan en keek naar het huis. De chauffeur hing tegen de auto, zijn armen gekruist op het dak; er in las de noord-koreaan een chinese krant. De vrouw stond naast de auto bij de pensionhouder. Zij zwegen. In zijn nek voelde Corinth de ruimte als een opstaande bontkraag, in zijn benen het urenlange zitten in de auto. Op een rotsachtige verhoging, overdekt met bevroren klimplanten, leek het huis nog groter: een architectonische koortsdroom van terrassen, veranda's, balkons, trappen naar weer andere terrassen, holen, nissen, klaterbekkens, dichtgemetselde en weer doorgebroken deuren, en in de hoogte kleine torens en daktuintjes in verdiepingen, – van baksteen, natuursteen, hout, lei, zandsteen... het huis was niet gebouwd maar gegroeid als een boom. Corinth keek naar het bolwerk en voelde plankenkoorts omdat hij zich om zou draaien.

Hij nam zijn hoed af, draaide zich om en het licht trok zijn gezicht vol plooien en ook in een vragende uitdrukking terwijl hij dacht, daar ben ik weer, en keek waar het huis naar keek.

Het keek in een mateloze ruimte. In een groene diepte van bomen, langs villa's waarvan er maar één hol en starend door de lucht bewoond werd, slingerde een straat omlaag naar de ijzeren brug in de verte, waaronder de rivier lag tussen brede weiden. Aan de overkant van de Elbe, in het dal, lag wat er van de stad restte: een onafzienbare branding van puinhopen, beflard, besliert met witte nevel: een bruid, die haar sluier aan stukken had gescheurd bij de aanblik van haar vrijer. Daarachter, naar het zuidoosten, waar de branding verliep, golfden blauwe heuvels tot diep in het tsjechische Bohemen. Corinth bewoog zich niet meer; het was een warme dag geweest. Ver weg kroop uit een fabrieksschoorsteen een witte slang over de verzinkende velden. Hij keek omhoog, niet naar de lucht maar naar iets bóven de stad, dat er niet was: niets dan ademloze ruimte. Koele lucht voer van de rivier naar zijn gezicht: op hetzelfde ogenblik hoorde hij het groene gefluister... Het was verdwenen eer hij het verstaan kon.

(Het groene gefluister kon ook brullen, een zware mannenstem in hallen: "... maat over... ", "... de draaitoren, en wie... ", opdoemend en verzinkend

Abdruck nach: H. Mulisch: *Das steinerne Brautbett*. Ins Deutsche übersetzt von Gregor Seferens. Frankfurt a.M.: Suhrkamp, 1995. S. 15–30.

Ein historischer Ort

Steif lief er über den abschüssigen Zufahrtsweg und sah zum Haus. Der Chauffeur lehnte am Wagen, die verschränkten Arme auf dem Dach; im Fond des Wagens las der Nordkoreaner eine chinesische Zeitung. Die Frau stand neben dem Auto beim Pensionsinhaber. Sie schwiegen. In seinem Nacken fühlte Corinth den Raum wie einen hochstehenden Pelzkragen, in seinen Beinen das stundenlange Sitzen im Wagen. Auf der felsartigen Erhöhung, überdeckt mit erfrorenen Kletterpflanzen, erschien das Haus noch größer: ein architektonischer Fiebertraum von Terrassen, Veranden, Balkons, Treppen zu weiteren Terrassen, Höhlen, Nischen, Springbrunnen, zugemauerten und wieder aufgestemmten Türen und oben kleinen Türmen und stufig angelegten Dachgärtchen – aus Ziegelstein, Naturstein, Holz, Schiefer, Sandstein ... das Haus war nicht gebaut, sondern gewachsen wie ein Baum. Corinth schaute zu dieser Festung und hatte Lampenfieber, denn er wußte, daß er sich nun würde umdrehen müssen.

Er nahm den Hut ab und drehte sich um. Das Licht hob die vielen Falten in seinem Gesicht überdeutlich hervor und verlieh ihm einen fragenden Ausdruck, und er dachte, da bin ich wieder, er sah dorthin, wohin das Haus sah.

Es schaute in einen unendlichen Raum. In eine grüne Tiefe von Bäumen hinab, an Villen vorbei, von denen nur eine, hohl und stierend, von der Luft bewohnt wurde, wand sich eine Straße zur eisernen Brücke, unter der zwischen weiten Wiesen der Fluß lag. Am anderen Ufer der Elbe lagen im Tal die Überreste der Stadt: eine unüberschaubare Brandung von Schutthaufen, befetzt, besträhnt mit weißem Nebel: eine Braut, die ihren Schleier beim Anblick ihres Bräutigams in Stücke gerissen hatte. Dahinter, nach Südosten, wo die Brandung sich verlief, wellten sich blaue Hügel bis tief ins tschechische Böhmen. Corinth stand regungslos, es war ein warmer Tag gewesen. In der Ferne kroch aus einem Fabrikschornstein eine weiße Schlange über die versinkenden Felder. Er sah hinauf, nicht in die Luft, sondern suchend nach etwas hoch über der Stadt, das dort nicht war: nichts als atemloser Raum. Kühle Luft wehte ihm vom Fluß her ins Gesicht: Im selben Augenblick hörte er das grüne Geflüster ... Es war verschwunden, ehe er es verstehen konnte.

(Das grüne Geflüster konnte auch brüllen, eine schwere Männerstimme in Fluren: „... *Maß über* ...", „... *der Drehturm, und wer* ...", auftauchend und

in een muur van nacht; soms was het de stem van een vrouw die in zijn hoofd geboren werd en zei: "... o ja? Vandaar..." of: "... alle dieren en..."; en ook wel scheldend, lachend, fluisterend, een harde schreeuw in de leegte, of maar een enkel woord, dobberend op de stilte; het waren zeer werkelijke stemmen, die bij mensen hoorden die hij niet kende en niet zag, maar die een voorstelling opriepen: arbeiders in havens, een vrouw in haar keuken, een jongen bij een relletje op een plein: een stad; het kwam vlak voordat hij insliep, een enkele keer overdag, vroeger op school al, onder de les, hij kon het niet begrijpen. Het betekende nooit iets, wat er uit die stad kwam.)

In zijn ooghoeken naderden Hella en de pension houder, twee gestalten, die plotseling in zijn leven hoorden. Haar benen neurieden achter een waas blonde haartjes. Om haar nek hing een gouden kettinkje met een melktand er aan.

"Staat onze verre gast te mediteren? Herr Ludwig kan u iets interessants vertellen."

Ludwig kwam naast hem staan. Hij was grijs en gedrongen, droeg een schipperstrui en rookte uit een gebogen pijp: de kapitein van zijn huis, een schip, dat door het dal voer. Hij wipte in zijn sloffen en stiet zijn vuisten in zijn broekzakken voorwaarts.

"Ja, Herr Doktor, u staat hier op een historische plaats. Van precies deze zelfde heuvel af leidde de grote keizer Napoleon in 1813 zijn laatste veldslag waarin hij overwinnaar was. Hij kwam over dezelfde weg als u, van daarachter onder de tuin langs. In het noorden lag het leger van Bernadotte, in Silezië stond Blücher, en van daarginds" – met zijn pijp wees hij naar Bohemen aan bakboord, wees naar alle kanten over het dal – "kwam Schwarzenberg met zijn oostenrijkers. Hier voor uw voeten werden ze in de pan gehakt, aardappelsla werd er van gemaakt. Daarna kwam Leipzig, Waterloo, en toen was het uit met Bonaparte."

De laatste woorden sprak hij op wegvagende toon en keek knikkend naar de stad, die er niet meer was in het dal.

Ongelovig – maar niet omdat hij aan het verhaal twijfelde – keek Corinth hem van opzij aan, en toen de vrouw, die op een glimlachje beet. Begreep zij hem? Begrijpen is flirten. (En zij daar, aan de andere kant van de wereld, was een hoer, kon niets horen of ging wijdbeens op haar rug liggen.) Hella wendde haar ogen af, maar zij wendde ze af in een andere wereld, waar Ludwig niet woonde, het was het tegendeel van afwenden, en hij voelde zijn lichaam. Water liep in zijn keel. Zijn geilheid blafte, een koud dier van plicht, en hij dacht, natuurlijk, natuurlijk, ik wil haar hebben.

versinkend in einer Mauer aus Nacht; manchmal war es die Stimme einer Frau, die in seinem Kopf geboren wurde und sagte: „... *ach, ja? Daher ...* " oder: „... *alle Tiere und ...* "; und auch schimpfend, lachend, flüsternd, ein lauter Schrei in der Leere, oder nur ein einzelnes, auf der Stille treibendes Wort; es waren sehr wirkliche Stimmen, die zu Menschen gehörten, die er nicht kannte und nicht sah, die jedoch eine Vorstellung in ihm weckten: Arbeiter in Häfen, eine Frau in ihrer Küche, ein Junge bei Unruhen auf einem Platz: eine Stadt. Kurz vor dem Einschlafen kam es zu ihm, selten tagsüber, schon früher in der Schule, während des Unterrichts, er konnte es nicht verstehen. Es bedeutete niemals etwas, das mit dieser Stadt zu tun hatte.)

Er sah aus seinen Augenwinkeln, daß sich Hella und der Pensionsinhaber näherten, zwei Gestalten, die plötzlich in sein Leben gehörten. Hellas Beine summten hinter einem Schleier aus blonden Härchen. Um den Hals trug sie ein goldenes Kettchen mit einem Milchzahn.

„Meditiert unser weitgereister Gast? Herr Ludwig kann Ihnen etwas Interessantes erzählen."

Ludwig stellte sich neben ihn. Er war grau und gedrungen, trug einen Seemannspullover und rauchte eine gebogene Pfeife: der Kapitän seines Hauses, auf einem Schiff, das durchs Tal fuhr. Er schaukelte in seinen Pantoffeln und stieß seine Fäuste in den Hosentaschen nach vorn.

„Ja, Herr Doktor, Sie stehen hier an einem historischen Ort. Von genau diesem Hügel aus lenkte der große Kaiser Napoleon 1813 seine letzte Feldschlacht, aus der er als Sieger hervorging. Er kam denselben Weg wie Sie, von dort hinten, unten am Garten vorbei. Im Norden lag das Heer von Bernadotte, in Schlesien stand Blücher, und von dort drüben", er zeigte mit seiner Pfeife Backbord nach Böhmen, zeigte in alle Richtungen über das Tal – „kam Schwarzenberg mit seinen Österreichern. Hier, vor Ihren Füßen, wurden sie in die Pfanne gehauen, Hackfleisch wurde aus ihnen gemacht. Danach kam Leipzig, Waterloo, und dann war es aus mit Bonaparte." Die letzten Worte sprach er mit immer leiser werdender Stimme und sah nickend zu der Stadt, die dort unten im Tal nicht mehr war.

Ungläubig – jedoch nicht, weil er an der Geschichte zweifelte – schaute Corinth ihn von der Seite her an, dann die Frau, die sich ein Lächeln verbiß. Verstand sie ihn? Verstehen ist Flirten. (Und sie dort, auf der anderen Seite der Welt, war eine Hure, konnte nichts hören und legte sich breitbeinig auf den Rücken.) Hella wandte ihre Augen ab, aber sie wandte sie in eine andere Welt, wo Ludwig nicht wohnte, es war das Gegenteil von abwenden, und er fühlte seinen Körper. Speichel schoß ihm in den Mund, und er mußte schlucken. Seine Geilheit bellte, pflichtgetreu: ein kaltes Tier, und er dachte: Natürlich, natürlich, ich will sie haben.

Ludwigs pijp begon te reutelen; hij keek er in, blies er in, stopte zijn vinger er in en klopte haar op de stenen balustrade leeg. Het zwarte hoopje liet hij liggen.

"Bent u romantisch, Herr Doktor?"

"Zeer," zei Corinth.

Ludwig draaide zich om, te snel, te plotseling had hij Corinth's gezicht gezien, en wees vraatzuchtig naar de hoogste torenkamer.

"Komt u maar mee!"

Langs gebogen gangetjes en trapjes en treetjes omhoog en omlaag kwamen zij aan de achterkant in het huis. Het was, vertelde Ludwig en speelde met een donkere stem en theatrale gebaren, de nauwkeurige nabootsing van een huis in Rome, dat zekere Krschowsky hier had laten verrijzen om er de dag na de voltooiing, terwijl het overal naar verf rook, zelfmoord in te plegen.

"Het viel blijkbaar tegen in het gebruik," zei Corinth.

Hij sprak het duits langzaam en grammaticaal correct, maar met een accent als modder. Ludwig ging niet op het grapje in; misschien speelde hij niet; met een weidse zwaai wees hij op het hoge glas-in-loodraam in de donkere hal – een halfnaakte, door wolken en wind en gewaden omwaaide vrouw, die een schaal ophief in een landschap van water, rotsen en vissen – en zei:

"De vrouw der verborgenheid! O mia bella Roma!"

"Herr Ludwig," zei Hella, "Herr Doktor Tsj'wè Unsang kan niet zo lang wachten."

"Natuurlijk, hoogvereerde dame," zei Ludwig en dook buigend naar een deur, die hij openwierp. "Ik zal u over de drempel dragen."

"U zou niet willen."

Haastig liep zij naar binnen. Ludwigs gezicht werd dik en van vlees. Hij is zelf Krschowsky, dacht Corinth. Ludwig probeerde een druppelende kraan dicht te draaien.

"Waar woont Herr Doktor Tsjwang Kai Schek, als men vragen mag?"

"Herr Doktor Tsj'wè Unsang heeft een kamer in de stad," zei Hella kort. "Straks zal ik om uw kwinkslag lachen, ik heb nu geen tijd. U, Herr Doktor, vindt het niet erg dat u hier boven woont?"

"Integendeel," zei Corinth en keek haar niet aan.

"Beneden is altijd alles vol," zei Ludwig. "Soms zijn er vier, vijf congressen tegelijk. Het communisme is sterk in congressen."

"Vindt u, dat wij er wat minder moeten houden, Herr Ludwig?"

Ludwigs Pfeife begann zu röcheln; er sah hinein, blies hinein, stopfte sie mit dem Finger und klopfte sie auf der steinernen Balustrade aus. Das schwarze Häufchen ließ er liegen.

„Sind Sie romantisch, Herr Doktor?"

„Sehr", sagte Corinth.

Ludwig drehte sich um, zu schnell, zu plötzlich hatte er Corinths Gesicht gesehen und zeigte gefräßig zum höchsten Turmzimmer.

„Kommen Sie bitte mit!"

Durch gewundene Gänge, über Treppen und Stufen hinauf und hinunter kamen sie an der Rückseite ins Haus. Es sei, erzählte Ludwig und spielte mit einer tiefen Stimme und theatralischen Gebärden, die genaue Kopie eines Hauses in Rom, das ein gewisser Krschowsky hier hatte erbauen lassen, um darin am Tag nach der Vollendung, während es noch überall nach Farbe roch, Selbstmord zu begehen.

„Offenbar fand er es unbequem", sagte Corinth.

Er sprach das Deutsche langsam und grammatisch korrekt, aber mit einem starken Akzent. Ludwig ging nicht auf den Scherz ein; vielleicht schauspielerte er doch nicht, mit einer weit ausladenden Geste wies er auf das hohe bleiverglaste Fenster in der dunklen Eingangshalle – auf eine halbnackte, von Wolken und Wind und Gewändern umwehte Frau, die in einer Landschaft aus Wasser, Felsen und Fischen eine Schale hochhob – und sagte:

„Die Frau der Verborgenheit! O mia bella Roma!"

„Herr Ludwig", sagte Hella, „Herr Doktor Tsch'we Unsang kann nicht so lange warten."

„Natürlich, sehr verehrte Dame", sagte Ludwig und stieß, sich vorbeugend, eine Tür auf.

„Ich werde Sie über die Schwelle tragen."

„Ich glaube nicht, daß Sie das wirklich wollen."

Eilig trat sie ein. Ludwigs Gesicht wurde dick und fleischig. Er selber ist Krschowsky, dachte Corinth. Ludwig versuchte, einen tropfenden Hahn zuzudrehen.

„Wo wohnt Herr Doktor Tschiang Kai-Schek, wenn man fragen darf?"

„Herr Doktor Tsch'we Unsang hat ein Zimmer in der Stadt", sagte Hella kurz.

„Nachher werde ich über Ihre witzige Bemerkung lachen, jetzt habe ich dazu keine Zeit. Sie finden es doch nicht schlimm, daß Sie hier oben wohnen?"

„Im Gegenteil", sagte Corinth, ohne sie anzusehen.

„Da unten ist immer alles voll", sagte Ludwig. „Manchmal finden vier, fünf Kongresse gleichzeitig statt. Der Kommunismus ist groß, was Kongresse angeht."

„Finden Sie, daß wir weniger Kongresse veranstalten sollten, Herr Ludwig?"

Hella keek hem hard aan. Corinth amuseerde zich; vechtlust blonk in haar ogen. Haar gezicht was sterk, het leek vijfendertig jaar maar was vermoedelijk jonger, een lichaam rijp en lieflijk, een roos van Saron: alles bestemd om uit te groeien tot een matrone, die in de stoel van haar verleden zetelt, niet in het halfextatische en draconische; – ergens in haar leven moest een zijwind zijn opgestoken, die haar uit haar koers had gedreven: naar vliegvelden, waar chinezen en amerikanen landden, naar congressen in verwoeste steden, en naar laatdunkende, vermoedelijk politiek enigszins onbetrouwbare pensionhouders.

Zij riep Corinth in een erker, waar zij een tafeltje overdekte met paperassen en er zoekend in rondtastte. Zij gaf hem wat boekjes en papieren.

"Hier is alvast uw geheugen. U heeft ons geschreven, dat u geen rede zult houden, maar wilt u niet een paar woorden zeggen over de stand van de therapie in de Verenigde Staten? Het zou het congres zeer interesseren."

Voor het eerst sinds hun begroeting op Tempelhof keek zij recht in zijn gezicht, en hij wist, dat zij zich afvroeg waar hij op leek met zijn ingenaaide oogleden en bovenlip. Een baviaan, dacht zij nu, een baviaan, bij God. Haar gezicht bleef beheerst wachten op antwoord.

"Ik kom om wat te leren, Frau Viebahn. Er zijn nog veel dingen, die ik niet weet. Die ik niet helemaal begrijp. Ik zou zelfs zo gauw niet weten, welke. Ik ben erg moe. In het vliegtuig heb ik ook niet geslapen; het is nooit mijn gewoonte geweest om in vliegtuigen te slapen. U moet mij zien als iemand, die al dagenlang wakker is."

Hij knikte haar toe en wendde zijn gezicht niet af, liet haar spartelen in zijn gezicht: een kind, in de vroege schemer van de nazomeravond verdwaald in de ruïne aan het eind van de weide; snikkend loopt het onder de slagschaduw van het bos langs de gebroken muren en de schietgaten, waardoor de avond blaast en pijpt, het zwarte water, de sterren op de keien...

Hella knikte met een onbewogen gezicht.

"Zoals u wilt. Ik moet nu Herr Doktor Tsj'wè Unsang wegbrengen. Beneden zit ik trouwens nog tot over mijn oren in het werk. Alstublieft, dit zijn tweehonderdvijftig mark, misschien wilt u een aandenken kopen."

"Misschien wilt u vandaag of morgen mijn gast zijn."

"Heel aardig van u, dank u, maar er zal niets van komen, wij zullen elkaar niet zo vaak zien." Er kwam een hard, rollend accent in haar woorden. Toen Corinth een grijns trok, werd haar toon nog kouder. "Ja, dan is er vanavond een begroetingsdiner, waarop Herr Professor Doktor Karlheinz Ruprecht uit Leipzig onze buitenlandse gasten welkom heet. Hebt u nog krachten? Het zou jammer zijn wan-

Hella sah ihn streng an. Corinth amüsierte sich; Kampfeslust leuchtete in ihren Augen. Ihr Gesicht war kräftig, sie sah aus wie fünfunddreißig, war aber vermutlich jünger, ein Körper, reif und lieblich, eine Rose von Saron: sie war dazu bestimmt, zu einer Matrone zu erblühen, die auf dem Stuhl ihrer Vergangenheit thront und nicht im Halb-Ekstatischen und Drakonischen; – irgendwo in ihrem Leben mußte eine Bö aufgekommen sein, die sie von ihrem Kurs abgebracht hatte, die sie auf Flughäfen geweht hatte, wo Chinesen und Amerikaner landeten, zu Kongressen in verwüstete Städte und zu eingebildeten, politisch vermutlich wenig zuverlässigen Pensionsinhabern.

Sie rief Corinth in einen Erker, wo sie Papiere auf ein Tischchen legte, um darin zu suchen. Sie gab ihm einige Büchlein und Prospekte.

„Das bekommen Sie erst mal als Gedächtnisstütze. Sie haben uns geschrieben, daß Sie keinen Vortrag halten werden, aber wollen Sie nicht ein paar Worte über den Stand der Therapie in den Vereinigten Staaten sagen? Es würde den Kongreß sehr interessieren."

Zum ersten Mal seit ihrer Begrüßung in Tempelhof sah sie direkt in sein Gesicht, und er wußte, daß sie überlegte, woran diese Augenlider und diese Oberlippe mit ihren Narbenrändern sie erinnerten. Ein Pavian, dachte sie jetzt, ein Pavian, bei Gott. Ihr Gesichtsausdruck blieb beherrscht, auf Antwort wartend.

„Ich komme, um etwas zu lernen, Frau Viebahn. Es gibt noch viele Dinge, die ich nicht weiß oder nicht ganz verstehe. Ich wüßte auf Anhieb nicht mal, welche. Ich bin sehr müde. Auch im Flugzeug habe ich nicht geschlafen; ich habe mir nie angewöhnen können, im Flugzeug zu schlafen. Betrachten Sie mich als jemanden, der schon seit Tagen wach ist."

Er nickte ihr zu, wandte seinen Blick nicht ab und ließ sie zappeln: ein Kind, bei der frühen Dämmerung des Spätsommerabends verirrt in der Ruine am Ende der Weide; schluchzend läuft es unter dem Schlagschatten des Waldes an den zerbrochenen Mauern und den Schießscharten vorbei, durch die der Abend bläst und pfeift, das schwarze Wasser, die Sterne auf den Steinen ...

Hella nickte mit unbewegter Miene. „Wie Sie wollen. Ich muß jetzt Herrn Doktor Tsch'we Unsang wegbringen. In der Stadt wartet noch jede Menge Arbeit auf mich. Bitte sehr, hier sind zweihundertundfünfzig Mark, vielleicht möchten Sie ja ein Souvenir kaufen."

„Vielleicht möchten Sie heute oder morgen mein Gast sein."

„Sehr aufmerksam von Ihnen, vielen Dank, aber daraus wird nichts, wir werden uns nicht so häufig sehen." Ein harter, rollender Akzent kam in ihre Worte. Als Corinth zu grinsen begann, wurde ihr Ton noch kälter. „Ja, dann findet heute abend ein Begrüßungsessen statt, bei dem Professor Doktor Karlheinz Ruprecht aus Leipzig unsere ausländischen Gäste willkommen heißt. Trauen Sie sich das

neer u, als enige amerikaan ... Maar als u te moe bent, kunt u natuurlijk ook hier wat eten en vroeg naar bed gaan."

"Zeker, zeker," zei Ludwig. Zijn vingers speelden met een plectrum, een rood, plat instrumentje om snaren te tokkelen.

"Ik stort niet zo gauw in," zei Corinth.

"Dat geloof ik ook niet," zei Hella en wendde snel haar hoofd naar het erkerraam, waaronder een vogel zich schreeuwend uit de heesters losmaakte, schreeuwend, en met grote slagen over het terras naar het dal vloog. "U kunt trouwens nu een beetje gaan liggen, dan stuur ik straks de wagen terug en zie u in het hotel beneden. Günther kan u verder met alles helpen."

Met een soort danspassen, stralend lachend, als een gek, betrad de chauffeur met de koffers de kamer, – een donker, onoverzichtelijk vertrek met lambrizeringen, vierkante houten pilaren, drie bedden en een divan. Een dubbele deur leidde naar het terras, maar achter de deur zat een raam en tussen deur en raam een vensterbank, zodat niets open kon. Naast de wastafels stonden sokkels met niets er op – een doosje lucifers.

Achter Ludwig liep Corinth naar een deur aan het andere eind van de hal. De vrouw in het venster stond in donkerder kleuren.

"Een nette dame, Frau Viebahn, vindt u niet, Herr Doktor? Wij zien haar vaak hier met buitenlandse gasten. Altijd even charmant. Komt u binnen, ik zal u meteen de sleutel geven. Hier wordt ook het ontbijt geserveerd."

Hij kwam in een ruime, bedompt gemeubileerde kamer. Bij het raam, dat op de stad uitzag, stond een blonde jongen en schreef met zijn vinger in de wasem, die hij op het glas geademd had. Met de grijze verveling op zijn gezicht draaide hij zich om.

"Schrijf je weer een boek op de ruiten? Geef Herr Doktor eens een hand," zei Ludwig en liep naar een kastje.

De jongen kwam op hem toe: plotseling lachend, heupwiegend, geblondeerd, niet ouder dan zestien. Hij gaf zijn hand aan een gestrekte arm en tilde koket zijn schouders op; Corinth voelde, dat de jongen zijn hand niet uit eigen beweging terug zou trekken.

"Hoe heet je?" vroeg hij en liet de hand los.

"Eugène. Wat heeft u koude handen"

"Eugène, *Herr Doktor*," zei Ludwig.

"Eugène, Herr Doktor."

Achter hem verhelderde de wasem op het glas en de woorden verdwenen in de heuvels aan de horizon. Hij begon elegant te draaien en bleef Corinth aankijken.

noch zu? Es wäre schade, wenn Sie, als einziger Amerikaner ... Aber, wenn Sie zu müde sind, können Sie natürlich auch hier etwas essen und früh zu Bett gehen."

„Sicher, sicher", sagte Ludwig. Seine Finger spielten mit einem roten Plektrum.

„Ich breche nicht so schnell zusammen", sagte Corinth.

„Das glaube ich auch nicht", sagte Hella und drehte ihren Kopf schnell zum Erkerfenster, unter dem ein Vogel sich schreiend aus den Sträuchern löste und mit kräftigen Schlägen über die Terrasse ins Tal flog.

„Wenn Sie wollen, können Sie sich auch jetzt ein wenig hinlegen. Ich schicke dann nachher den Wagen zurück und treffe Sie unten im Hotel. Günther kann Ihnen bei allem weiteren helfen."

Mit tänzelnden Schritten, strahlend und lächelnd wie ein Idiot, betrat der Chauffeur mit den Koffern das Zimmer – ein dunkler, unübersichtlicher Raum mit Wandtäfelung, viereckigen hölzernen Pfeilern, drei Betten und einem Diwan. Eine doppelte Tür führte auf die Terrasse, doch hinter der Tür war eine Glasscheibe, und zwischen beiden eine Fensterbank, so daß weder die Tür noch die Scheibe geöffnet werden konnten. Neben den Waschbecken standen kleine säulenartige Podeste, auf denen nichts lag, außer einer Schachtel Streichhölzer.

Corinth folgte Ludwig zu einer Tür am anderen Ende der Eingangshalle. Die Frau im Fenster leuchtete nun in dunkleren Farben.

„Eine feine Dame, unsere Frau Viebahn, finden Sie nicht, Herr Doktor? Wir sehen sie hier oft mit ausländischen Gästen. Immer gleich charmant. Treten Sie ein, ich werde Ihnen gleich den Schlüssel geben. Hier wird auch das Frühstück serviert."

Er trat in ein großes, muffig möbliertes Zimmer. An dem Fenster mit Ausblick auf die Stadt stand ein blonder Junge und schrieb auf die Glasscheibe, die er angehaucht hatte. Er drehte sich um, graue Langeweile im Blick.

„Schreibst du wieder ein Buch auf die Scheiben? Gib dem Herrn Doktor mal die Hand", sagte Ludwig und ging zu einem Schränkchen.

Der Junge kam auf ihn zu: plötzlich lachend, die Hüften wiegend, blondiert, nicht älter als sechzehn. Er streckte seinen Arm aus und hob kokett die Schultern; Corinth spürte, daß der Junge seine Hand nicht von sich aus zurückziehen würde.

„Wie heißt du?" fragte er und ließ die Hand los.

„Eugene. Was für kalte Hände Sie haben."

„Eugene, *Herr Doktor*", sagte Ludwig.

„Eugene, Herr Doktor."

Hinter ihm wurde das Glas wieder klar, und die Worte verschwanden in den Hügeln am Horizont. Er begann, sich elegant zu drehen, und sah Corinth dabei

De littekens scheen hij niet te zien. Corinth knikte en keek over zijn schouder naar buiten.

"Ga iets doen, Eugène," zei Ludwig zonder om te kijken, terwijl hij tussen papieren en in doosjes zocht.

Eugène draaide zich op zijn hielen om en ging weer bij het raam staan. Door met een potlood langs de ruggen van een rij boeken te strijken, die op een plank onder de vensterbank stonden, probeerde hij de indruk van bezigzijn te wekken. Hij bleef Corinth aankijken. Corinth bedwong een lach: hij wist niet of het om hem was of tegen hem. De jongen begon een beetje te blozen.

"Waar is de sleutel van het kastje, Eugène?"

"Weet ik niet," lachte Eugène naar Corinth.

"O, het is zo'n grappenmaker," zei Ludwig. "In het kastje natuurlijk weer."

"Ja!" lachte Eugène.

Terwijl hij sierlijk toesprong en Ludwig hielp met het kastje optillen, omkeren, ontdekte Corinth een tweede kamer, die in de kamer was gebouwd: met kozijnen en glas, trapje en deur; daarbinnen lag een vrouw in bed, hij zag alleen haar witte haren op het kussen, zij keek naar buiten maar lag te plat om de stad te kunnen zien. Op een gedekt tafeltje stonden bloemen en sinaasappels.

"Aha!" Met opgeheven sleutel liep Ludwig door de kamer: de Grote Criticus, de Magister; hij deed de deur open en boog. "Mag ik u verzoeken?"

Door een wirwar van trappen, nissen, boogvensters in loze binnenmuren, op- en afstapjes, ging hij Corinth voor naar boven, zijn reistas in de hand.

"Jaja, Herr Doktor Corinth uit de Verenigde Staten," zei hij, blijkbaar meer in het algemeen, en besteeg enigszins rochelend de treden. En even later: "Mag men vragen, voor welk congres u hier bent? Wij zien niet veel Amerikaanse heren hier in het oosten."

"Tanden," zei Corinth. Ludwig keek om. Corinth tikte tegen zijn tanden. "Eetkamerameublementen."

"Ach, dentist. Mooi vak. Tanden zijn heerlijk als er wat te eten is." Knikkend liep hij verder. "Dentistisch congres..." mompelde hij en schudde zijn hoofd. "U bent in een vreemd land terechtgekomen, Herr Doktor." Hij keek even om en keek weer voor zich. Met andere stem, luid, vroeg hij: "Hebt u al gehoord van de brand, die wij hier gehad hebben?"

an. Die Narben schien er nicht zu sehen. Corinth nickte und schaute über seine Schulter nach draußen.

„Geh, tu etwas, Eugene", sagte Ludwig ohne sich umzublicken, während er zwischen Blättern und in Schachteln suchte.

Eugene drehte sich auf den Absätzen und stellte sich wieder ans Fenster. Indem er mit einem Bleistift über die Rücken der Bücher fuhr, die auf einem Brett unter der Fensterbank standen, versuchte er den Eindruck zu erwecken, beschäftigt zu sein. Immer noch sah er Corinth an. Corinth unterdrückte ein Lachen: er wußte nicht, ob er über Eugene lachen oder ihn nur anlächeln wollte. Der Junge errötete ein wenig.

„Wo ist der Schlüssel zu diesem Schränkchen, Eugene?"

„Weiß ich nicht", lachte Eugene Corinth zu.

„Ach, immer diese Faxen", sagte Ludwig. „Natürlich wieder *im* Schränkchen."

„Ja!" lachte Eugene.

Während er graziös hinzusprang und Ludwig half, das Schränkchen hochzuheben und umzudrehen, entdeckte Corinth ein zweites Zimmer, das in den Raum hineingebaut war: eine verglaste Balkonkonstruktion mit Treppchen und Tür; in dem Zimmer lag eine Frau in einem Bett, er sah lediglich ihre weißen Haare auf dem Kissen, sie schaute nach draußen, lag jedoch zu flach, um die Stadt sehen zu können. Auf einem gedeckten Tischchen standen Blumen und Apfelsinen.

„Aha!" Mit hochgehaltenem Schlüssel ging Ludwig durch das Zimmer: der Große Kritiker, der Magister; er öffnete die Tür und verbeugte sich: „Darf ich bitten?"

Durch einen Wirrwarr von Treppen, Nischen, Bogenfenstern in freistehenden Wänden, Auf- und Abgängen ging er, in einer Hand Corinths Reisetasche, nach oben voraus.

„Jaja, Herr Doktor Corinth aus den Vereinigten Staaten", sagte er, offensichtlich ohne diesen damit ansprechen zu wollen, und betrat ein wenig keuchend die Stufen. Und kurz darauf: „Darf man fragen, welchen Kongreß Sie hier besuchen? Man sieht nicht häufig Amerikaner hier im Osten."

„Zähne", sagte Corinth. Ludwig sah sich um. Corinth tickte an seine Zähne. „Eßzimmermobiliar."

„Ach, Zahnarzt. Schöner Beruf. Zähne sind herrlich, wenn es etwas zu essen gibt." Nickend ging er weiter. „Zahnärztlicher Kongreß ... ", murmelte er und schüttelte seinen Kopf. „Sie sind in einem seltsamen Land angekommen, Herr Doktor." Er sah sich kurz um und schaute wieder nach vorne. Mit veränderter Stimme, laut, fragte er: „Haben Sie schon von dem Feuer gehört, das wir hier hatten?"

"Brand?" Corinth keek naar zijn nek. "Zegt u brand?"

"In het Louisenhof, – boven," hij wees in de gekalkte muur, "niet ver hier vandaan. Het mooiste hotel van de stad. Vorige week brandde het af. Oorzaak onverklaarbaar. Politie tast in het duister. Jawel."

"Slachtoffers?"

Ludwig zong bijkans van wantrouwen.

"Maria Förster. Mannequin. Eén van de mooiste vrouwen in de D.D.R."

"Klopt er iets niet?"

"Alles klopt," zong Ludwig. "Alles klopt."

Corinth zweeg en klom een stenen wenteltrap op. De lucht was benauwend en vol gezoem. Bij een klein raam, waarin de vernietigde stad hing, bleef hij staan. Een kolonie stervende en dode vliegen lag in het stof van de vensterbank, de levenden op hun rug en met tussenpozen zo snel ronddraaiend, dat zij onzichtbaar werden en de doden door elkaar wierpen. Met zijn gezicht vol rimpels boog hij zich over het spektakel.

"Er is niets aan te doen", riep Ludwig boven aan de trap, neen, buiten, hij stond tegen de violette lucht op het dak en sprak langs zijn lichaam omlaag in het trapgat. "Ieder jaar hetzelfde. Ze vluchten voor de wind de huizen in. Wat wilt u? Het is traditie in Dresden, op grote schaal te sterven."

Corinth rekte zijn gezicht zoals wanneer men uit het water komt; een paar seconden later stond hij op het zink naast Ludwig, bovenop het huis, tussen schoorstenen en antennes, opgemetselde luchtkokers en overal ruimte, wereld. Het schemerde; uit Bohemen verrees een paarse nacht en het dal was nu vol nevel. Een paar meter verder was de kamer waar hij zou wonen, met ramen rondom en een ijzeren ladder, die naar een uitkijkpost er bovenop leidde.

"Heb ik te veel gezegd?" riep Ludwig. "Zoiets vindt u niet in Amerika!" Hij wees in de diepte, naar een begrint daktuintje met een schoorsteen. "Daar hing Krschowsky."

"Hebt u hem gekend?"

"Wie kent een gek?" vroeg Ludwig met gespreide armen. Hij zette de reistas in de kamer, waar een bed stond, een witte tafel en een stoel. Met een handdoek begon hij de vliegen te verjagen.

Het was het tegendeel van een kamer: om het bed lag de horizon. Corinth ging voor het glas staan, stak een sigaret op en keek naar de lampjes, die geboren werden in het dal. Plotseling, een oogopslag, was de nevel veranderd in een kanten

„Feuer?" Corinth schaute auf seinen Nacken. „Sagten Sie Feuer?"

„Im Louisenhof – da oben", er zeigte auf die gekalkte Wand, „nicht weit von hier. Das schönste Hotel der Stadt. Vorige Woche abgebrannt. Ursache unbekannt. Die Polizei tappt im Dunkeln. Jawohl."

„Opfer?"

Ludwig sang beinahe vor Mißtrauen.

„Maria Förster. Mannequin. Eine der schönsten Frauen der DDR."

„Stimmt etwas nicht?"

„Es stimmt alles", sang Ludwig. „Es stimmt alles."

Corinth schwieg und stieg eine steinerne Wendeltreppe hinauf. Die Luft war drückend und von Summen erfüllt. An einem kleinen Fenster, durch das die zerstörte Stadt zu sehen war, blieb er stehen. Eine Kolonie sterbender und toter Fliegen lag im Staub auf dem Fensterbrett, die lebenden lagen auf dem Rücken und rotierten immer wieder so schnell um die eigene Achse, daß sie unsichtbar wurden und die toten durcheinanderwirbelten. Corinth zog das Gesicht in Falten und beugte sich über das Schauspiel.

„Da ist nichts zu machen", rief Ludwig oben an der Treppe, nein, von draußen, er stand aufrecht vor dem violettfarbenen Himmel auf dem Dach und sandte die Worte an seinem Körper entlang durch die Treppenluke. „Jedes Jahr dasselbe. Sie flüchten vor dem Wind in die Häuser. Was will man machen? Es hat Tradition in Dresden, in großem Maßstab zu sterben."

Corinth verzog sein Gesicht wie jemand, der aus dem Wasser auftaucht; ein paar Sekunden später stand er neben Ludwig auf dem Zinkblech, oben auf dem Haus, zwischen Schornsteinen und Antennen, hochgemauerten Luftschächten, und überall war Raum, Welt. Es dämmerte; aus Böhmen stieg eine violette Nacht herauf, und das Tal war jetzt voller Nebel. Ein paar Meter weiter befand sich das Zimmer, in dem er wohnen sollte, rundherum Fenster und eine Eisenleiter, die zu einem Ausguck auf dem Dach führte.

„Hab ich zuviel versprochen?" rief Ludwig. „So etwas finden Sie in Amerika nicht!" Er zeigte in die Tiefe, auf einen bekiesten Dachgarten mit Schornstein.

„Dort hing Krschowsky."

„Haben Sie ihn gekannt?"

„Wer kennt schon einen Verrückten?" fragte Ludwig mit ausgebreiteten Armen. Er stellte die Reisetasche in das Zimmer, in dem sich ein Bett, ein weißer Tisch und ein Stuhl befanden. Er begann, mit einem Handtuch die Fliegen zu verjagen.

Es war das Gegenteil von einem Zimmer: rund um das Bett lag der Horizont. Corinth ging ans Fenster, steckte sich eine Zigarette an und betrachtete die kleinen Lampen, die im Tal geboren wurden. Plötzlich, einen Augenaufschlag lang, hatte

kleed van lichtjes. "... *nee, want ik*..." (: een klein meisje). Een kil gevoel van buitenland ontwaakte in hem, voor het eerst; iets dierlijks, het besef in een vreemd landschap te staan. Ik ben moe, dacht hij, legde zijn hand tegen het koele glas en keek omlaag, waar de auto met Hella en de koreaan het hek uitdraaide en langzaam tussen de donkere bomen de weg naar de rivier afdaalde. Zonder nog een blik in het dal ging hij op de vensterbank zitten, schoof zijn hoed op zijn achterhoofd en blies rook uit.

"Mm," snoof Ludwig en liet de handdoek zakken.

Corinth stak hem het pakje Lucky Strike toe. Met een schuin hoofd trok Ludwig er een sigaret uit.

"Neemt u het pakje."

"O neen, Herr Doktor, wij zijn geen bedelaars." Nadrukkelijk schudde hij zijn hoofd.

Corinth voelde zich onbehaaglijk. Ludwig zocht een deelgenoot in zijn haat tegen het regiem, maar hij wantrouwde de gast van het regiem, hij zocht medelijden, maar weigerde het met de trots van iemand die het slecht heeft (met een pensioen). Kreunend ging Corinth op het bed liggen en hoopte dat hij weg zou gaan. Ludwig stond al met zijn hand op de klink.

"Weest u 's avonds voorzichtig als u uit uw kamer komt, het wordt hier boven een beetje glad van de dauw. Is er verder nog iets, dat ik voor u kan doen?"

"Dank u wel. U bent zeer vriendelijk voor mij."

"Ach wat. Rust u maar een beetje uit. Toilet is op de tweede verdieping." Hij liet de klink los. Toen Corinth hem aankeek, zei hij: "Neemt u mij niet kwalijk, dat ik het u vraag, Herr Doktor." Hij wees vaag op zijn gezicht. "Hebt u een ongeluk gehad?" Zijn gezicht stond een beetje vertrokken en zijn vingers speelden weer met het plectrum.

"Dat komt van de liefde," zei Corinth.

Ludwig verdween over het zink. De nacht viel nu snel en gleed van alle kanten in het kamertje. Met in zijn ene hand een kleine cognacfles, en in de andere de dop, waaruit hij dronk, staarde Corinth naar het plafond. Hij was in Dresden. Hij zag zichzelf liggen, op een bed in een torentje, in Dresden... rokend en onafgebroken drinkend keek hij naar het plafond. In een hoek ging het tot ontbinding over: een prachtige plek barstende kalk, waaruit schimmel kwam, rose, grauwe wolken. Hij dacht, als ik niet het besef heb dat ik in Dresden ben, waar ben ik dan? Ik ben niet in Amerika, ik was nooit in Amerika. Hij herinnerde zich iets, dat hij ergens gelezen had (of had hij het zelf bedacht?): *De ziel gaat te paard.* Toen hij voor de eerste keer in New York kwam, op zijn dertiende, had hij pas na

sich der Nebel verwandelt in ein Spitzenkleid aus Licht. „*... nein, denn ich ...* "
(: ein kleines Mädchen). Das frostige Gefühl, im Ausland zu sein, erwachte zum ersten Mal in ihm; etwas Tierisches, das Bewußtsein, in einer unbekannten Landschaft zu sein. Ich bin müde, dachte er, legte seine Hand auf das kühle Glas und sah nach unten, wo der Wagen mit Hella und dem Koreaner aus dem Tor bog und langsam zwischen den dunklen Bäumen zum Fluß hinabfuhr. Ohne einen weiteren Blick ins Tal zu werfen, setzte er sich auf das Fensterbrett, schob seinen Hut auf den Hinterkopf und blies Rauch in die Luft.

„Hm", schnaubte Ludwig und ließ das Handtuch sinken. Corinth hielt ihm ein Päckchen Lucky Strike hin. Mit schiefgelegtem Kopf zog Ludwig eine Zigarette heraus.

„Behalten Sie das Päckchen."

„O nein, Herr Doktor, wir sind keine Bettler." Nachdrücklich schüttelte er den Kopf.

Corinth fühlte sich unbehaglich. Ludwig suchte einen Verbündeten in seinem Haß auf das Regime, aber dem Gast des Regimes mißtraute er, er suchte Mitleid, doch er lehnte es ab mit dem Stolz von jemandem, dem es schlecht geht (mit einer Pension). Ächzend legte Corinth sich auf das Bett und hoffte, daß Ludwig jetzt gehen würde. Der hatte bereits die Hand an der Klinke.

„Seien Sie abends vorsichtig, wenn Sie aus dem Zimmer kommen, es wird hier oben vom Tau ein wenig glatt. Gibt es noch etwas, was ich für Sie tun kann?"

„Ich danke Ihnen. Sie sind sehr freundlich."

„Ach was. Ruhen Sie sich nur ein wenig aus. Die Toilette ist auf der zweiten Etage." Er ließ die Klinke los. Als Corinth ihn ansah, sagte er: „Nehmen Sie es mir nicht übel, Herr Doktor, wenn ich Sie frage." Er zeigte vage auf Corinths Gesicht. „Hatten Sie einen Unfall?" Sein Gesicht war ein wenig verzogen, und seine Finger spielten wieder mit dem Plektrum.

„Das kommt von der Liebe", sagte Corinth.

Ludwig verschwand über das Zinkdach. Die Nacht kam jetzt schnell und strömte von allen Seiten in das kleine Zimmer. In der einen Hand eine kleine Cognacflasche, in der anderen den Verschluß, aus dem er trank, starrte Corinth an die Decke. Er war in Dresden. Er sah sich selbst, daliegend, auf einem Bett, in einem Turm, in Dresden ... rauchend und ununterbrochen trinkend, sah er an die Decke. In einer Ecke faulte die Wand: eine herrliche Stelle von bröckelndem Kalk, aus dem Schimmel wuchs, rosa und graue Wolken. Er dachte, wenn mir nicht bewußt ist, in Dresden zu sein, wo bin ich dann? Ich bin nicht in Amerika, ich war nie in Amerika. Er erinnerte sich an etwas, das er irgendwo gelesen hatte (oder hatte er es sich selbst ausgedacht?): *Die Seele reist zu Pferd*. Als er zum ersten Mal nach New York kam, mit dreizehn Jahren, war ihm erst nach drei Tagen

drie dagen beseft, dat hij er was: terwijl hij een straat overstak, midden op straat, tussen de auto's: *New York*. Zijn ziel was te paard nagekomen – daar was zij. Zij liet zich niet motoriseren. Op het ogenblik voer zij een paar honderd kilometer uit de kust van Long Island, in een wapperende schoener op weg naar Europa; bij de herberg van Le Hâvre hinnikten de paarden van de postkoets. Zij zou pas aankomen, wanneer hij allang terug was in Baltimore, – maanden later, als hij met blote onderarmen uit zijn witte kiel en een stukje plastic voor zijn mond over een vrouw gebogen stond, die haar mond vol goud opensperde naar de hemel buiten, waarin grauwe bergen lood stonden: – *Dresden*. Dan pas zou zijn ziel met Ludwig de trap opkomen en naar de stervende vliegen kijken. Maandenlang zou hij het zonder zichzelf moeten doen, zoals hij het na de oorlog jarenlang zonder zichzelf had gedaan. Hij dronk en sloot zijn ogen en dacht, de aarde is overdekt met mensen die hun ziel in treinen en auto's en vliegtuigen vooruit zijn gesneld, en daar doorheen ligt de achttiende eeuw der ademloze zielen, te paard, op barken, in diligences; en sommigen halen zichzelf nooit meer in. Overal sterven lichamen zonder hun ziel weerom, en eenzame zielen reizen nog rond, verwisselen van paarden, overnachten in taveernes, reizen verder, op weg naar een graf. En sommige zielen verongelukken, of worden vermoord door rovers, of worden zelf rovers, met een vilthoed over hun ogen en een zwarte doek voor hun mond, en springen moordziek tevoorschijn uit de struiken wanneer een goede ziel verschijnt op de landweg, een heilige, een engel –

"... *de schone Helena speelt niet meer* ... " (: een kerel op een viaduct).

Meteen was hij weer wakker. Het werd donker; de cognac brandde in zijn bloed. Voor zijn ogen was de korte rit door Oost Berlijn: het antieke panorama, het Rijksdaggebouw, zwart en met een kapotte hoed in de vlakte; de Wilhelmstrasse: resten van regeringsgebouwen als melaatsen in het gelid, tochtige, uitgebrande karkassen. Hella (Hella) had hem zien kijken naar een omgevallen, reusachtig betonnen ei op een stoppelveld. Daar, zei zij op onpersoonlijke gidsentoon, die niet het ei maar hèm ontkende, het loeder, hij zou haar krijgen, had de Rijkskanselarij gestaan; het ei was de luchtkoker van Hitlers bunker. Eén seconde had hij de nabijheid gevoeld van een walglijk geheim. Uit de klokkende diepten van Azië waren zwermen stakkers hierheen gekomen, stervend voor iedere meter, om een kakkerlak hier ergens in een kelder te verdelgen. Hij stond in het overschot van het paleis er naast: aan flarden geschoten, wegrottend, de hemel in het dak. Hij proefde aan de gedachte, dat van hieruit eens de vernietiging van de aarde werd

klar geworden, daß er da war: beim Überqueren einer Straße, mitten zwischen den Autos: *New York*. Seine Seele war zu Pferd nachgekommen – da war sie. Sie ließ sich nicht motorisieren. Im Augenblick segelte sie ein paar hundert Kilometer vor der Küste von Long Island, auf einem Schoner mit flatternden Segeln unterwegs nach Europa; vor der Herberge in Le Havre wieherten die Postkutschenpferde. Sie würde erst ankommen, wenn er schon längst wieder in Baltimore war Monate später, wenn er mit nackten Unterarmen, die aus dem weißen Kittel ragten, und einem Stück Plastik vor seinem Mund über eine Frau gebeugt stand, die ihren Mund voller Gold in Richtung Himmel aufsperrte, in dem sich graue Berge aus Blei türmten – *Dresden*. Dann erst würde seine Seele mit Ludwig die Treppe hinaufgehen und nach den sterbenden Fliegen schauen. Monatelang würde er ohne sich auskommen müssen, so wie er nach dem Krieg jahrelang ohne sich ausgekommen war. Er trank und schloß die Augen und dachte: Die Erde ist übersät mit Menschen, die ihren Seelen in Zügen und Autos und Flugzeugen vorausgeeilt sind, und hinter dieser Welt liegt das achtzehnte Jahrhundert der atemlosen Seelen zu Pferd, in Barken, in Postkutschen, einige holen sich nie mehr ein. Überall sterben Körper ohne ihre Seele, und die einsamen Seelen reisen noch immer umher, wechseln die Pferde, übernachten in Tavernen, reisen weiter, sind unterwegs zu einem Grab. Und einige Seelen verunglücken, oder werden von Räubern ermordet, oder selber zu Räubern. Mit einem tief ins Gesicht gezogenen Filzhut und einem schwarzen Tuch vor dem Mund springen sie mordlüstern aus den Sträuchern hervor, wenn auf der Landstraße eine gute Seele erscheint, ein Heiliger, ein Engel –

„... *die schöne Helena spielt nicht mehr* ... " (: ein Kerl auf einem Viadukt).

Sofort war er wieder wach. Es wurde dunkel; der Cognac brannte in seinem Blut. Er hatte die kurze Fahrt durch Ost-Berlin vor Augen: das antike Panorama, das Reichstagsgebäude, schwarz und mit einem kaputten Hut auf der kahlen Fläche; die Wilhelmstraße: Reste von Regierungsgebäuden, die wie Aussätzige in Reih und Glied standen, zugige, ausgebrannte Gerippe. Hella (Hella) hatte gesehen, wie er ein umgefallenes riesiges Betonei auf einem Stoppelfeld betrachtet hatte. Dort, sagte sie in unpersönlichem Fremdenführerton, der nicht das Ei, sondern ihn verneinte, das Luder, er würde es ihr schon noch zeigen, dort hat die Reichskanzlei gestanden; das Ei war der Luftschacht von Hitlers Bunker. Für eine Sekunde hatte er die Nähe eines widerlichen Geheimnisses gespürt. Aus den dumpf brodelnden Tiefen Asiens waren Schwärme armer Teufel hierhergekommen, für jeden eroberten Meter starben viele von ihnen, um eine Kakerlake irgendwo hier in einem Keller zu vertilgen. Er stand in den Überresten des benachbarten Palasts, der in Fetzen geschossen war, wegfaulte, den Himmel im Dach hatte. Er kostete den Gedanken, daß von hier aus einmal die Vernichtung der Erde

geregeld. Hier hadden ze haastig rondgelopen met hun papieren, op dikke kleden, in lamplicht, naar een manke spin die met een filmster in bed lag, van een gedecoreerd zwijn voor een spiegel, namens een kakkerlak; hier hadden zij hun bloedbruiloft gevierd, hun land walmend van brandend mensenvlees, moordend over de planeet tuimelend. Hij dacht, hadden wij soms *niet* aan moeten komen vliegen om het nest in puin te gooien? Minutenlang keek hij naar het skelet van een brede trap, die stil in de ruimte steeg, kreunend van heimwee, en het heimwee was in zijn ogen; in een hoek stond een glinsterend koord op een plas.

    Hij brandde zijn vingers en stond meteen op zijn kleren slaand naast het bed, het peukje smeulde in de mat. Brand, dacht hij, trapte het uit, wankelde en ging voor het raam staan; zijn lendenen deden pijn van vermoeidheid; de fles was leeg. De zee. Het was bijna nacht. De sterren waren in het dal gevallen. Waar het centrum van de stad moest zijn, was het donkerder dan aan de randen: voorsteden straalden daar in de mist; door de duisternis in het midden trokken alleen rijen lantarens van een paar rechte straten. Hij dacht aan Hella. Hij dacht, zij denkt dat ik denk dat zij denkt, dat mijn gezicht afstotend is. Hij dacht, daar gaat zij verloren, vanavond nog. Hij zag haar gestalte, hoe zij op hem af kwam, eerst op het vliegveld, later op het terras; met zijn voorhoofd leunde hij tegen het glas. Ingevreten tegen de stad lag de rivier kronkelend van pijn, zacht licht, levend water (met messen en wapens); tegen de heuvel, onder het terras, kropen bomen, ruïnes en wegen donker en bewegend omhoog.

    Hij deed het licht aan en kleedde zich uit. Naast de verscheurde man op het bed stond hij naakt voor de wastafel en sponsde zich af, terwijl hij dacht, de hele stad kan mij zien met kijkers. Hij kneep de spons leeg boven zijn nek en gonsde van genoegen; hij dacht, ik ben dronken. "Je zult je verbazen," zei hij hardop en keek naar zijn lichaam in de spiegel. Bij de begroeting op Tempelhof had zij even geslikt, een beweging in haar keel, – het was gefotografeerd en doorgegeven. Nadat hij haar gevraagd had of zij getrouwd was (in de auto; zij was gescheiden) had zij aan haar ring zitten draaien: zij had evengoed kunnen zeggen, ik verlang naar je, je krankzinnige baviancnsmocl grocit al in mijn buik, het water loopt in mijn mond. Het was gefotografeerd en doorgegeven naar het ondergronds hoofdkwartier, de centrale staven, de kaartenkamers, het wolf-achtig bunkerarchief.

    "Ik zal je. Ik zal je."

gesteuert wurde. Hier waren sie eilig herumgelaufen mit ihren Akten, auf dicken Teppichen, im Lampenlicht, zu einer hinkenden Spinne, die mit einem Filmstar im Bett lag, geschickt von einem ordenbehangenen Schwein vor einem Spiegel, im Namen einer Kakerlake; hier hatten sie ihre Bluthochzeit gefeiert, während ihr Land von brennendem Menschenfleisch qualmte, mordend über den Planeten taumelnd. Er dachte, hätten wir vielleicht *nicht* herfliegen sollen, um das Nest in Schutt und Asche zu legen? Minutenlang schaute er auf das Skelett einer breiten Treppe, die still im Raum aufstieg, stöhnend vor Heimweh, und das Heimweh war in seinen Augen; in einer Ecke tropfte eine funkelnde Perlenschnur in eine Pfütze.

Er verbrannte sich die Finger und stand sofort, auf seine Kleider schlagend, neben dem Bett, die Kippe schwelte auf dem Bettvorleger. Feuer, dachte er, trat es aus, wankte und ging ans Fenster; sein Kreuz schmerzte vor Müdigkeit; die Flasche war leer. Die See. Es war beinahe Nacht. Die Sterne waren ins Tal gefallen. Wo sich das Zentrum der Stadt befinden mußte, war es dunkler als an den Rändern: Dort leuchteten Vorstädte im Nebel; durch die Finsternis in der Mitte zogen sich schnurgerade Laternenreihen. Er dachte an Hella. Er dachte, sie denkt, daß ich denke, daß sie denkt, daß mein Gesicht abstoßend ist. Er dachte, sie geht verloren, heute abend noch. Er sah ihre Gestalt, wie sie auf ihn zukam, zuerst auf dem Flugplatz, später auf der Terrasse; er lehnte sich mit der Stirn gegen das Glas. Eingefressen in die Stadt, lag der Fluß, gekrümmt vor Schmerz, sanftes Licht, lebendiges Wasser (mit Messern und Waffen); unter der Terrasse krochen Bäume, Ruinen und Wege, dunkel und sich windend, den Hügel herauf.

Er machte Licht und zog sich aus. Neben dem zerfetzten Mann auf dem Bett stand er nackt vor dem Waschbecken und wusch sich mit einem Schwamm, während er dachte, die ganze Stadt kann mich mit Ferngläsern sehen. Er drückte den Schwamm über seinem Nacken aus und brummte vor Vergnügen; er dachte, ich bin betrunken. „Du wirst dich wundern", sagte er laut und sah seinen Körper im Spiegel an. Bei der Begrüßung in Tempelhof hatte sie kurz geschluckt, eine Bewegung in ihrer Kehle – es wurde photographiert und weitergeleitet. Nachdem er sie gefragt hatte, ob sie verheiratet sei (im Auto: sie war geschieden), hatte sie an ihrem Ring herumgedreht: Sie hätte genausogut sagen können, ich sehne mich nach dir, deine wahnsinnige Pavianfresse wächst schon in meinem Bauch, mir läuft das Wasser im Mund zusammen. Es wurde photographiert und weitergegeben an das unterirdische Hauptquartier, die zentralen Stäbe, die Kartenräume, das wölfische Bunkerarchiv.

„Dich krieg' ich. Dich krieg' ich."

12 Hugo Claus, *Het verdriet van België*

Abdruck nach: H. Claus: *Het verdriet van België*. Amsterdam: De Bezige Bij, 1983, S. 126–133.

Nonkel Florent

Na het middagmaal van varkensgebraad, schorseneren en gebakken aardappelen gingen Vader Staf en zoon Louis Seynaeve die zondag naar het café 'Groeninghe', ruimschoots op tijd vóór de vriendenmatch Walle Sport (-ing Club) tegen Club Brugge. Er zaten al veel getrouwen in de middeleeuwse zaal met de ramen in glas en lood, de eiken meubelen, de koperen pannen, de foto's van de Landdag van het Vlaams Nationalistisch Verbond, de leuzen in gotisch schrift: 'Hutsepot', 'Bloedworst naar Moeders wijze', 'Levet scone', 'Were Di'.

Papa werd niet onthaald als gewoonlijk, leek het. Men groette hem mat en keuvelde verder, pint in de hand. Natuurlijk merkte Papa het niet. Hij is van beton, mijn vader. Papa begon uitvoerig tegen Noël, de uitbater achter de toonbank, over zijn recente verbranding op de weg bij Harelbeke. Met gebaren en een zelfverzekerde, hoge stem – omdat Peter niet in 'Groeninghe' was – vertelde hij hoe zijn brandnieuwe deukhoed op zijn hoofd in vlammen was geschoten, hoe zijn polshorloge gesmolten was, hoe een voorband uiteengespat was door de helse hitte, maar Noël had het te druk met tappen en zei alleen maar: "Ja, 't is iets, hé! 't Is iets tegenwoordig."

Louis had teveel tafelbier gedronken en met de limonade die hij nu aangeboden kreeg van zijn vader er boven op moest hij vreselijk pissen, maar hij durfde de zaal niet door, naar de aanlokkelijke eikehouten deur waar een silhouet van een ridder in gebrand stond, en waar de Groenïnghers om de minuut heenwandelden, soms met de hand al naar de gulp gestrekt.

Mijnheer Leevaert, leraar aan het Atheneum, kwam bij Papa aan de toonbank. Zijn verwoest, bijna paars gezicht boog zich naar Louis. "Is dat dezelfde Louis die ik nog op mijn knieën heb gehad?"

"Ja, meneer," zei Louis. (Als ik hem daarmee een plezier kan doen.)

Papa heeft een groot ontzag voor mijnheer Leevaert omdat hij veel boeken leest en de boezemvriend is van Marnix de Puydt, dichter, pianospeler en beroemdste telg van Walle. Die twee zijn onafscheidelijk, Siamezen.

"Noël, een Pils zonder te veel schuim voor onze Louis!" Papa wou protesteren maar kwam niet verder dan een besmuikt: "Omdat het zondag is."

Abdruck nach: H. Claus: *Der Kummer von Belgien.* Ins Deutsche übersetzt von Waltraud Hüsmert. Stuttgart: Clett-Kotta, 2008. S. 129–137.

Onkel Florent

Nach dem Mittagessen, das an diesem Sonntag aus Schweinebraten, Schwarzwurzeln und Bratkartoffeln bestanden hatte, gingen Vater Staf und Sohn Louis Seynaeve ins Lokal „Groeninghe", mehr als zeitig vor dem Beginn des Freundschaftsspiels Walle Sport(ing Club) gegen Club Brugge. Viele Getreue saßen bereits in dem mittelalterlichen Saal mit den Bleiglasfenstern, den Eichenmöbeln, den Kupferkesseln, den Fotos von der Jahrestagung des *VNV*, der Partei der flämischen Nationalisten, den Schildern mit Frakturschrift: „Altflämischer Eintopf", „Hausmacher-Blutwurst", *„Levet scone"* – „Lebe redlich", „Wehret euch".

Papa wurde, so schien es, nicht wie sonst empfangen. Man begrüßte ihn eher beiläufig und klönte weiter, ein Bierglas in der Hand. Papa merkte mal wieder nichts. Er ist blind und taub, mein Vater. Er stellte sich an die Theke und berichtete Noël, dem Wirt, ausführlich von seiner kürzlich auf der Straße bei Harelbeke erlittenen Verbrennung. Mit ausladenden Gesten und selbstsicherer Stimme – denn der Pate war nicht im „Groeninghe" – erzählte er, wie der brandneue Hut auf seinem Kopf Feuer gefangen habe, wie seine Armbanduhr geschmolzen und wie ein Vorderreifen aufgrund der höllischen Hitze geplatzt sei, doch Noël war zu beschäftigt mit Zapfen und sagte nur: „Tja, so was. Tja, so ist das heutzutage."

Louis hatte zu Hause zu viel Tafelbier getrunken und nun obendrein die Limonade, die ihm sein Vater spendiert hatte. Er mußte furchtbar dringend pinkeln, traute sich jedoch nicht, mitten durch den Saal zu der verlockenden Eichentür zu gehen, in die der Umriß eines Ritters eingebrannt war und zu der die Gäste des „Groeninghe" minütlich strebten, manchmal schon mit einer Hand am Hosenschlitz.

Mijnheer Leevaert, Lehrer am Gymnasium, stellte sich zu Papa an die Theke. Sein verwüstetes, nahezu violettes Gesicht neigte sich zu Louis. „Ist das derselbe Louis, der noch auf meinem Schoß gesessen hat?"

„Ja, Meneer", sagte Louis. (Wenn ich ihm damit eine Freude machen kann.)

Papa hat großen Respekt vor Mijnheer Leevaert, weil er viele Bücher liest und der beste Freund von Marnix de Puydt ist, dem Dichter, Pianisten und berühmtesten Sohn von Walle. Die beiden sind unzertrennlich, siamesische Zwillinge.

„Noël, ein Bier mit nicht zu viel Schaum für unseren Louis!" Papa wollte protestieren, beließ es dann aber bei einem halbherzigen: „Aber nur, weil heute Sonntag ist."

Louis kent zijn wereld, hij heft het glas naar mijnheer Leevaert. "Santé."

"Gezondheid," roept Papa.

"Gezondheid, Mijnheer Leevaert." Niet te snel drinken. Niet verslikken. Weer een blunder. In het Frans toosten, in dit café, ik zal het nooit nooit meer vergeten, het is Byttebier zijn schuld, die in het Gesticht zijn glas water of melk heft en 'Santé' roept waarbij Hottentotten altijd proesten. Wanneer zal het ooit eens mijn eigen schuld zijn? Later.

"Staf." Mijnheer Leevaert scharrelt in zijn binnenzak en haalt een vliesdun geplooid papier boven dat hij met delicate pianovingers ontvouwt. Mama die quatre-mains speelde met een ulaan, *jetzt*, zegt dat echte pianisten niet van die lange, smalle vingers hebben, integendeel, soms stompe, korte vingers, maar wel *brede* handen. "Staf, ik heb hier een document gekregen van Joris dat onze al zo wankele wereld op zijn kop zal zetten."

Louis vroeg zich af wat er zou gebeuren als hij nu, met op elkaar geperste dijen, in zijn broek zou plassen. Of iemand het zou merken. Zijn de Groeninghers niet allemaal opgeslorpt in hun eigen verhalen? Ik doe het ook nog. Neen, hij trachtte mijnheer Leevaert's verhaal te volgen om de druk, die op pijn begon te lijken, in zijn onderbuik af te weren. Joris was Joris van Severen, de leider van de Dinaso's die op zoek was naar het ideale Rijk, dat van alle Nederlandstaligen. Frans-Vlaanderen tot Friesland, dat was Dietsland, Holland, België, Luxemburg en nog hier en daar wat, dat was de Boergondische staat.

Maar nu zou – volgens het slordig getikte en van minieme potloodkrabbels voorziene papier – de partij zich moeten scharen onder de vlag van België, onder de kepi van onze Koning en zijn dynastie. Joris riep op een onafhankelijk, neutraal België te dienen, een solidair volk te zijn, zonder klassenstrijd, in een aristocratische orde.

"Tiens, tiens," zei Noël met een dienblad vol bruine glazen roerloos voor zijn borst.

"Een bastion van vrede," las mijnheer Leevaert, "maar ook van orde en waarachtige beschaving."

De dichtstbijzijnde tafeltjes waren stil. Louis rende naar de deur, duwde, maar de deur die zo veelvuldig was opengezwaaid voor de Groeninghe-pissers bleef onwrikbaar dicht. Het bloed stuwde naar zijn hoofd, hij schudde aan de klink, zag de grijns op een man met bril en baard die naar de deur ernaast wees, merkte toen

Louis weiß, was sich gehört, er hebt das Glas und prostet Mijnheer Leevaert zu: „*Sante.*"

„Zum Wohl", ruft Papa.

„Zum Wohl, Mijnheer Leevaert." Nicht zu schnell trinken. Mich nicht verschlucken. Wieder ein Schnitzer. Ausgerechnet in diesem Lokal auf Französisch zuprosten, ich werde es nie, nie mehr vergessen. Es ist Byttebiers Schuld. Im Internat hebt er sein Glas Wasser oder Milch und ruft „*Sante*", und die Hottentotten prusten immer vor Lachen. Wann jemals wird etwas meine eigene Schuld sein? Später.

„Staf." Mijnheer Leevaert kramt in seiner Innentasche und zieht ein hauchdünnes, gefaltetes Stück Papier hervor, das er mit empfindsamen Klavierspielerfingern auseinanderfaltet. Mama, die mit einem Ulanen vierhändig gespielt hat, JETZT, sagt, echte Pianisten hätten nicht solche langen, schlanken Finger, im Gegenteil, manchmal sogar stumpfe, kurze Finger, aber auf jeden Fall *breite* Hände. „Staf, ich habe hier ein Dokument von Joris bekommen, das unsere ohnehin schon so unbeständige Welt auf den Kopf stellen wird."

Louis fragte sich, was wohl passieren würde, wenn er sich jetzt, mit zusammengekniffenen Schenkeln, in die Hose pinkelte. Ob es wohl jemand merken würde. Sind die anderen hier nicht alle mit ihren eigenen Angelegenheiten beschäftigt? Ich werd's auch gleich tun. Nein, er versuchte, Mijnheer Leevaerts Geschichte zu folgen, um gegen den Druck in seinem Unterleib anzugehen, der langsam zum Schmerz wurde. Joris, das war Joris van Severen, der Vorsitzende von *Verdinaso*, der Partei, die das ideale Reich schaffen wollte, das Reich aller Niederländischsprachigen. Von Französisch-Flandern bis Friesland, Holland, Belgien, Luxemburg und hier und da noch ein Landstrich dazu: „*Dietsland*", der großniederländische, der burgundische Staat.

Nun aber sollte – dem schlampig getippten und mit winzigen Bleistiftkritzeleien versehenen Dokument zufolge – die Partei sich unter die Fahne Belgiens stellen, sich hinter unseren König und seine Dynastie scharen. Joris rief dazu auf, einem unabhängigen, neutralen Belgien zu dienen, ein solidarisches Volk zu sein, ohne Klassenkampf, in einer aristokratischen Ordnung.

„*Tiens, tiens*", sagte Noël, der mit einem Tablett voller brauner Gläser vor der Brust stehengeblieben war.

„Eine Bastion des Friedens", las Mijnheer Leevaert weiter vor, „aber auch der Ordnung und der wahrhaften Kultur."

An den Nachbartischen herrschte Schweigen. Louis rannte zu der Tür, drückte dagegen, doch die Tür, die so oft für die „Groeninghe"-Pinkler aufgeschwungen war, ließ sich keinen Zentimeter bewegen. Das Blut stieg ihm in den Kopf, er rüttelte an der Klinke, sah das Grinsen eines Mannes mit Brille und Bart, der

dat hij aan het sjorren was bij de sierlijk in het hout gebrande omtrek van een jonkvrouw, plofte tegen de ridder aan, die week met een smak.

Toen hij terugkwam zei een Groeningher dat de Dinaso's niet consequent waren, jazeker, maar dat politieke zuiverheid niet altijd een deugd was. Een andere zei dat hoe dan ook de Belgische staat in mekaar zou storten, dat lag in de lijn van de geschiedenis. Dat kon Louis begrijpen, zijn geschiedenisboek vertelde over een reeks van rijken die vergingen, maar meestal duurde het toch een tijdje. Een volgende zei dat de Vlaamse taal het enige criterium was. Nieuw woord, althans een nieuwe betekenis, want een criterium was totnogtoe een wielrenners-koers met Karel Kaers en Marcel Kint, de twee adelaars.

Louis zag op de staande klok dat de match Walle-Brugge binnen het uur zou aanvangen en dat Papa geen aanstalten maakte om te vertrekken, zozeer hing hij aan de lippen van mijnheer Leevaert die het over de lotsverbondenheid van de Germanen had.

Kan men dronken worden van één glas bier? Kan men een onbedaarlijke honger hebben een uur na zich volgepropt te hebben met varkensgebraad, schorseneren, aardappelen en appeltaart?

In een waas zag Louis hoe de dooraderde kop van Leevaert vervangen werd door een brouwersknecht met een leren schort aan, die Papa bedreigde met een worst van een vinger. Want wat bleek? Wat verklaarde de schichtige, ongemakkelijke blikken van de cafébezoekers toen de Seynaeves waren binnengekomen? Een vernederend, schokkend feit, dat door de brouwersknecht, brulaap, wrekende en gekwetste supporter, werd verwoord. Gisteren had men Florent Seynaeve, Papa's jongste broer, van de reservebank van Walle-Sport weggekocht. Onder het voorwendsel dat hun vaste keeper, Herman Vanende, onder de wapenen was geroepen, had Stade-Walle groot geld geboden en betaald om de overloper vandaag al tussen de doelpalen te krijgen.

"Groot geld, groot geld," Louis zag dat Papa niet op de hoogte was, dat hij tijd probeerde te winnen, iets wilde verzinnen.

"Er is sprake van een moto, een Indian!"

'Zonder te spreken van wat er onder de tafel wordt geschoven. Ni vu ni connu.'"

"Spreek uw moedertaal, Hanssens!"

"Gij kunt het niet beter zeggen, Willemijns," zei Papa. "'t Gaat hier, lijk in alles, om een taalkwestie."

auf die Tür daneben deutete, merkte dann, daß er vor dem kunstvoll in das Holz gebrannten Umriß eines Burgfräuleins an der Klinke zerrte, und warf sich gegen den Ritter, der mit einem lauten Knall zurückwich.

Als er zurückkam, sagte ein Gast, *Verdinaso* sei nicht konsequent, zugegeben, aber politische Geradlinigkeit sei eben nicht immer eine Tugend. Ein anderer meinte, der belgische Staat werde ohnehin zusammenbrechen, das sei der Gang der Geschichte. Das konnte Louis verstehen, sein Geschichtsbuch berichtete von einer Reihe von Reichen, die untergegangen waren, doch in den meisten Fällen hatte es bis dahin eine ganze Weile gedauert. Wieder jemand sagte, die flämische Sprache sei das einzige Kriterium. Ein neues Wort, jedenfalls eine neue Bedeutung, denn unter Kriterium hatte Louis bislang nur das Radrennen auf der Rundstrecke mit Karel Kaers und Marcel Kint, den beiden Adlern, verstanden.

Louis blickte auf die Standuhr und sah, daß das Spiel Walle gegen Brügge in einer Stunde anfangen würde. Papa machte keine Anstalten zu gehen, er hing an den Lippen von Mijnheer Leevaert, der von der Schicksalsgemeinschaft der Germanen redete.

Kann man nach einem Glas Bier betrunken sein? Kann man unbändigen Hunger verspüren, wenn man sich noch vor einer Stunde mit Schweinebraten, Schwarzwurzeln, Kartoffeln und Apfelkuchen vollgestopft hat?

Verschwommen sah Louis statt Leevaerts durchäderter Gesicht nun den Kopf eines Brauergesellen. Der Mann mit der Lederschürze drohte Papa mit einem wurstartigen Finger. Was stellte sich nun heraus? Was erklärte die gereizten, unruhigen Blicke der Kneipengäste beim Eintreten der beiden Seynaeves? Eine demütigende, schockierende Neuigkeit, die der Brauergeselle, ein Brüllaffe und rachsüchtiger und gekränkter Anhänger von Walle-Sport, nun laut aussprach. Am Vortag war Florent Seynaeve, Papas jüngster Bruder, von der Ersatzbank von Walle-Sport weggekauft worden. Unter dem Vorwand, daß der feste Torhüter, Herman Vanende, zum Militär einberufen worden war, hatte Stade-Walle großes Geld geboten und gezahlt, um den Überläufer schon am heutigen Tag zwischen die Torpfosten zu stellen.

„Großes Geld, großes Geld", Louis merkte, daß Papa nicht im Bilde war und Zeit gewinnen, sich etwas ausdenken wollte.

„Es ist die Rede von einem Motorrad, einem Indian!"

„Um nicht davon zu reden, was er noch unterm Tisch zugeschoben kriegt. *Ni vu ni connu.*"

„Sprich deine Muttersprache, Hanssens!"

„Besser konntest du es nicht ausdrücken, Willemijns", sagte Papa. „Es geht hier, wie bei allem, um ein Sprachproblem."

Mijnheer Leevaert haalde zijn wenkbrauwen op, bestudeerde Papa met een schijn van een monkellachje. Hij dronk van zijn zesde biertje.

"Ik heb er dikwijls over gediscuteerd met mijn broer. 'k Zei hem: 'Florent, Walle-Sport is eigenlijk, als ge 't goed ingaat, een chiqué-club. Een goeie club, een schone club, daar niet van, op sportgebied is er niets op te zeggen, máár... '"

Papa keek om zich heen, niet naar Louis.

"'Maar volksvijandig. Ja, ja, ja. Spreekt de directie geen Frans misschien thuis? En zelfs in de kleedkamers? Hebben de spelers niet een air van kijk-naar-mij? Zijn het geen fils-à-papas die hun neus optrekken voor 't gewoon volk?' 'Staf,' zei mijn broer, 'als ik er goed op peins, ge hebt gelijk. Want 't geen dat ge niet weet, volgend seizoen komen er twee spitsen bij, een uit Charleroi die geen woord Vlaams kent en een zuivere Fransman van Stade-Reims.'"

De Groeninghers bespraken dit, allemaal tegelijk. Het was waar dat de Walle-Sport-spelers meer bekommerd waren om hun proper wit-rood hemdeke dan om hun publiek. Dat ze eerder elegante cinema met de bal vertoonden dan resultaten.

En moet ge niet eerder een club steunen die wat minder presteert maar die van ons is, van ons volk?

Papa is een redenaar die de massa's in een oogwenk kan doen veranderen van opinie. Papa, die daar, zwetend en gelukkig, staat te kouten is in aanleg iemand als Danton of Hitler. Louis gloeide van trots.

"En 't is daarom dat ik nu met onze Louis naar Walle-Stade ga om voor mijn broer te supporteren."

Het gemak waarmee hij de leugen uitsprak. De vanzelfsprekendheid waarmee hij zijn favoriete ploeg van zich afgooide. De durf van zo'n levensgroot, op het moment zelf geschapen, verraad! Louis nam zijn vader's arm vast en zei luid:

"Het is tijd, Papa."

"Ge hebt gelijk, jongen."

Op straat, een ijl gevoel in zijn hoofd en een logge klomp in zijn maag, vroeg hij: "Gaan wij nu naar Stade?"

"Ge hebt het mij toch horen zeggen."

"Tegen wie spelen zij?"

"Dat zullen wij daar wel zien," zei Papa en boerde, iets wat beleefd is na het eten bij de bedoeïenen in hun tenten.

"Schoon volk," zei Papa toen ze achter het doel gingen staan en achter de schrale schouders en de brede heupen van Nonkel Florent. "Sommigen mogen dan wel zeggen: arm volk, ik zeg: het is *mijn* volk."

12 Het verdriet van België

Mijnheer Leevaert zog die Augenbrauen hoch, musterte Papa mit dem Anflug eines spöttischen Lächelns. Er trank sein sechstes Bier.

„Ich hab oft mit meinem Bruder darüber diskutiert. Ich hab zu ihm gesagt: ‚Florent, Walle-Sport ist eigentlich, wenn du's recht bedenkst, ein Fatzke-Verein. Ein guter Verein, ein prima Verein, darum geht's nicht, rein sportlich gesehen tipptopp, aber ...‘"

Papa blickte sich im Raum um, sah Louis nicht an.

„‚... aber volksfeindlich. Ja, ja, ja. Spricht der Vorstand etwa nicht zu Hause Französisch? Und sogar in den Umkleideräumen? Haben die Spieler nicht so eine Haltung von Seht her, wir sind die Größten!? Sind sie nicht *fils à papa*, die vor den einfachen Leuten die Nase rümpfen?' ‚Staf', hat mein Bruder gesagt, ‚so gesehen muß ich dir recht geben. Und da ist noch was, was du gar nicht weißt: In der nächsten Saison kommen zwei Stürmer dazu, einer aus Charleroi, der kein Wort Flämisch spricht, und ein waschechter Franzose von Stade-Reims.'"

Die Groeninghe-Gäste debattierten darüber, alle zugleich. Es stimmte, die Spieler von Walle-Sport waren mehr um ihr adrettes weiß-rotes Trikot besorgt als um ihr Publikum. Und Ballkunststücke waren ihnen wichtiger als Ergebnisse.

Und sollte man nicht eher einen Verein unterstützen, der nicht ganz so viel leistet, aber dafür zu uns gehört, zu unserem Volk?

Papa ist ein Redner, der die Meinung der Massen im Nu beeinflussen und in eine andere Richtung lenken kann. Papa, der dort, schwitzend und glückstrahlend, mit den anderen plaudert, ist von seinen Anlagen her jemand wie Danton oder Hitler. Louis' Gesicht glühte vor Stolz.

„Und deshalb gehe ich jetzt mit unserem Louis zu Walle-Stade, um meinen Bruder anzufeuern."

Mit welcher Leichtigkeit sprach er die Lüge aus. Mit welcher Selbstverständlichkeit kündigte er seiner Lieblingsmannschaft die Treue auf. Mit welchem Wagemut beging er einen so großen, im Augenblick selbst erst ersonnenen Verrat! Louis hakte sich bei seinem Vater unter und sagte laut: „Es ist Zeit, Papa."

„Du hast recht, Junge."

Auf der Straße, mit einem leeren Gefühl im Kopf und einem schweren Klumpen im Magen, fragte Louis: „Gehn wir denn jetzt wirklich zu Stade?"

„Du hast doch gehört, wie ich es gesagt habe."

„Gegen wen spielen sie denn?"

„Das werden wir dort schon sehen", sagte Papa und rülpste, was man aus Höflichkeit nach einem Essen bei Beduinen in ihren Zelten macht.

„Ein wunderbares Volk", sagte Papa, als sie sich hinters Tor und hinter die mageren Schultern und breiten Hüften von Onkel Florent stellten. „Manch einer mag vielleicht sagen: armes Volk, aber ich sage: Es ist *mein* Volk."

Nonkel Florent had een grofgebreide trui aan en een beige pet. Hij zakte een paar keer door de knieën en sprong, zich helemaal uitrekkend naar de bovenlat. Hij had dikkere beenbeschermers aan dan zijn ploegmaats.

"Dat komt omdat hij delicate enkels heeft," zei Papa. "Het zit in de familie. Dat en zwakke darmen. Voor de rest zijn wij van arduin, wij Seynaeves, hé, vent?"

Tussen de opeengepakte mensen veranderde hij in een olijke, luidruchtige arbeider. Hij wuifde links en rechts met een slap handje naar lieden die hij niet kende. Hij is zelfs blij dat ik mee ben, een beetje trots misschien wel. Anders is het niet te verklaren dat hij af en toe zijn arm rond mijn schouder legt in het bijzijn van het gemeen volk met petten op, bierstemmen en zelfgedraaide sigaretten in de mondhoeken. Stade speelde tegen S.K.Waregem.

"Schopt hem naar 't hospitaal!" "Charlatan!" "Naar voren, Van Doren."

"Afzijds!" "Pinantie!" Een vette vrouw liet als de actie wat luwde een rauwe kreet horen, een onmenselijke zang, alsof de voddenkoopman op zijn ronde gefolterd werd: "Wat gaat er daar van koo-meun?"

Als S.K.Waregem aanviel hoorde je alleen het droog zinderend tikje van de schoen tegen de bal. Als Stade-Walle voor het doel kwam, krijste Papa luider dan iedereen.

Nonkel Florent weerde ballen af met de vuist, de knie, de schoen eerder dan ze op te vangen. "Seynaeve, houdt de muit toe." "Seynaeve, peinst op onze kindjes!" De voetbalkenners gaven te kennen dat Stade een mooie aankoop had gedaan. "Dat geloof ik," zei Papa en durfde nog niet te zeggen: Het is mijn broer.

Pas toen, na de match, in het café van het stadion, Nonkel Florent verscheen in zijn geruite golfbroek, met kletsnat haar en op de schouder geklopt werd door de verhitte Stade-supporters, drong Papa naar voren. Nonkel Florent gaf Papa een Engelse sigaret. Papa rookte haar op, puffend, zonder te inhaleren, het volmaakt rondgerold staafje tussen duim en wijsvinger, als een meisje. "Florent, ge moet uw rechtervoet meer naar voor zetten als ge uitkomt, ge staat nog teveel met uw voeten op één lijn."

"Staf, ge kunt mijn kloten kussen," zei Nonkel Florent. "Hebben we gewonnen of niet? Is er één in mijn muit geraakt?"

"Ge hebt geluk..." Papa zei het tot de joelende drinkebroers om hem heen, "dat ge mijn jongste broer zijt, of anders..."

"Of wat?"

"Of ik leg u over mijn knie."

Onkel Florent trug einen grobgestrickten Pullover und eine beigefarbene Mütze. Er ging mehrmals in die Knie und sprang mit ausgestrecktem Körper an die Querlatte. Er trug dickere Beinschoner als seine Mannschaftskameraden.

„Weil er so empfindliche Knöchel hat", sagte Papa. „Das liegt in der Familie. Das und eine nervöse Verdauung. Aber sonst sind wir aus Granit, wir Seynaeves, was, Junge?"

Zwischen den dichtgedrängten Menschen verwandelte er sich in einen ungezwungenen, lärmenden Arbeiter. Er winkte nach allen Seiten mit schlaffer Hand Leuten zu, die er nicht kannte. Offenbar ist er froh, daß ich dabei bin, vielleicht sogar ein bißchen stolz. Anders läßt es sich nicht erklären, daß er mir ab und zu den Arm um die Schultern legt im Beisein der einfachen Leute mit Mützen, Bierstimmen und selbstgedrehten Zigaretten im Mundwinkel. Stade spielte gegen S. K. Waregem.

„Brich ihm die Knochen!" „Du Blindgänger!" „Nach vorn, van Dorn!" „Abseits!" „Elfmeter!" Immer, wenn das Spiel etwas abflaute, stieß eine fette Frau einen schrillen Schrei aus, einen unmenschlichen Singsang, als würde der Lumpensammler auf seiner Runde gefoltert: „Wann geht's denn endlich waaiitaa?"

Wenn S.K. Waregem angriff, war nur der trockene Stoß des Schuhs gegen den Ball zu hören. Wenn Stade-Walle eine Torchance hatte, brüllte Papa lauter als alle anderen.

Mit der Faust, dem Knie, dem Schuh wehrte Onkel Florent Bälle eher ab, als daß er sie fing. „Seynaeve, halt den Kasten dicht." „Seynaeve, denk an unsere Kinder!" Die Fußballkenner äußerten die Meinung, daß Stade einen guten Kauf getätigt habe. „Das denke ich auch", sagte Papa und traute sich noch nicht, zu sagen: Der Torwart ist mein Bruder.

Erst als Onkel Florent nach dem Spiel in seinen karierten Knickerbockern mit klitschnassen Haaren im Stadionlokal erschien und ihm die erhitzten Stade-Anhänger auf die Schulter klopften, drängte sich Papa nach vorn. Onkel Florent gab Papa eine englische Zigarette, Papa rauchte sie paffend, ohne zu inhalieren, das perfekt rund gedrehte Stäbchen hielt er zwischen Daumen und Zeigefinger, wie ein Mädchen. „Florent, du mußt den rechten Fuß mehr nach vorn setzen, wenn du rauskommst, du stehst noch zu sehr mit beiden Füßen auf einer Linie."

„Staf, du kannst mich am Arsch lecken", sagte Onkel Florent. „Haben wir gewonnen oder nicht? Ist die Pille auch nur einmal in meinem Tor gelandet?"

„Du hast Glück ..." Papa sagte es zu den johlenden Säufern um ihn herum, „daß du mein jüngster Bruder bist, denn sonst ... "

„Was sonst?"

„Sonst würde ich dich übers Knie legen."

"Gij, Staf? En hoeveel man gaat ge daarvoor nodig hebben?"

De supporters stootten elkaar aan. Louis voelde zich een broer van Papa en Nonkel Florent. Waarom was Vlieghe er niet bij? Of desnoods Dondeyne of zelfs Dobbelaere?

Een slungel met een wipneus zei dat als de linksbuiten van S.K.Waregem erbij geweest was, die nu aan 't afweergeschut stond bij de Duitse grens, Nonkel Florent geen enkele kans had gehad, want die linksbuiten schoot de ballen rakelings langs de grond.

"En gij kunt misschien wel een hoge bal wegslaan, maar in de tijd dat heel dat lui lichaam van u op de grond gezakt is, heb ik al tien Onze Vaders gezegd."

Hij werd bijna gelyncht, trakteerde gauw. Hij wauwelde iets tegen Louis, die, hooggrood, knikte en toen een schuimende pint in zijn hand gedrukt kreeg.

"Ah, nee!" riep Papa en zette het glas met een afschuwelijk scherp geluid op de glazen tafel. 'Zijt gij helemaal onnozel?" Het gemorste bier vloeide op de vloer. "Hola," zei de Waregem-supporter, "is dat de mode hier in Walle als een mens een pintje offreert?" Nonkel Florent zei: "Toe, Staf, laat die jongen ... "

"Nooit!" schreeuwde Papa als op het voetbalveld.

"Hij kapt nog liever mijn handen af," zei Louis, de omstanders lachten, Nonkel Florent het hardst.

"Gij gaat er een piskous van maken."

"Hij heeft toch al zijn Plechtige Communie gedaan."

"In Frankrijk geven zij kinderen van vier jaar al hun glaasje wijn."

"Maar zeker. Om bloed te kweken."

"Nee, nee en nee," zei Papa. "Dat ze hun eigen doodzuipen in Frankrijk, vrouwen en kinderen en clochards in de goot, zoveel dat ze willen, hoe meer hoe liever, maar bij ons in Vlaanderen ... "

"Walle is smalle!"

"Voor Deinze gaan wij niet deinzen," riep iemand gevat.

Nonkel Florent zei, "Staf, gaat ge uitscheiden?"

"*Hij* is begonnen," zei Papa als een Hottentot, en toen: "Kom jongen." Jongen. Het had nog nooit zo teder geklonken. Maar het duurde lang voordat de dienster zich gewaardigde te ontvangen. Papa wendde zijn rug naar zijn jongste broer en diens verheerlijkers en met het daartoe geëigende houten staafje prikte hij gaatjes in een met bruin papier beplakte doos die naast het portret van Koningin Astrid hing. De hoofdprijs was een porseleinen beeld van een Oosterse danseres, met gouden en zwarte franjes rond haar heupen. Papa prikte twaalf keer verkeerd en kreeg als troostprijs twaalf repen chocolade met witte crème. Hij at er zes op toen zij naar huis gingen, Louis drie.

„Du, Staf? Und wie viele Leute brauchst du dafür?"

Die Schlachtenbummler stießen einander an. Louis fühlte sich wie ein Bruder von Papa und Onkel Florent. Warum war Vlieghe jetzt nicht hier? Oder notfalls Dondeyne oder sogar Dobbelaere?

Ein langer Lulatsch mit Himmelfahrtsnase sagte, wenn der Linksaußen vom S. K. Waregem noch dagewesen wäre, der jetzt an der deutschen Grenze am Flakgeschütz stehe, hätte Onkel Florent nicht den Hauch einer Chance gehabt. Dieser Linksaußen schieße die Bälle nämlich immer knapp überm Boden.

„Hohe Bälle kannst du ja vielleicht noch wegdreschen, aber bis dein träger Leib es bis zum Boden geschafft hat, habe ich zehn Vaterunser aufgesagt."

Er wurde fast gelyncht und gab rasch einen aus. Er murmelte Louis etwas zu, der hochrot nickte und auch ein schäumendes Glas in die Hand gedrückt bekam.

„Also das ist doch ... !" rief Papa und stellte sein Bier mit einem widerlich schrillen Geräusch auf den Glastisch. „Du hast sie wohl nicht alle?" Das übergeschwappte Bier floß auf den Boden. „Holla!" sagte der Waregem-Anhänger. „Ist das die Mode hier in Walle, wenn einer ein Bier ausgibt?" Onkel Florent sagte: „Na komm, Staf, laß den Jungen doch ... "

„Niemals!" brüllte Papa wie auf dem Fußballplatz.

„Eher hackt er mir die Hände ab", sagte Louis, und die Umstehenden lachten, Onkel Florent am lautesten.

„Du machst einen Schlappschwanz aus ihm."

„Er ist doch schon zur Kommunion gegangen."

„In Frankreich kriegen Kinder schon mit vier ihr Gläschen Wein."

„Ja, genau. Das ist gut fürs Blut."

„Nein und nochmals nein", sagte Papa. „Sollen sie sich doch totsaufen in Frankreich, Frauen und Kinder und Clochards in der Gosse, so viel sie wollen, je mehr, desto besser. Aber bei uns in Flandern ... "

„Stade-Walle macht sie alle!" rief jemand.

„Gent pennt", blödelte ein anderer.

Onkel Florent sagte: „Staf, hältst du jetzt endlich die Klappe?"

„*Er* hat angefangen", sagte Papa wie ein Hottentotte, und dann: „Komm, Junge." Junge. Es hatte noch nie so zärtlich geklungen. Doch es dauerte noch eine Weile, bis die Kellnerin zu kassieren geruhte. Papa wandte seinem jüngsten Bruder und dessen Bewunderern den Rücken zu und stach mit dem dazu vorgesehenen Holzstäbchen Löcher in eine mit braunem Papier beklebte Schachtel, die neben dem Foto von Königin Astrid hing. Der Hauptgewinn war eine Porzellanfigur, eine orientalische Tänzerin mit goldenen und schwarzen Fransen um die Hüften. Papa pikste zwölfmal falsch und erhielt als Trostpreis zwölf Schokoriegel mit weißer Cremefüllung. Sechs davon aß er auf dem Heimweg auf, Louis drei.

"Gij hebt nu zelf gezien wat voor een gemene club Stade is. Arm volk. Ons Vlaams volk, 't is proper. Ik doe het voor onze Florent, maar anders zou ik geen stap meer in Stade Walle binnenzetten. Die ploeg is niets waard."

"En Nonkel Florent?"

"Is ook niet fameus. Die lage ballen, daar is hij veel te dik voor."

„Jetzt hast du selbst gesehen, was für ein ordinärer Verein Stade ist. Arme Schlucker. Es ist weit gekommen mit unserem flämischen Volk. Ich tu's für unseren Florent, sonst würde ich mich bei keinem Spiel von Stade Walle mehr sehen lassen. Die Elf taugt nichts."

„Und Onkel Florent?"

„Auch nicht gerade berauschend. Und für die flachen Bälle ist er viel zu dick."

Studienbücher zu Sprache, Literatur und Kultur in Flandern und den Niederlanden
hrsg. von Prof. Dr. Johannes W. H. Konst (Freie Universität Berlin) und Prof. Dr. Lut Missinne (Universität Münster)

Johanna Bundschuh-van Duikeren;
Lut Missinne; Jan Konst (Hg.)
Grundkurs I
12 Texte / 12 Zugänge
Zwölf Schlüsseltexte aus der niederländischsprachigen Literatur und zwölf literaturwissenschaftliche Zugänge - das bieten die zwei Bände dieses Grundkurses. Sie vermitteln einen exemplarischen Überblick über die niederländische und flämische Literaturgeschichte vom Mittelalter bis ins 20. Jahrhundert und zeigen anhand von Modellanalysen, wie ein wissenschaftlicher Umgang mit Literatur möglich ist.
Band 1 behandelt Methoden und Fragestellungen von u. a. Strukturalismus und Hermeneutik, New Historicism und Genderstudies, Postkolonialismus und Dekonstruktivismus.
Bd. 1, 2014, 334 S., 19,90 €, br., ISBN 978-3-643-11655-0

Veronika Wenzel (Hg.)
Fachdidaktik Niederländisch
Die *Fachdidaktik Niederländisch*
– richtet sich an angehende und praktizierende Lehrerinnen und Lehrer, die das Fach Niederländisch unterrichten oder unterrichten möchten
– ist dem kompetenzorientierten Niederländischunterricht an weiterführenden Schulen verpflichtet
– führt allgemein-fremdsprachendidaktische Grundlagen sowie fachdidaktische Besonderheiten des Niederländischunterrichts auf
– kann bundeslandunabhängig und schulformübergreifend Anwendung finden
– ist benutzerfreundlich durch Navigation, Stichwortverzeichnis und Verweise
– enthält eine Methodensammlung mit 30 Methoden und Arbeitsformen
Bd. 3, 2014, 432 S., 34,90 €, br., ISBN 978-3-643-12019-9

LIT Verlag Berlin – Münster – Wien – Zürich – London
Auslieferung Deutschland / Österreich / Schweiz: siehe Impressumsseite